LA EVANGELIZACION PERSONAL PARA HOY

**Por
G. William Schweer**

**Versión al Español:
Raimundo J. Ericson**

CASA BAUTISTA DE PUBLICACIONES

CASA BAUTISTA DE PUBLICACIONES
Apartado Postal 4255, El Paso, Tex. 79914 EE. UU. de A.
Agencias de Distribución
ARGENTINA: Rivadavia 3464, 1203 Buenos Aires; **BRASIL:** Rua Silva Vale 781, Río de Janeiro; **BOLIVIA:** Casilla 2516, Santa Cruz; **COLOMBIA:** Apartado Aéreo 55294, Bogotá 2 D. E.; **COSTA RICA:** Apartado 285, San Pedro; **CHILE:** Casilla 1253, Santiago; **ECUADOR:** Casilla 3236, Guayaquil; **EL SALVADOR:** 10 Calle Pte. 124, San Salvador; **ESPAÑA:** Padre Méndez #142-B, 46900 - Torrente, Valencia; **ESTADOS UNIDOS:** 7000 Alabama; El Paso, Tex. 79904 Teléfono (915) 566-9656 PEDIDOS: 1 (800) 755-5958 Fax: (915) 562-6502; **GUATEMALA:** 12 Calle 9-54, Zona 101001 Guatemala; **HONDURAS:** 4 Calle 9 Avenida, Tegucigalpa; **MEXICO:** Vizcaínas 16 Ote. 06080 México, D. F. José Rivera No. 145-1 Col. Moctezuma 1a. Sección 15500 México, D. F. Superavenida Lomas Verdes 640 - Local 62; Col. Lomas Verdes, Nauc., Edo. de México Calle 62 #452x53, 97200 Mérida, Yucatán Matamoros 344 Pte. Torreón, Coahuila, México; 16 de Septiembre 703 Ote. Cd. Juárez, Chih., México; **NICARAGUA:** Apartado 5776, Managua; **PANAMA:** Apartado 5363, Panamá 5; **PARAGUAY:** Pettirossi 595, Asunción; **PERU:** Apartado 3177, Lima; **REPUBLICA DOMINICANA:** Apartado 880, Santo Domingo; **URUGUAY:** Casilla 14052, Montevideo; **VENEZUELA:** Apartado 3653, Valencia, Edo. Carabobo

Cuando no se indica otra versión, las citas bíblicas son tomadas de la versión Reina Valera.

Contenido

Prefacio

El propósito de este libro es el de ser utilizado como texto básico en cursos de evangelización personal, pero a la vez es de esperar que sirva para refrescar y actualizar los conocimientos de muchos pastores, líderes en las iglesias, e integrantes de equipos de trabajo en las congregaciones también. El tratamiento del tema no es técnico, lo cual lo hace comprensible para todo laico.

Distintas circunstancias se están dando últimamente, que ejercen su influencia sobre el pensamiento acerca de la evangelización personal. Una secularización y pluralización de la sociedad en constante avance, la creciente preocupación en torno al elevado número de miembros de iglesia inactivos y alejados, las pretensiones evangelizadoras de algunos sectores de la iglesia electrónica, la creciente importancia que está adquiriendo el descubrimiento de los dones personales y el ministerio laico (y la aprehensión y confusión que en alguna medida ello trae aparejado), las nuevas percepciones y comprensiones que aportan los especialistas en comunicación y persuasión, la reevaluación de los métodos personales, y un oportuno énfasis en el seguimiento y el discipulado han hecho cada una de ellas su contribución al deseo de preparar un texto nuevo. He hecho lo posible por reunir en un solo libro algunos de los mejores materiales que surgen a partir de los estímulos mencionados, como así también algunos asuntos básicos que hacen a todo curso de evangelización personal. En ninguna manera pretendo ser el único que ha hecho esto.

5

Guardo para con otros una deuda monumental. He tratado de dar debido crédito a muchas ideas prestadas. No obstante, hay muchas cosas que he oído o leído, asimilado, predicado, o enseñado; y su fuente está ya olvidada en el tiempo. Mientras estudiaba y escribía, a menudo venían a mi mente las palabras del pietista Felipe Jacobo Spener cuando comenzaba a enfatizar diferentes aspectos que Lutero. Cuando se comparó con el gran reformador dijo:

Un gigante se mantiene grande y un enano, pequeño, y no hay comparación posible entre los dos; pero si el enano se para sobre los hombros del gigante, su visión llega más lejos aún que la del gigante, ya que esa gran altura lo eleva más allá de sí mismo. No es de asombrarse, por tanto, que a menudo un enano, que está tan lejos de ser un gran maestro como Lutero, encuentre algo en la Escritura que Lutero no había hallado, al contar con la ventaja de todo el conocimiento amplio y profundo de Lutero, sin el cual no podría haberlo encontrado (citado por Dale Brown).

Me he sentido en gran medida el enano, y he sido consciente de estar parado sobre los piadosos hombros de muchos gigantes que me precedieron. Al sacar provecho de sus descubrimientos, espero sinceramente haber reunido el material de una manera que resulte útil.

Este libro constituye un llamado urgente a la evangelización responsable. Si aparenta ser un tanto crítico de ciertos énfasis o métodos del pasado, no lo es sin un gran reconocimiento por lo que ha sido hecho y por los muchos que han sido ganados. Está escrito con la convicción de que debemos sacar provecho de las faltas de adecuación en el pasado y hacer aquellas correcciones que parezcan prudentes. En muchos sentidos este libro expresa la evolución de mi propio pensamiento y práctica en la evangelización. Algunos años atrás en una Conferencia Evangelística del Estado de California, EE. UU. de A., oí a W. A. Criswell decir que "los seminarios debieran ser almácigas de evangelización". Expresé un ferviente "amén", y de todo corazón espero que estos capítulos contribuyan a ese fin.

Los libros de texto pueden enseñar evangelización sólo en cierta medida. Toda persona deseosa de ser un testigo tiene, en definitiva, que salir y hablar. Los labios silenciosos tienen que moverse. La práctica debe complementar a la teoría; mucha práctica. Yo abrigo la esperanza de que los lectores experimenten una santa disposición a "rebosar" de Cristo en el mercado, en casa, en la escuela; es decir en todas partes, y que el gozo de hacerlo haga que nunca más lleguen a sumirse en el silencio y la falta de acción.

Debo un agradecimiento especial a varias personas. El doctor Roger Skelton, ex profesor de educación religiosa en el Seminario Teológico Bautista de Golden Gate, leyó el manuscrito y ofreció muchas sugerencias útiles. El doctor John Havlik, ex director del área de evangelización, de la Junta de Misiones Domésticas de la Convención Bautista del Sur de los EE. UU. de A., leyó el primer capítulo y ha respondido a muchas preguntas de manera sumamente bondadosa. Los estudiantes en mis clases de evangelización emplearon este material y plantearon preguntas útiles a la vez que ofrecieron valiosas sugerencias desde la óptica de aquellos a quienes principalmente está destinado. Como es lógico, sólo a mí han de atribuirse las deficiencias que aún quedan.

La señora Cliff Ingram, estudiante y secretaria, ha mecanografiado varias veces los capítulos a partir de mis garabatos ilegibles. La estudiante de Golden Gate, Kay Woodley ha empleado sus notables condiciones de lectora de pruebas beneficiándome grandemente, y la señora Donald Patterson de la firma Secretarial Services lo ha puesto todo en la procesadora de palabras. No menos importante, es la participación de mi querida esposa quien ha sabido animarme y a la vez leer pruebas y ser a menudo enciclopedia y diccionario viviente y presente, todo de una manera en extremo paciente y cariñosa. A todos ellos debo más gratitud de la que puedo expresar.

Este libro ve la luz bañado en oración para que pueda ser útil, y quizá aun de inspiración, para muchos corazones.

1

La Evangelización Personal y Su Urgencia

Habíamos regresado de nuestra licencia sabática y con muchas expectativas nos mudamos a una nueva casa provista por la misión en una zona tranquila pero sin obra evangélica en nuestra ciudad. Ofrecía la ventaja del escaso tráfico, un terreno amplio y la oportunidad de comenzar una nueva iglesia los fines de semana.

El día de la mudanza fue largo y cansador, y nos acostamos muy tarde. Había sido nuestra intención el dormir hasta tarde la mañana siguiente y luego apurarnos para ponernos al día con las actividades de rutina. Pero no habría de resultar así. Exactamente a las seis de la mañana, los acordes marciales del himno nacional provenientes de una radio a todo volumen en alguna parte al otro lado de la calle, nos sacaron de la cama sobresaltados. Supimos luego que venían de una antigua mansión holandesa ocupada a la sazón por un grupo de familias de integrantes del ejército nacional. Resultó así que nos transformamos en madrugadores, aun cuando nuestra decidida preferencia y práctica eran trabajar hasta tarde y levantarnos tarde. En cuanto a los radios, era justamente el tiempo previo a los transistores. Los impuestos a la importación y los aranceles aduaneros hacían de los modelos antiguos algo extremadamente costoso.

Un día mi esposa estaba visitando las instalaciones del seminario y hablando con una de las profesoras nacionales. En el curso de la conversación la instructora preguntó por nuestra nueva casa. En respuesta, mi esposa le explicó el problema del radio. Cuando ella hubo terminado, la instructora le dijo:

—Creo saber lo que sucede. Una familia en esa casa ha tenido la excepcional buena fortuna de poder adquirir un radio, y ellos sienten que lo menos que pueden hacer es ponerlo a suficiente volumen como para que todo el mundo lo oiga.

Es probable que en su mirada de asombro mi esposa haya transmitido un "¿a-usted-le-parece?", porque al cabo de unos segundos nuestra amiga exclamó:

—Pero señora Schweer, si alguien tiene algo tan precioso, ¿acaso no es lo correcto que todos tengan la posibilidad de oírlo?

Mi esposa comprendió de inmediato que la pregunta de la profesora era tan apropiada a la razón de nuestro estar en ese lugar, que se encontró asintiendo con la cabeza y diciendo:

—Sí, por supuesto, lo correcto es que todos tengan la posibilidad de oírlo.

Sin darse cuenta, nuestra amiga allí había definido un importante principio de la evangelización. Esta, también, tiene que ver con el compartir algo de gran valor. Aunque totalmente inmerecido, por la gracia de Dios algunos poseen el secreto de la salvación y han llegado a ser integrantes de la nueva comunidad de Dios. Es ésta una historia tan preciosa que todos debieran tener la posibilidad de oírla. El compartir

estas buenas noticias es el significado fundamental de la
evangelización.

Definiendo Lo Que Es la Evangelización Personal

Consideraciones Preliminares

Desde el comienzo se hace claro que la evangelización
personal es algo más limitada que la evangelización en general.
Es una forma de evangelizar. Está dirigida a un individuo o a
individuos determinados en contraste con variantes como las
campañas callejeras, masivas, o las realizadas a través de los
medios de comunicación social y que están dirigidas a muchos.
Es personal en contraste con lo impersonal y específica en
contraste con lo general. Es un encuentro cara a cara con un
individuo en contraste con la predicación a muchos desde lejos.
Se lleva a cabo sin la intervención de barreras tales como
púlpitos, pantallas de televisión, palcos, o distancia. Es aquí
donde el testigo es más vulnerable y, en consecuencia más
eficaz.

Palabras Importantes

Una manera de descubrir su significado es examinar los
términos principales que tienen que ver con la evangelización.
El verbo *euaggelízestai* es uno de ellos. Quiere decir "traer" o
"anunciar las buenas noticias". Se lo encuentra cincuenta y dos
veces en el Nuevo Testamento en su forma media y tres veces
en la activa, pero el significado es el mismo. Se lo traduce
apropiadamente, con sólo unas pocas excepciones, como
"predicar" o "anunciar las buenas nuevas". Hay al menos un
claro ejemplo del uso de este término en un caso donde la
predicación estaba dirigida a un individuo. "Felipe... le anunció
el evangelio de Jesús" (Hech. 8:35). Hay otras instancias donde
está implícito (Hech. 8:4; 11:20; 14:7), y es prudente asumir
que frases tales como "... anunciaban el evangelio en muchos
pueblos..." (Hech. 8:25), nos dicen que la evangelización
estaba dirigida tanto a individuos aislados como a grupos. En
Hechos 8:4, donde los cristianos de Jerusalén "anduvieron
anunciando la palabra", los encuentros personales con
individuos aislados eran casi con seguridad el aspecto principal
de la actividad que se describe.

Hay una íntima relación entre este verbo y los sustantivos
euaggélion (evangelio) y euaggelistés (evangelista). La palabra

evangelio se tratará más adelante en este capítulo, pero
señalamos aquí el uso del término *euaggelistés*. Se lo emplea
tres *veces* en el Nuevo Testamento y hace referencia a
personas que tienen una habilidad especial para evangelizar.
Se lo aplica a Felipe (Hech. 21:8), quien ganó al eunuco en el
camino a Gaza; a personas especialmente dotadas que debían
ayudar a capacitar a la iglesia para la obra del ministerio (Ef.
4:11); y al joven Timoteo quien debía hacer la obra de [un]
evangelista en su función pastoral en Efeso (2 Tim. 4:5). El
encuentro cara a cara era con seguridad gran parte del trabajo
del evangelista.

Un segundo verbo importante es *kerússein*. Su significado puede ser "anunciar" o "hacer conocer", pero en el
Nuevo Testamento es la declaración de un acontecimiento. G.
Friederich considera que su verdadero sentido es "proclamar".
Se lo emplea sesenta y una veces y en la mayoría de los casos
está apropiadamente traducido con la correspondiente forma
de la palabra *predicar*. Se lo emplea frecuentemente con un
objeto directo tal como "el reino" o "Cristo", indicando lo que
se predica o seguido de un dativo o acusativo, indicando a
quién es dirigida o dónde se lleva a cabo. Algunas veces se lo
emplea en forma absoluta como en Marcos 3:14: "Constituyó
a doce, a quienes nombró apóstoles, para que estuvieran con
él, y para enviarlos a predicar." Generalmente se lo emplea en
exactamente la misma manera que *euaggelízestai*.

Una vez más, se puede afirmar con seguridad que la
proclamación era tanto a grupos como a individuos aislados,
pero hay al menos dos pasajes donde la sugerencia de la
evangelización personal es más específica. Cuando Pablo
estaba en Mileto despidiéndose de los ancianos de Efeso, se
dirigió a ellos como aquellos "entre los cuales he pasado
predicando el reino" (Hech. 20:25). No obstante,
inmediatamente antes hay una explicación acerca de la
manera en que lo había hecho. "No he rehuido el anunciaros
nada que fuese útil, y el enseñaros públicamente y de casa en
casa" (Hech. 20:20). En un segundo pasaje, Pablo relataba
que estaba encarcelado en una casa alquilada encadenado a un
guardia (Hech. 26:29; 28:16). Le era posible recibir "a todos
los que venían a él... predicando el reino de Dios y enseñando
acerca del Señor Jesucristo con toda libertad y sin
impedimento" (Hech. 28:30, 31).

Ya hemos visto que estos dos verbos principales son
sinónimos, pero algunas veces *euaggelízestai* se emplea en un
sentido muy amplio para expresar la totalidad de la actividad

de Jesús. En Lucas 8:1, el evangelista empleó los dos verbos en el mismo versículo. Jesús andaba "predicando (*kerússo*) y anunciando el evangelio del reino de Dios (*euaggelizómenos ten basileían*)". Esta frase, dice Friederich, "nos presenta una imagen comprensiva de la actividad total de Jesús. Su vida toda era proclamación del evangelio". Luego, tocante a su nacimiento como buenas nuevas (*euaggélion*) en Lucas 2:10 y su predicar la paz (*euaggelízato eirénen*) en Efesios 2:17, Friederich dice: "Su manifestación, no meramente su predicación sino su obra toda, es descripta en términos de *euaggelízestai*."

En el sentido más estricto estos verbos tienen que ver con el predicar, proclamar, anunciar las buenas nuevas. El propósito principal del presente libro es tratar el tema de la evangelización en esa luz. No obstante, aquí *euaggelízestai* tiene claramente un significado más amplio tal como lo consignara Friederich. Basta solamente con observar el contenido del capítulo 8 de Lucas para encontrar la confirmación de tal aseveración.

Lo mismo podemos ver con respecto a Pablo. "El puede emplear *euaggelízestai* para describir la totalidad de su actividad como apóstol" (1 Cor. 1:17), observa Friederich. Esta es una consideración muy importante a tener en cuenta al formular una definición de evangelización personal. Mientras que el sentido estricto de la evangelización está claro, existe este otro importante sentido más amplio en el cual la evangelización incluye a la totalidad del ministerio de Jesús y de Pablo.

Una tercera palabra con sus términos afines que habla de la evangelización neotestamentaria es *martúrein*, que significa "dar testimonio" o "ser [un] testigo". Es posible encontrar distintas variantes donde la idea de testimonio o testigo se emplea en un sentido jurídico o en el sentido de un informe fidedigno, pero es en el Libro de Hechos de los Apóstoles y en los escritos de Juan que encontramos el sentido especial cristiano de estos términos.

Lucas tiende a limitar el uso de la palabra testigo para hacer referencia a aquellos quienes fueron testigos oculares de la vida, la muerte, y de manera especial la resurrección de Jesús. Estos estaban en condiciones de dar testimonio tanto de los hechos históricos relativos a Jesús como de la significancia de los acontecimientos que ellos habían llegado a comprender por la fe. Lucas se aparta no obstante, de este concepto estricto, en los capítulos finales de Hechos, donde emplea el término *testigo* tanto para Pablo (22:15; 26:16) como para

Esteban (22:20), quienes no eran testigos oculares en el mismo sentido que los apóstoles originales. De este modo el término adquirió el sentido de un testigo confesante en contraste con aquellos que eran a la vez testigos oculares, en el pleno sentido de la palabra, y testigos confesantes. Esto permitió la supervivencia del término al ir muriendo los testigos oculares (H. Strathman).

Es Juan quien hace uso intensivo de los términos *martúrein* y *marturía* (es decir la forma verbal y sustantiva: testimoniar y testimonio), a la vez que evita totalmente el uso de *kerússein* y *euaggelízestai* (verbos para expresar predicar y anunciar buenas nuevas), excepto en Apocalipsis. Michael Green nos recuerda que la razón por la cual estos términos son tan importantes para Juan es que están en armonía con la naturaleza de su Evangelio que tenía el propósito de ser un *marturía* para guiar a Jesús a lectores y a oidores por igual. Señala además que la única manera en que los testigos oculares podían transmitir su fe a otros era, primeramente, testificándoles, de su propia creencia y experiencia, que lo que Jesús ha dicho es verdad; y en segundo lugar, compartiendo la evidencia que les llevó a creer. Esto fue lo que hizo Juan. Su Evangelio se transformó en un modelo de testimonio.

Jesús siempre es lo central del testimonio. El Bautista dio testimonio de él (1:14-18, 29-34), y Jesús dio testimonio de sí mismo (3:11, 32, 33; 8:12, 13; 18:37). El Padre dio testimonio divino de él (5:32, 36, 37; 8:18, etc.) como así también lo hacen las Escrituras inspiradas (2:22; 5:39; 19:24, 28, 36; 20:9). Es lo mismo con el Espíritu Santo (15:26) y, además, es él quien da ese testimonio especial dentro del creyente en cuanto a la realidad de su salvación (14:26; 1 Jn. 5:10).

La conclusión de Green es que Juan nos ha dejado "la comprensión más profunda del lugar que ocupa el testimonio en la fe que pueda encontrarse en todo el Nuevo Testamento". El énfasis de Juan sobre la concomitancia de palabra y obra en el testimonio es digno de especial atención. Las palabras y las obras son consideradas como inseparables y dependientes una de otra. Fue Juan quien nos dio los ejemplos más claros de la evangelización personal de Jesús, además de algunos de los modelos que nos son tan valiosos para la enseñanza y la instrucción.

En tanto que estas son las palabras más importantes que se relacionan con el compartir el mensaje, hay otras. Por ejemplo, el mensaje fue enseñado (formas de *didáskein*, Mat.

4:23; Hech. 5:42; 15:35, etc.); hablado (formas de *lálein*) a grupos numerosos (Mar. 2:2; Luc. 9:11) y a individuos aislados (Juan 3:11); discutido o razonado (formas de *dialíguestai*, Hech. 17:2, 17; 18:4, 19; 20:7, 9, etc.); proclamado solemnemente (*katagéllein*, utilizado sólo una vez en Luc. 9:60); y dado a conocer (formas de gnorízein, 1 Cor. 15:1; Ef. 6:19), y éstas no agotan las expresiones del evangelio. Parece claro en cada caso, que el evangelio fue transmitido tanto a grupos, fueren éstos numerosos o pequeños, como a individuos aislados de acuerdo con como se presentara la ocasión.

Una Definición Descriptiva

La siguiente definición constituye un esfuerzo por enunciar de manera tan concisa como sea posible, lo que es la evangelización personal tal como aparece en su contexto neotestamentario. Yo la defino como la comunicación del evangelio del reino persona a persona guiada por el Espíritu Santo y llevada a cabo por uno o más cristianos, en tal manera o maneras que el receptor individual tenga una oportunidad válida de aceptar a Jesucristo como Señor y Salvador y llegar a ser un miembro responsable de su iglesia.

Explicación

Guiada por el Espíritu Santo. —Pocas cosas son más importantes en el compartir nuestra fe que el reconocimiento de que dependemos de la obra y el poder del Espíritu Santo. La evangelización es el aspecto humano del esfuerzo de Dios para traer a los perdidos a sí mismo. No es tanto algo que nosotros hacemos sino más bien algo que Dios hace a través de nosotros. Los testigos son simplemente instrumentos del Espíritu Santo en esta actividad. Los 120 que permanecieron en Jerusalén y oraban no habrían de llegar a ser testigos hasta el momento en que el Espíritu Santo viniese sobre ellos (Hech. 1:8). Juan describió al Espíritu Santo como el que habría de traer convicción o convencimiento de pecado, de justicia y de juicio (Juan 16:7-11). En Hechos 8:29 el Espíritu dio directivas a Felipe para acercarse al carro en que el funcionario etíope examinaba con interés un rollo de Isaías.

A los hombres se les había adjudicado demasiado crédito por los convertidos en la iglesia de Corinto, donde había una tendencia a rendir culto a la personalidad. Pablo señaló que esos hombres, él mismo incluido, eran solamente servidores a través de los cuales ellos habían creído. Los hombres podían plantar y regar, dijo él, pero Dios es el que produce la vida (1 Cor. 3:3-7). Es absolutamente esencial para cada testigo el reconocer y practicar esta relación de instrumentalidad y dependencia.

Persona a persona... receptor individual. —Estos términos distinguen a la evangelización personal de otros tipos como destacáramos anteriormente. La separan de las varias formas menos personalizadas de proclamación a un grupo o a grupos.

Comunicación. —He tratado de seleccionar cuidadosamente cada palabra de la definición pero ésta ha merecido especial atención. Aquellos que hayan leído Planning Strategies for *World Evangelism*, de E. R. Dayton y D. A. Fraser reconocerán que la definición de ellos ha influenciado a la mía, pero fue también la obra de Charles Kraft, *Communicating the Gospel God's Way* la que me convenció para utilizar esta palabra. Kraft opina que la palabra *comunicación* sería una buena traducción para el término generalmente traducido como "predicar" (una forma de *gnorízein*) en la versión de Marcos de la Gran Comisión. "Id a todo el mundo a *comunicar* las buenas nuevas a todos" (traducción de Kraft, Mar. 16:15). Este no es, por supuesto nuestro comisionamiento más firme desde el punto de vista de la crítica textual, pero cuando consideramos que la Gran Comisión de Mateo 28:19, 20 es concretamente a "hacer discípulos," es evidente que la intención de Dios era la comunicación.

Lo importante aquí es que puede existir una gran diferencia entre simplemente anunciar las buenas nuevas y el comunicar el mensaje. El término *comunicar* implica asegurarse de que el mensaje llegue. Es posible dar un sinnúmero de razones de por qué un mero anuncio podría no llegar a comunicar. Por ejemplo, siempre hay barreras espirituales como ser la ceguera (2 Cor. 4:3, 4) o la obstaculización satánica (Mar. 4:15). Otros obstáculos bien podrán ser de una naturaleza más mundana, los cuales el cuidado y estudio por parte del testigo podrían eliminar. Por ejemplo, si hubiere una barrera idiomática, o si la forma o modalidad de la comunicación no es culturalmente aceptable, o si el medio de transmisión que él maneja ha servido para dañar su credibilidad o la de otro testigo, entonces la comunicación está seriamente obstaculizada. E. Stanley Jones oyó una vez un comentario sorprendente de boca del rector de una universidad, quien presidía una de sus reuniones en Asia.

Cuatro veces en la historia Jesús se ha presentado a la puerta de India y ha llamado. La primera vez que apareció en tiempos lejanos, estaba acompañado por un mercader. Llamó. Nos asomamos y lo vimos y nos agradó pero no nos gustó su acompañante, de modo que cerramos la puerta. Más adelante, apareció con un diplomático de un lado y un soldado del otro, y llamó. Nos asomamos y dijimos: "Nos agradas, pero no nos agradan tus acompañantes." Nuevamente cerramos la puerta. La tercera vez fue cuando apareció como el reivindicador de los parias. Nos agradó más en ese papel, pero no estábamos seguros de lo que había detrás. ¿Sería esta la religión del imperialismo? ¿Estarán conquistando a través de la religión? Nuevamente cerramos la puerta. Y ahora aparece ante nuestras puertas, como esta noche, como el Cristo libre de toda ligazón. A este Cristo desligado le decimos: "Entra. Nuestras puertas te están abiertas."

El mensaje había sido anunciado, pero habían existido evidentes barreras comerciales, políticas y culturales. Los portadores de las buenas noticias fueron objeto de sospechas a causa de sus ligazones y asociaciones y su comunicación fue nula.

No debe pasarnos desapercibido que Jesús se enfrascó en una prolongada discusión con la mujer samaritana y pareció extender su estadía en esa aldea como resultado del interés y la respuesta que halló. Su intención era la de comunicar. Pablo, también, se mostró renuente a proclamar el evangelio con un criterio de "tómelo-o-déjelo" como se hace evidente a través de su empleo de palabras como *rogar, persuadir y convencer.* John Taylor declara que la tarea que somos enviados a realizar "normalmente requiere de esa clase de amor que se expresa en tiempo dedicado".

El evangelio del reino de Dios. —El evangelio es el contenido del mensaje [acerca] de Jesús. El hecho de que había llegado alguien que era el cumplimento de todas las profecías de antaño acerca de la venida de un Mesías era una noticia que alegraba por lo que pasó a designarse con un término que significaba buenas nuevas o buenas noticias, "el evangelio".

En un sentido todo lo tocante a Jesús eran buenas nuevas,

pero había una necesidad de conocer el contenido básico o los aspectos indispensables de esas buenas nuevas. ¿Cuáles eran los principios doctrinales fundamentales que un no cristiano debería comprender a fin de llegar a ser un cristiano? ¿Cuál era el contenido esencial del mensaje proclamado por los apóstoles y la iglesia de los primeros tiempos al evangelizar?

Un intento de descubrir ese contenido, el cual ha ejercido una gran influencia sobre lo desarrollado posteriormente fue hecho por C. H. Dodd en 1936. Basándose en su examen de las epístolas de Pablo elaboró un bosquejo de siete puntos del contenido básico del evangelio. Asimismo, y como resultado de su análisis de la predicación apostólica en el libro de Hechos elaboró un núcleo de seis puntos que sucintamente podrían resumirse como sigue:

> En primer lugar, el siglo del cumplimiento ha amanecido. "Esto es lo que fue dicho por medio del profeta" (Hech. 2:16)... Segundo, esto ha tenido lugar a través del ministerio, muerte y resurrección de Jesús... Tercero, en virtud de la resurrección, Jesús ha sido exaltado a la diestra de Dios, como cabeza mesiánica del nuevo Israel... En cuarto lugar, el Espíritu Santo en la iglesia es la señal del poder y la gloria actual de Jesús... En quinto lugar, el Siglo Mesiánico (Era Mesiánica) pronto alcanzará su consumación con el regreso de Cristo... Finalmente, el kerygma siempre concluye con un llamado al arrepentimiento, el ofrecimiento del perdón y el Espíritu Santo, y la promesa de "salvación", es decir "la vida del Siglo Venidero" a aquellos que ingresan a la comunidad de los elegidos... (Dodd 1936).

Agrega luego Dodd: "Podríamos interpretar que esto es lo que el autor del Libro de Hechos quiso decir por 'predicando el reino de Dios'."

Este corazón del evangelio ha venido a llamarse el kerygma, una palabra griega que significa "predicación". Se refiere no a la acción de predicar, sino al contenido del mensaje. "A Dios le pareció bien salvar a los creyentes por la locura de la predicación (kerússein)" [la V.H.A. traduce "Agradó a Dios salvar a los creyentes por la tontería del mensaje"] (1 Cor. 1:21).

A la vez que la teoría de Dodd ha tenido amplia influencia y aceptación, también ha sido tema de permanente debate. Su trabajo ha sido revisado y reconsiderado por muchos. M.

Green acota que varios eruditos han elaborado su propio *kerygma* básico con cinco, cuatro, o tres puntos principales, aunque entre ellos no siempre coincidan en cuanto a qué es lo que debe tenerse en cuenta. Un ejemplo es el trabajo de Green en su excelente libro *Evangelism in the Early Church*. El presenta un *kerygma* de tres puntos:

> Primero, predicaban [a] una persona. Su mensaje era totalmente cristocéntrico... Segundo, proclamaban un regalo, un don. El don del perdón, el don del Espíritu, el don de la adopción, de la reconciliación. El don que hizo a los "no pueblo" parte del "pueblo de Dios", el don que trajo cerca a los que estaban lejos... Tercero, buscaban una respuesta. Los apóstoles no eran tímidos en cuanto al pedir a los hombres que se decidiesen a favor o en contra de Dios quien ya se había decidido a favor de ellos. Esperaban resultados.

Aparte del desacuerdo en cuanto al número de puntos básicos y qué debe constituirlos, algunos sienten que se está dando demasiado énfasis al concepto de la existencia de un *kerygma* fijo y que su estilo no estaba tan determinado como Dodd y otros han supuesto. No solamente ven la variedad de convicciones entre eruditos respecto de cuáles eran los puntos principales, sino que observan una gran variedad de modalidades en las cuales el evangelio era presentado. Otros ven en el trasfondo y el entendimiento de los oyentes un factor para la determinación de cómo el mensaje habría de ser presentado.

No obstante, a pesar de estos desacuerdos, muchos asignan gran valor al trabajo de Dodd, porque muestra que "el evangelio tenía una forma y contenido identificables" y que había un "enfoque generalizado respecto de la manera de encarar la evangelización" que era básico aunque pudiera existir considerable variación en sus detalles. Al planear nuestro mensaje es vital un estudio de estos puntos básicos sugeridos, porque es este un contenido básico irreductible que el testigo debe transmitir a fin de, como dice L. Drummond, "esperar la plena bendición de Dios sobre nuestra predicación".

Hay un punto donde el acuerdo es unánime. Es en que el evangelio, sea lo que fuere, se centra en la persona y las actividades de Jesucristo. Ciertamente, él es el evangelio. La definición de G. E. Ladd es un buen resumen. "El corazón del *kerygma* apostólico es la proclamación del señorío de Cristo (2 Cor. 4:5). Cristianos son aquellos que han recibido a Cristo Jesús como Señor."

El reino de Dios ha sido el tema de vigorosas controversias, pero una convincente corriente de opinión lo interpreta como el nuevo orden de Dios para el creyente, encarnado en Jesucristo. Es el gobierno o reinado de Dios el rey que se hace una realidad para las personas de fe. Es, como observa Ladd, lo que la literatura rabínica llamaba el siglo venidero y se basa en la idea del Antiguo Testamento de contraste entre el presente orden de cosas y el orden redimido a ser introducido por el Día del Señor. Es ese nuevo siglo que irrumpe en el siglo malo presente, un nuevo orden al cual se incorpora una persona genuinamente arrepentida. No puede ser sacudido y es permanente (Heb. 12:28) contrastando con todos los órdenes instaurados por los hombres los cuales son sacudibles y temporarios. Está caracterizado por el amor, la rectitud, la justicia, la paz y la vida, mientras que el antiguo orden significaba concupiscencia, avaricia, orgullo, injusticia y muerte. Es una nueva comunidad conformada por una nueva raza para quienes Cristo es Rey.

Es a la vez un orden presente y venidero. Su irrupción tuvo lugar con la vida y ministerio de Jesús, pero su pleno cumplimiento aguarda su regreso visible.

Jesús constantemente habló de él. Era el tema central de su ministerio (Mat. 4:23; Mar. 1:14, 15). Era aquello que envió a los doce a predicar (Luc. 9:2), y después de su crucifixión, fue el tema de su enseñanza durante el ministerio de cuarenta días posterior a su resurrección (Hech. 1:3).

Hay varios pasajes clave que nos ayudan a entender el reino y su significado revolucionario. Cuando Jesús fue a la sinagoga en Nazaret y se le dio allí la oportunidad de hablar, leyó el pasaje mesiánico de Isaías 61:1, 2 referido a la venida de un ungido que proclamaría el año agradable del Señor (Luc. 4:18, 19). Entonces dijo él, "Hoy se ha cumplido esta escritura en vuestros oídos" (Luc. 4:21).

Cuando Juan el Bautista fue encarcelado envió a dos discípulos suyos para inquirir si Jesús era aquel a quien habían estado esperando como cumplimiento de la profecía mesiánica del Antiguo Testamento. Jesús les dijo a los inquiridores sencillamente que fueran e informaran lo que habían visto.

En ambas circunstancias, el propio anuncio de Jesús y el encuentro del que los inquiridores darían cuenta, revelaban las comprensivas dimensiones personales y sociales del reino. Las necesidades totales de las personas estaban siendo atendidas. Los pobres estaban oyendo las buenas noticias y la injusticia, la opresión y el menosprecio estaban siendo reparados.

Cuando los discípulos le pidieron a Jesús que les enseñase a orar, una parte de la Oración Modelo que Jesús dejó reza:

Venga tu reino,
Sea hecha tu voluntad,
Como en el cielo así también en la tierra (Mat. 6:10).

Si éste es un caso de paralelismo donde "sea hecha tu voluntad como en el cielo así también en la tierra" explica a "venga tu reino", tal como parecen creerlo numerosos eruditos, entonces es razonable la conclusión de que el reino de Dios es manifestado dondequiera que se esté haciendo su voluntad.

Cuando Jesús expulsó a un demonio de un pobre mudo (Luc. 11:14 ss.), algunos dijeron que lo hizo por el poder de Beelzebú. Rápidamente Jesús puso de manifiesto la imposibilidad de tal idea. Y a continuación dijo: "Pero si por el dedo de Dios yo echo fuera los demonios, ciertamente ha llegado a vosotros el reino de Dios" (Luc. 11:20). Un milagro tal representaba un ataque a Satanás y una derrota de proporciones cósmicas. Esto es tanto una prefiguración de su defunción final como una manifestación presente del reino.

Lo que debemos entender es que el reino de Dios tiene a la vez dimensiones personales y sociales. La rectitud social es tan vital a la voluntad de Dios como lo es la rectitud personal. Las metas sociales y personales están combinadas y entretejidas. Como dijo E. Stanley Jones cuando llegó a comprender las implicancias de la enseñanza de Jesús respecto del reino de Dios: "Borró por completo la distinción entre lo individual y lo social —eran dos aspectos de un todo."

La evangelización personal está comprometida con el evangelio del reino. No está dispuesta a ofrecer gracia barata. La salvación no debe ser presentada de manera que suene a fácil. Las expresiones duras de Jesús no han de disimularse. Las implicancias revolucionarias del formar parte de la nueva comunidad de Dios la cual demanda una forma de vida totalmente nueva deben ahora ser una parte de la proclamación.

Llevada a cabo por uno o más cristianos. —Esta frase en gran medida se explica a sí misma. El testimonio como estilo normal de vida generalmente involucra a un cristiano que echa mano de las oportunidades que descubre a lo largo del día, en el trabajo, en el vecindario, en la escuela, en distintos grupos sociales, o dentro del círculo familiar más amplio. Un testimonio más formal, como lo es el visitar los hogares en nombre de una iglesia, normalmente involucra a dos personas.

En algunos casos, como cuando se está capacitando a otro, habrá tres, pero por lo general no es prudente que sean más. *En tal manera o maneras.* —La variedad de maneras en que se puede comunicar el evangelio es sorprendente. Por ejemplo y para mencionar sólo algunas, se lo puede verbalizar a través de la predicación, la enseñanza, el diálogo, el canto y la lectura colectiva. En lo referido a los medios masivos de comunicación, aparte de la televisión y radio, se lo puede comunicar a través de revistas, libros, folletos, películas, notas informativas y de actualidad, ilustraciones, gráficos y dramatizaciones. Aun es posible, hasta cierto punto, comunicarlo de manera no verbal, como cuando frecuentemente los nuevos convertidos ofrecen a otros evidencias de su transformación sin expresar palabra alguna.

Desde el punto de vista de la evangelización personal hay tres clases de comunicación que revisten importancia superlativa. Deben funcionar juntas, porque se necesitan una a otra. Una no debe contradecir a otra, y esto, a cualquier precio.

Primero, está la cuestión de ser; segundo, está la cuestión de hacer; y tercero, la cuestión de decir. Es imprescindible el funcionamiento armónico de todas ellas, si es que la evangelización ha de ser completa y poderosa.

No son pocos los que sienten que se ha puesto excesivo énfasis en la verbalización sin contar con el debido respaldo del ser y del hacer. Como lo plantea Delos Miles: "Hemos exagerado el decir, minimizado el hacer, y dejado a libre elección el ser." Está bien dicho. El ser y el hacer pueden constituir un testimonio poderoso. Pedro reconoció esto claramente cuando habló de los maridos que serían "ganados sin una palabra por medio de la conducta de sus mujeres" (1 Ped. 3:1).

Sin embargo, el énfasis en el ser y el hacer en ninguna manera significa denigrar el decir. Siempre será importante. Las personas que dicen: "Simplemente vamos a testificar con nuestras vidas", en realidad no han pensado seriamente en el asunto. Una posición así sería totalmente impropia por la simple razón de que aun las mejores vidas cristianas conservan falencias que resultan poco inspiradoras y el confiar únicamente en este método podría ser extremadamente lento. Guarda un profundo significado el hecho de que la única persona que podría haber testificado simplemente con su vida sin par, dejó trazado el patrón de una poderosa verbalización de la evangelización también. Ninguna comunicación del evangelio es verdaderamente completa sin la presencia de la proclamación en alguna parte del proceso. D. T. Niles lo expresó con mucha claridad años atrás: "Hacer el amor no es suficiente. Uno debe decir 'te quiero'. Con las actitudes amables no alcanza. Uno debe decir 'te perdono...' Uno debe llevar a cabo los deberes y obligaciones de ser un embajador (Ef. 6:20). Las credenciales extendidas por su rey deben ser presentadas, la palabra en nombre del rey debe ser dicha."

A la vez, es cierto que una vida a semejanza de la de Cristo comunica poderosamente, y sin ella la proclamación es imperfecta. Nunca podré olvidar uno de mis primeros intentos de testificar siendo pastor. Me ubiqué en la parte posterior del tractor de un granjero y le invité a que aceptara a Cristo. Me dijo: "¿Sabe?, si yo pudiese creer que voy a llegar a ser una persona como Hubert Lafoon (uno de los diáconos en mi congregación), yo me convertiría a Cristo." La vida cristiana consecuente de aquel hombre de Dios había ejercido su influencia sobre muchas personas en esa comunidad y había impresionado profundamente a mi candidato quien no tuvo dificultad en asociarla con mi verbalización.

Para Dios el método supremo de comunicación fue la encarnación. Jesús no sólo traía un mensaje, él era el mensaje. Es la mejor ilustración que pudiera existir de la frase "el medio es el mensaje". Esto tiene una conmovedora aplicación a la vida de cada testigo. Con mucha sabiduría, J. C. Aldrich afirma que debemos ser buenas nuevas antes que podamos compartir buenas nuevas. El mundo ha visto ya demasiada hipocresía espiritual. Lo que necesita ver ahora es a cristianos que han encarnado el mensaje que llevan y que viven como ciudadanos del reino y que pueden hablar partiendo de ese contexto.

Lo que un cristiano hace también es indispensable. El compartir lo espiritual debe manifestarse en servicio. Las obras de Jesús mismo eran un testimonio destacado respecto de quién era él. Nicodemo reconoció el poder de ellas cuando dijo: "Rabí, sabemos que has venido de Dios como maestro; porque nadie puede hacer estas señales [obras] que tú haces, a menos que Dios esté con él" (Juan 3:2). Aun cuando él no lo entendía totalmente, y aun cuando la lisonja pudiera haber estado presente, las obras de Jesús habían transmitido un mensaje poderoso y habían llevado a Nicodemo a querer saber más.

Esta discusión traerá como consecuencia el planteo de algunos en cuanto a si es que el ministerio social puede considerarse evangelización. Este asunto ha generado no poco debate, y por cierto no es una cuestión que pronto haya de quedar resuelta. No son pocos los que adoptan el punto de vista de que la evangelización es una cosa y el ministrar [servir] es otra, manteniendo a cada una en compartimientos separados sin mezclarse ni superponerse, aun cuando se admita sin reparos la necesidad de ambas. Yo creo firmemente que el ministerio social llevado a cabo en el Espíritu de Cristo es una poderosa manera de evangelizar. Como observa Culbert Rutember, simplemente es una de sus formas. Es necesario que observemos ahora la tarea de una manera integral. Jesús mostró igual interés y preocupación por las necesidades espirituales que por las materiales y por las realidades tanto eternas como temporales. Estos intereses estaban tan maravillosamente amalgamados en su actividad que todos los intentos de clasificarlos generalmente resultan artificiales.

Es bien sabido que a menudo los profetas simbolizaban su mensaje a través de lo que hacían. Jeremías compró un campo en un momento muy oscuro para demostrar su fe de que la nación tenía futuro (Jer. 32:6-15). Oseas se casó con una prostituta para simbolizar el amor de Dios por su pueblo infiel (Ose. 1:1-3). Jesús entró en Jerusalén montado en un borriquillo para simbolizar la clase de reino que había venido a establecer (Mar. 11:1-10). Estas acciones predicaban más elocuentemente que si se hubieran hablado meras palabras, y a menudo tal es el caso en lo referido a la evangelización.

Lucas 8, mencionado anteriormente, arroja un haz de luz sobre la cuestión de la relación entre proclamación y demostración. Lucas dice que Jesús "andaba de ciudad en ciudad y de aldea en aldea, predicando (*kerússon*) y anunciando el evangelio (*euaggelizómenos*) del reino de Dios" (8:1). Como hemos visto, la última de las palabras resume todo lo que él hizo. Relató la parábola del sembrador e identificó a su verdadera familia como "aquellos que oyen la palabra del Señor y la hacen" (8:21). Demostró su poder sobre las fuerzas de la naturaleza calmando una tormenta y salvando a sus atemorizados discípulos. Le exorcizó los demonios a un pobre hombre de la tierra de los gadarenos. Sanó a una mujer que padecía de hemorragia desde hacía doce años, y resucitó a la hija de Jairo. Así es como él anunciaba las buenas nuevas. Sin duda alguna era por palabra y obra. Sobre estas actividades David Watson ha señalado: "Esto por cierto era una parte grandísima y poderosa de la tarea evangelizadora de Jesús. No era ni un preludio a, ni la consecuencia de, la evangelización. Era sencillamente evangelización, el anuncio de las buenas nuevas."

En la introducción que Lucas hace a Hechos no deja de ser significativo que él se haya referido a su primer libro como un relato de "todas las cosas que Jesús comenzó a hacer y enseñar" (Hech. 1:1). El ministerio de Jesús no era simplemente la predicación, sino la predicación tan inmersa en un contexto de acciones compasivas que la totalidad constituía el anuncio de buenas nuevas.

Al escribir su Epístola a los Romanos Pablo describió en términos similares su propio trabajo en el mundo no cristiano (15:18-20). Cristo había operado a través de él "para [ganar] la obediencia de los gentiles, por palabra y obra, con poder de señales y prodigios, con el poder del Espíritu de Dios". De este modo Pablo dijo que había "anunciado en su plenitud (*peplerokénai*, presentar de manera total y completa) el evangelio de Cristo" (5:19, V.H.A.). Para Pablo, un correcto anuncio del evangelio consistía claramente de predicación y demostración. Inmediatamente sigue diciendo que había "procurado [porque era su "aspiración" (V.H.A.)] predicar el evangelio" (*evaggelízestai*, o sea el término empleado para describir su ministerio total en 1 Cor. 1:17) allí donde no se encontrara edificando sobre fundamento ajeno (v. 20). Se hace claro que para Pablo no había distinción entre servicio y predicación. La actividad total frecuentemente era interpretada como evangelizar o anunciar las buenas nuevas.

Una oportunidad válida. —Se hace evidente de inmediato que esto es algo difícil de evaluar. No obstante, es una ampliación de algunos principios ya expresados en relación con el tema de la comunicación.

Aun reconociendo las dificultades que median, Dayton y Fraser han establecido ciertos criterios para determinar la validez de una oportunidad. Ellos escriben en relación con una estrategia evangelizadora para las misiones mundiales, pero la mayoría de sus principios tienen aplicación en cierta medida al menos, a la evangelización personal. Algunos de los importantes son que "el mensaje debe ser expresado en el lenguaje y los modismos, las formas de pensamiento y visión mundial de los oyentes... El canal de comunicación debe ser el adecuado a la estructura social y a los patrones de comunicación que a las personas les sean comunes..." y "el testimonio debe mantenerse el tiempo suficiente como para que llegue a hacerse comprensible para la persona típica o promedio del grupo que está siendo evangelizado".

Resulta obvio que estas sugerencias no resuelven todos los problemas que hacen al determinar el o los perímetros de una oportunidad válida. Una evaluación guiada por el Espíritu Santo y la sabiduría divina, necesariamente han de desempeñar un papel central. Dichas dificultades, no obstante, nos recuerdan una vez más que las presentaciones "al paso" casi siempre son inapropiadas y que hay muchas personas que posiblemente necesitarán múltiples presentaciones a lo largo de un tiempo que puede llegar a ser prolongado.

De aceptar a Jesucristo como Salvador y Señor. –Nuestra discusión acerca del evangelio hace innecesario agregar a lo ya dicho respecto de la persona de Cristo como Salvador y Señor. No obstante, el "aceptar" a Jesús puede necesitar alguna explicación ampliatoria. Significa aplicar a sí mismo y de una manera muy personal las afirmaciones del evangelio concernientes a él en cuanto a que es Salvador y Señor a fin de que esas verdades puedan ser confesadas con sinceridad, porque: "Si confiesas con tu boca que Jesús es el Señor, y si crees en tu corazón que Dios le levantó de los muertos, serás salvo" (Rom. 10:9). La aceptación es el creer sinceramente en lo más profundo del ser interior. Es recibir a Jesús permitiéndole entrar en la vida de uno (Juan 1:12) de tal manera que no solamente existe una conciencia de su perdón, sino que él pasa a ser el Señor [Dueño] de nuestra vida.

Un miembro responsable de su iglesia. –El modelo neotestamentario está presentado con mucha claridad en Hechos. Los pasos eran creer (2:37-40), ser bautizado (2:41), y su incorporación a la iglesia (2:41). Esto no carecía de razones, ya que era en la nueva comunidad donde ellos escuchaban y absorbían la enseñanza del apóstol (2:42; 5:42). Adoraban (2:42 b, 46, 47) y experimentaban el compañerismo (2:42). Compartían los bienes a fin de satisfacer necesidades (2:44) y se maravillaban llenos de temor reverente ante el grandioso poder de Dios (2:43). La adoración y la instrucción eran de suma importancia para la supervivencia de los recién nacidos. El compañerismo satisfacía la necesidad de una comunidad en donde cada uno tomaba y daba fortaleza. La iglesia del Nuevo Testamento era una expresión de compañerismo profundamente solícito y genuinamente interesado donde los miembros conocían a los demás y eran conocidos por ellos. Sus experiencias en el seno del cuerpo junto con la persecución, resultaron en ferviente testimonio y gran crecimiento de la iglesia (Hech. 8:1-4).

Estos cristianos comprendieron que su consagración y amor a Cristo debía expresarse en ministerio [servicio]. Vieron que su respuesta necesariamente tenía que ser participativa.

Ellos amaban, sacrificaban, compartían, crecían, vivían el compañerismo, adoraban, testificaban y servían en el nombre de Cristo. Se transformaron en miembros de la iglesia activos, funcionales y responsables. Nada que sea menos que esto podrá estar a la altura de las demandas de la hora presente

La Urgente Necesidad de Evangelización Personal

Hace ya muchos años que autores preocupados por la evangelización han estado escribiendo acerca de la urgencia. Y esto no sin razón. La evangelización es por cierto una preocupación que reviste suma urgencia. Es más urgente de lo que nuestras mentes pueden llegar a captar, porque nuestra percepción plena de la visión está siempre limitada por los efectos embotadores del pecado que son una parte de todos nosotros. Sin embargo, debemos tratar de apropiarnos de este concepto con toda la convicción y determinación que podamos, porque la urgencia es una parte de la naturaleza misma de la evangelización. El no alcanzar a entender y manifestar genuinamente la urgencia es robarnos a nosotros mismos una parte esencial de su significado y minimizar la efectividad de la evangelización que realizamos. Como una planta que sólo puede crecer y producir en un clima tropical, la salud y la productividad óptimas de la evangelización se experimenta únicamente en una atmósfera de urgencia responsable. Esto no quiere decir, por supuesto, que no reconocemos que las personas necesitan tiempo para entender y que el Espíritu Santo a menudo requiere de tiempo para hacer su obra. La evangelización mantiene su urgencia aunque procede con un delicado respeto por las personas y con suma precaución para no encontrarse adelantándosele a Dios o manipulando a las personas.

Según mi parecer hay razones teológicas, éticas y prácticas que dan tanta urgencia a la evangelización. Algunas son más cruciales que otras, pero todas son importantes y hacen su contribución a la naturaleza exigente de la empresa.

Razones Teológicas

Primera: Las Escrituras presentan a Cristo como el único medio dado por Dios para salvación. Aquí podemos ver la enorme influencia de la teología sobre el asunto de la urgencia. Si alguien cree, por ejemplo, que Dios no va a permitir que ninguno se pierda o que todos ya están salvados y solamente necesitan oír el anuncio de ese hecho consumado, entonces la predicación ya no es tan imperativa. Si Cristo está en todas las religiones y si la salvación en el sentido clásico ya no es relevante, entonces no pretenderíamos ver mucha manifestación de urgencia en la proclamación del evangelio. Uno podría cuestionar seriamente si es que el evangelio, como se lo ha entendido históricamente, podría de manera alguna ser predicado por una persona que sustentara uno o más puntos de vista así. Por otra parte, si uno cree que Cristo es la única esperanza real para el mundo, que sólo él es la fuente de redención y nueva vida, que el destino presente y eterno de uno depende del descubrimiento de lo que él significa, y que la verdadera realización y propósito solamente tienen lugar en él, uno se preguntaría cómo la evangelización podría ser otra cosa que no fuera urgente. Si la Biblia es verdaderamente autoritativa —y esa es la presuposición de este libro— entonces el modelo último de convicción sirve de base a una correcta perspectiva de todo el asunto.

Jesús presentó a la relación de una persona con él como un asunto de vida o muerte (Juan 3:18), y estaba preocupado no solamente por la posibilidad de que las personas llegaran a morir sin él sino también por la posibilidad de que vivieran sin él. A la vez habló mucho de juicio y condenación y, con frecuencia, de la ira de Dios (Juan 3:36; 5:24). Indiscutiblemente, esto era un aspecto importante de su mensaje y un factor vital en la urgencia.

Segunda: La evangelización es urgente porque es la actividad humana que Dios emplea para llevar a cabo la experiencia transformadora a partir de la cual fluye todo lo demás que es cristiano. Una meta es la conversión, sin la cual no podría existir la vida cristiana (Luc. 13:3). Todo discipulado y ministerio productivo comienza aquí.

Fue en la reunión de la Aldersgate Society donde el corazón de Juan Wesley fue extraordinariamente tocado, y donde confió únicamente en Cristo, que su grandiosa vida comenzó a ser productiva. Ya había cumplido sus treinta y cinco años y era un ministro ordenado en la Iglesia de Inglaterra. Si su vida hubiera terminado antes de esa experiencia habría poco y nada para hacer que le recordemos y menos aún para que analicemos su obra. Su conversión cambió todo, y un moravo de nombre Pedro Bohler desempeñó el papel de evangelizador personal en el aspecto humano de ese acontecimiento. Lo mismo podría decirse de Agustín en el siglo cuatro, de Guillermo Carey en el diecinueve o de

Malcom Muggeridge en el veinte. La evangelización conduce a esa experiencia resultante de un encuentro vital en la cual todo lo que sea cristiano tiene su comienzo.

Tercera: Las personas transformadas y discipuladas representan la mejor esperanza de una sociedad justa. La evangelización bendecida por el Espíritu Santo produce una nueva humanidad (Ef. 2:15), la nueva comunidad que puede aprender lo que es el amor al prójimo y que no "pasa por la vereda de enfrente". La historia tiene ejemplos clarísimos de que cristianos verdaderos pueden cambiar la sociedad. Los Wilberforce, Shaftesbury, Barnardo y Nightingale del mundo le aportan a ese principio su resonante testimonio.

La urgencia se hace ver en el hecho de que tanto individuos como sociedades sufren incontables pérdidas y privaciones cuando fracasa la evangelización. Enormes recursos y energías se desperdician a lo largo de años de esfuerzos estériles y los beneficios transformadores provenientes de vidas discipuladas que la sociedad podría disfrutar, quedan sin ser engendrados y sin nacer.

Cuarta: La evangelización es urgente porque las oportunidades tanto de hacer como de responder a la evangelización son limitadas. Primero tenemos la naturaleza incierta de la vida. Santiago dijo que en realidad no sabemos si habrá un mañana y se refirió metafóricamente a la vida como un "vapor que aparece por un poco de tiempo y que luego se desvanece" (Stg. 4:14). La vida es el "valle de sombra de muerte" (Sal. 23:4). La muerte es una posibilidad diaria y una certeza final. Aun cuando los más jóvenes podrán estar mucho más interesados en cuanto al sentido que tiene la vida ahora, la cuestión del final ejerce más y más presión con cada día que pasa si uno no descubre la manera de enfrentarlo y resolverlo. Hay también conflictos, luchas, cargas y sufrimientos a los que ninguno escapa. Cristo vino para ayudar a las personas a vivir victoriosamente a pesar de esas cosas y es urgente —tanto para la persona perdida como para el testigo cristiano— que el camino de Cristo sea descubierto antes que se pase el tiempo de la oportunidad. No tenemos toda una eternidad para decidir ni para servir.

La doctrina de la segunda venida es otro factor limitativo. Las personas deben estar preparadas para recibirle a él cuando venga, porque tanto la oportunidad del no cristiano para creer como la del cristiano para testificar, tocan a su fin en ese momento (Heb. 9:27).

Hay, no obstante, otra fuente teológica de la cual surge el

más saludable sentido de urgencia. Se trata de nuestra relación viva y personal con Cristo. Es en la medida en que estamos más y más "en Cristo" y él "en nosotros" que asumimos como propios sus intereses y propósitos. Demasiado a menudo nos parecemos a algunos de los colegas de Pablo descritos en Filipenses quienes estaban cuidando de "sus intereses personales, no lo que es de Jesucristo" (Fil. 2:21). Es en la medida en que hacemos propia la manera de pensar de Cristo (Fil. 2:5) que comenzamos a compartir su urgencia.

Repetidamente Jesús habló con urgencia. "Si tu ojo derecho te es ocasión de caer, sácalo, y échalo de ti;... Y si tu mano derecha te es ocasión de caer, córtala y échala de ti; pues mejor te es que que se pierda uno de tus miembros, y no que todo tu cuerpo sea echado al infierno" (Mat. 5:29, 30). En otras palabras no permitas que cosa alguna, ni siquiera algo tan importante como un ojo o una mano derecha, te detenga de hacer lo que Dios quisiera que hagas. Son palabras que transmiten urgencia.

"Es necesario que haga las obras del que me envió, entre tanto que el día dura; la noche viene, cuando nadie puede trabajar" (Juan 9:4). La conciencia de que la noche de su muerte se acercaba y que sus días estaban contados elevaban su sentido de urgencia. La situación de Jesús es la situación de cada uno de nosotros. A él no le quedaba mucho tiempo para hacer su tarea, tampoco a nosotros.

"Sígueme y deja que los muertos entierren a sus muertos" (Mat. 8:22). A pesar del hecho de que el correcto sepelio de su padre era una de las más sagradas responsabilidades de un hombre judío, el asunto de seguir a Jesús era por demás urgente como para supeditarse a una preocupación tan terrenal. El padre en cuestión, por supuesto, no había muerto aún. Para Jesús, a la luz de su reino que irrumpía en el escenario de la vida humana, aquellos que aún mantenían costumbres sacrosantas eran los especialmente muertos. Ellos podían enterrar a los muertos. Seguirle a él era un llamado urgente que no dejaba lugar a demoras. Sus expresiones de urgencia de ninguna manera se agotan con estos ejemplos.

Es posible también ver la urgencia de Jesús más claramente todavía en su espíritu y proceder. Recordemos su llanto por la ciudad ciega, impenitente de Jerusalén (Luc. 19:41). Veámoslo conmovido ante el cuadro de las ovejas sin pastor y la desolación espiritual (Mat. 9:35-38). Recordemos cómo se conmovió hasta sus fibras más íntimas cuando el leproso le pidió su ayuda (Mar. 1:41). Veamos su urgencia en grado sumo, al dejar Jesús el cielo para vivir entre humanos, tomando la forma de un siervo y yendo a la cruz a fin de abrir el camino para que personas pecadoras tuvieran acceso a la presencia de un Dios santo. La calamitosa condición de la humanidad era así de urgente. Eso era lo que requería.

Es en la medida en que comenzamos a pensar sus pensamientos, seguir sus pasos, hacer sus obras y hacer nuestros sus intereses y preocupaciones que encarnamos su urgencia. Y esta urgencia tiene mucho que ver con la efectividad de nuestra evangelización.

Razones Eticas

Hay también consideraciones éticas apremiantes que dan urgencia a la evangelización. La primera es que, para la persona de fe, simplemente es lo correcto. Si el evangelio es todo lo que la Biblia afirma que es entonces aquellos que lo creen saben que esto es cierto. Algo de tanto valor, que hemos recibido como un regalo, no debe ser atesorado egoístamente sino compartido tan ampliamente como sea posible.

En el Antiguo Testamento hay un destacado incidente que confirma la validez de esta idea. El sitio del rey sirio Ben-adad a la ciudad de Samaria había traído aparejada la tragedia del hambre en la ciudad. Era tan severa que cuatro leprosos que estaban a la puerta de la ciudad habían perdido toda esperanza. Decidieron que su última posibilidad estaba en ir al campamento enemigo en la eventualidad de que alguno allí tuviese misericordia y les diera un poco de comida.

El Señor ya había actuado a favor de Samaria. Había hecho que el pánico se apoderara de los sirios y huyeran aterrorizados, pensando que Israel había contratado a los reyes de los heteos y de los egipcios para luchar contra ellos. Cuando llegaron los leprosos encontraron la abundancia abandonada de los sirios. Luego de satisfacerse y de esconder algo del botín, súbitamente llegaron a un descubrimiento importante. Se dijeron: "No estamos haciendo bien. Hoy es día de buenas nuevas, y nosotros estamos callados. Si esperamos hasta la luz de la mañana, nos alcanzará la maldad. Ahora pues, vayamos, entremos y demos la noticia a la casa del rey" (2 Rey. 7:9). Este incidente es una parábola de la situación del cristiano. El no compartir las buenas nuevas de nuestro descubrimiento es no hacer lo correcto. Si tomamos en serio la ética, entonces el compartir nuestra fe es una obligación moral.

Pero este compartir no se lleva a cabo simplemente porque es lo correcto; es la respuesta ética del amor transformador de Cristo frente a necesidades abrumadoras. No se trata meramente de que Dios llore por los millones siempre en aumento que nunca han confesado a Cristo. El también se interesa y preocupa profundamente por el hecho de que las multitudes estén hambrientas, enfermas, oprimidas, maltratadas y sin esperanza alguna de algo mejor en toda su vida. El cristiano ya no puede invocar la falta de conocimiento como excusa para no actuar. La comunicación a nivel mundial es en la actualidad por demás eficiente. Estas necesidades son demasiado obvias como para ignorarlas. Hay heridas para vendar, estómagos vacíos para llenar, sufrimiento para aliviar y oprimidos para libertar. La obra evangelizadora del reino es de tal índole que no quiere ni puede ignorar estas necesidades.

Razones Prácticas

La urgencia de la evangelización personal se hace particularmente clara desde el punto de vista práctico, aunque la evangelización como un todo también enfoca su atención en estos asuntos importantes.

Primero: La evangelización personal es el único método a través del cual se puede alcanzar a muchos. Gene Edwards cuenta que algunos años atrás un evangelista dedicado a pleno tiempo a este ministerio estaba participando en una campaña de Billy Graham y regocijándose frente a los resultados. Sin embargo, una noche en su trayecto al estadio de pronto observó que había pasado a casi medio millón de personas que iban en la dirección opuesta. Aun estando convencido de los beneficios de una campaña poderosa, volvió a tomar conciencia de que muchas personas nunca asistirían a una campaña de evangelización aun teniendo en cuenta la fama del evangelista.

La única manera en que un amplio sector de personas no salvas pueden ser alcanzadas es a través de la evangelización personal responsable y concienzuda. En tanto que una campaña puede potencialmente alcanzar a algunos, la evangelización personal puede potencialmente alcanzar a todos.

Segundo: La evangelización personal es esencial para el éxito de la mayoría de las otras formas de evangelización. Pocos cristianos toman conciencia del papel crucial que desempeña la evangelización personal en los esfuerzos evangelizadores identificados con otros nombres. No es sin razón, que las campañas bien planeadas que abarcan ciudades enteras sean precedidas por grandes esfuerzos en el entrenamiento de testigos laicos, listas personales de oración y la visitación organizada.

Estudios recientes confirmaron lo que observadores deductivos han sostenido desde hace mucho: la mayoría de las personas no toman decisiones importantes como estas sin haber tenido un contacto cara-a-cara con otra persona cuya experiencia y comprensión la haya hecho influyente. Una investigación realizada en Canadá reveló que el 90 por ciento de aquellos que respondieron en campañas habían sido contactados primero a través del testimonio personal de otro individuo.

En nuestro entusiasmo por los tres mil convertidos, frecuentemente pasamos por alto el papel poderoso desempeñado por la evangelización personal en Pentecostés. Previamente a esa respuesta, Lucas tiene mucho cuidado en señalar la actividad de ciento veinte discípulos llenos del Espíritu Santo (Hech. 2:4); "cada uno les oía hablar en su propia lengua (idioma)" (Hech. 2:6). Por supuesto, hubo mucha discusión, tanto individual como en pequeños grupos antes que Pedro proclamara a la multitud. Lo mismo sucede hoy en otros tipos de evangelización. El contacto personal tendrá un papel decisivo en la mayoría de los que se convierten. Este importante principio se enfatizará en el capítulo sobre medios masivos de comunicación y en otros, pero debe tenerse en cuenta desde el principio.

Tercero: Las iglesias sencillamente se extinguen sin evangelización, y hemos visto cuánto depende la evangelización del contacto personal. La iglesia local que deja de evangelizar morirá en cincuenta o sesenta años o, con otros factores que entran en juego, quizá mucho antes. Cientos de iglesias mueren cada año por diversas causas, pero muchas mueren porque no han evangelizado. Esto, por supuesto, nunca debe ser motivación para evangelizar. La iglesia que sólo evangeliza para no morir, morirá de cualquier manera, porque sin el profundo sentido de misión y una buena medida de amoroso interés como el de Cristo, la iglesia sucumbe ante una variedad de enfermedades.

Extinción, sin embargo, no es el único tipo de muerte que le puede suceder a la iglesia. Con frecuencia se escucha decir que cierta iglesia está "muerta". Por lo general quieren decir que aunque las personas todavía se congregan en un edificio dado que llaman "iglesia", falta vitalidad y crecimiento espiritual y no se detecta entusiasmo ni una actitud de victoria en relación con sus actividades. En otras palabras, no pasa nada. Las iglesias se pueden estancar y dar evidencias de estar muertas mucho antes de dejar de existir.

La vida de la iglesia depende del principio de entrada/salida similar al que se observa en la naturaleza. Si un cuerpo de agua ha de seguir fresco y vivo, tiene que tener entrada y salida. Si deja de haber cualquiera de las dos el lago o laguna "muere". La iglesia tiene que tener salida hacia el mundo y esto, a su vez, genera la entrada que sustenta su vida. Sin ella la iglesia se estanca y finalmente muere.

La iglesia que enfatiza y practica el evangelismo personal es una iglesia llena de entusiasmo. La entrada constante de nuevas personas, la experiencia de ver al Espíritu de Dios obrando, la frescura de los testimonios de cristianos recién nacidos, y el sentido de anticipación hacia el domingo son todos signos de una vida vigorosa.

Por último, es una idea atrapante que la tarea de evangelismo fue dada exclusivamente a la iglesia. La responsabilidad de comunicar las buenas nuevas en una manera o en diversas maneras que den a la gente la oportunidad de conocer a Cristo como Señor, no es responsabilidad de ningún otro grupo u organización. Muchas cosas que las iglesias hacen son duplicadas por otras organizaciones. Desde el punto de vista humano algunas de estas cosas hasta pueden ser realizadas mejor por grupos seculares que tienen más recursos económicos e influencia política. Sin embargo, no hay otra organización que evangelice con el propósito de traer a la humanidad a Dios. Si las iglesias no lo hacen, sencillamente no se hará.

Cómo Empezar

Algunos lectores de este libro han de comenzar a testificar inmediatamente, así que mencionaremos aquí algunos de los principios básicos. La mayoría serán tratados más detalladamente en capítulos posteriores, pero será de ayuda tenerlos en mente desde el principio.

Dedicación a la Tarea

Muchos de los lectores serán estudiantes, pastores o cristianos consagrados que ya saben algo de lo que significa compartir su fe. Algunos habrán tomado cursos de capacitación y aun los habrán enseñado y habrán tenido mucha experiencia en este sentido. Muchos habrán testificado sólo esporádica-mente y, en consecuencia, cargan con un sentido de haber fracasado. A pesar de eso, hay allí un cúmulo de experiencia. Cuando tal es el caso, es necesario llegar a una nueva y seria dedicación. No se debe vacilar por haber fracasado antes en sus resoluciones. Es más razón para consagrarse nuevamente y darse a la tarea lo antes posible. Ya se ha perdido bastante tiempo, y demasiadas oportunidades han pasado de largo. La consagración diaria a esta tarea es un aspecto de la vida de oración del testigo victorioso.

Una presuposición básica de este libro es que él "nos ha dado el ministerio de la reconciliación" (2 Cor. 5:18). Testificar es la tarea de todo cristiano. No hacerlo es tropezar, no sólo en obediencia, pero también en amor e interés. Es una violación tanto de la Gran Comisión como del Gran Mandamiento. La luz debe ser sacada de debajo del almud y puesta sobre el candelero, y la sal nuevamente debe ser probada por el mundo (Mat. 5:13, 15).

Hace mucho que se sabe que la mejor manera de aprender es por experiencia; esto es, sucede cuando uno se involucra en la materia que está estudiando. Así, no es simplemente obediencia o una reacción al amor, sino una manera de lograr el crecimiento y adelanto más eficaz en la tarea.

Otros, por supuesto, habrán hecho poco o nada en cuanto a testificar. En estos casos también, es imprescindible que haya consagración a la tarea, aunque puede ser mejor leer un poco más de este libro antes de ir mucho más allá que el testimonio personal. Debemos determinar, cueste lo que cueste, llegar a ser lo que Dios nos ha llamado a ser.

El principiante en la tarea del evangelismo personal a veces pregunta: "¿A quién puedo testificar?" La respuesta es que estamos rodeados de oportunidades. Jesús se encontró o fue encontrado por gente en todas partes. Junto al mar, en una barca, en la sinagoga, en hogares, en la oficina de impuestos, en la ladera de la montaña, junto a un pozo, debajo de un árbol; en resumen, dondequiera que había gente, Jesús encon-traba manera de contar o demostrar su mensaje.

Era lo mismo con los primeros discípulos y con Pablo. Cualquier lugar donde la gente estaba dispuesta a escuchar era un lugar para testificar y, aunque el mensaje era primariamente escuchado por los pobres, todas las clases eran incluidas.

E. Stanley Jones, misionero y estadista ya fallecido, con frecuencia explicaba cómo sencillamente se entregaba a Dios cada mañana, orando que fuera usable y sensible a las oportunidades que se le presentaran. No le faltaban personas a quienes testificar una vez que se ponía a disposición para la tarea y de corazón buscaba la dirección del Espíritu.

Jesús fue claro en decirle a sus discípulos que no faltaban oportunidades. La mies era mucha. El problema era la falta de obreros (Mat. 9:35-38).

Este libro trata los métodos en otros capítulos, pero basta decir por ahora que Dios parece usar una gran variedad. No hay una manera dada de ganar a la gente. El método del cultivo es ciertamente necesario en el caso de muchas personas en la actualidad, pero Dios también puede usar encuentros casuales.

Muchas veces pido a los alumnos en mis clases que me cuenten cómo se convirtieron al Señor. La mayoría menciona la iglesia local donde se criaron o un amigo que era cristiano, pero algunos han sido alcanzados por un encuentro casual con un cristiano audaz que no conocían. Como, por ejemplo, el jovencito que, a los catorce años, se sentó al lado de un cristiano testificador en el ómnibus. Al final del viaje había decidido aceptar a Cristo.

Una señorita solicitó la membresía en la iglesia que yo pastoreaba, así que le pedí que me contara su experiencia de salvación. Había sucedido un día en su dormitorio universitario. Ella y su compañera de cuarto habían estado hablando del cristianismo, preguntándose si sería verdad o no. Una nueva cristiana que estaba tomando un curso para testificar se encontraba en la habitación contigua. Oyó lo que conversaban. Fue a la habitación de ellas y pidió disculpas por meterse, pero les explicó que hacía poco había tenido una experiencia con Cristo que debía compartir. Su testimonio llevó a la conversión de la joven, que llegó a ser un buen miembro de mi iglesia. Y cómo podría yo olvidar al muchacho indonés de doce años que, siendo misioneros, encontramos frente a casa. Estaba buscando grillos (que creía le darían suerte) en la pared. Lo llevamos a la Escuela Bíblica de Vacaciones donde aceptó a Cristo; más adelante, a lo largo de varios años, condujo a su familia y a varios vecinos a los pies del Señor.

Personalmente, enfatizo amistad, ministerio, evangelismo de cultivo relacionado con la iglesia local. Esos son los tipos más productivos y duraderos, pero Dios se complace en usar muchos métodos. Ninguno que sea honorable y correctamente motivado debe ser descartado.

Sucede con frecuencia que es mucha la gente que tiene parte en la decisión de alguna persona. Nuestro testimonio sencillamente puede acercar al otro al punto de una decisión. Sembramos donde no cosechamos y cosechamos donde no sembramos. Tal es la naturaleza del evangelismo. Es una obra maravillosa, y debemos permanecer dispuestos a aceptar cualquier método que el Espíritu de Dios pueda elegir y a quienquiera que él sabe será receptivo.

Venzamos el Temor

El obstáculo que vence a la mayoría de los que pudieran ser testigos es el temor. Es principalmente un temor al rechazo. El testigo se torna muy vulnerable. En cierto sentido lo que ofrece no ha sido pedido, contesta lo que no ha sido preguntado y entra donde no ha sido invitado. Si esto se hace sin tener una profunda sensibilidad hacia la otra persona y una clara dirección del Espíritu Santo las personas pueden reaccionar con bastante negativismo. Por otro lado, si el interés es verdaderamente profundo y el respeto sincero por la persona es evidente, con frecuencia la reacción es de genuino aprecio por el interés demostrado en ella.

Temor es algo que todos sienten. Aun los que tienen mucha experiencia admiten que siempre hay cierta ansiedad al acercarse por primera vez a la persona perdida. En un sentido esto es una ventaja. El grado de temor agudiza nuestros sentidos y nos ayuda a ser lo mejor para Cristo.

A mí me resulta de ayuda preguntar: "Razonablemente, ¿qué es lo peor que puede pasar?", con excepción de rarísimas circunstancias, la respuesta sería palabras duras, un portazo o una actitud hostil. Cualquier cristiano debiera poder tolerar eso en el nombre de Cristo. "Considerad a aquel que sufrió tal contradicción de pecadores contra sí mismo, para que vuestro ánimo no se canse hasta desmayar" (Heb. 12:3). Además, si sufrimos en el proceso de servir a Cristo, tenemos la promesa de un premio especial (Mat. 5:11, 12).

El temor es algo a ser vencido "porque no nos ha dado Dios espíritu de cobardía, sino de poder, de amor y de dominio propio. Por tanto, no te avergüences de dar testimonio de nuestro Señor" (1 Tim. 1:7, 8) No es sin razón que Lucas escribió aprobando la audacia de la iglesia primitiva (Hech. 4:31).

Cuando hacemos algo que tememos, pronto descubrimos una confianza nueva. Al principio, es mejor ir acompañados de una persona con experiencia, y luego ir solos al ir decreciendo el temor. El temor es algo que debemos entregar en oración al Señor. Luego lanzarnos hacia adelante. Si lo hacemos, pronto diremos con el salmista: "Busqué a Jehová, y él me oyó, y me libró de todos mis temores" (Sal. 34:4).

Que pena hubiera sido si el maestro de escuela dominical de D. L. Moody hubiera dejado que el temor al fracaso lo dominara. Edward Kimball confesó su pavor al disponerse a hablar al muchacho. Empezó a pensar en razones por qué no debía hacerlo. Pasó frente al negocio donde aquél trabajaba haciéndose el desentendido. Pero al fin dijo: "Me decido y lo hago de una vez." Se encontró con que Moody tenía un corazón receptivo. Qué privilegio habría perdido si se hubiera dejado vencer por el temor.

Contacto y Cultivo

Algunos creyentes en la actualidad tratan de evitar a los que no son cristianos, pero si hemos de ser testigos a los perdidos, tenemos que entrar en contacto con ellos. Este importante factor será enfatizado a lo largo del libro. Los cristianos deben ser enseñados a hacerse amigos de los perdidos. Tal actividad debe ser con toda intención y premeditada, tanto como en espíritu de oración y expectativa.

El cultivo es la continuación del contacto y es importante por dos razones. Primera, el testigo necesita tiempo para establecer credibilidad con la persona en quien está interesada. Segunda, la mayoría de las personas necesitan cierto tiempo para ir comprendiendo el mensaje si han de responder apropiadamente.

Frente a la Decisión

En algún momento, si uno percibe que la persona está lista, debe darle la oportunidad de responder afirmativa o negativamente a las nuevas de Cristo. Esto representa la propia invitación de Cristo al perdido comunicada por el testigo. Puede ir acompañada de una prudente persuasión, pero no debe ir más allá de lo que indica el Espíritu Santo, ni tan lejos que anule la posibilidad de otro encuentro.

Ya sea que la persona tome o no una decisión, el interés por ella debe continuar. Muchas personas necesitan tiempo. Si hemos dado un testimonio fiel el Espíritu Santo puede usarlo como él quiere. Nuestra tarea es seguir amando, orando y ministrando a las necesidades mientras esperamos otra oportunidad natural de compartir la Palabra. No nos damos por vencidos. Dios está obrando. Las circunstancias de cada uno van cambiando. "Hostil hoy, hambriento mañana" es frecuentemente el caso cuando está obrando el Espíritu Santo.

Si la persona se entrega a Cristo, nuestra preocupación debe ser el seguimiento. Aunque más adelante diremos mucho sobre esto, es absolutamente necesario ayudar a esa persona a establecerse en la fe e incorporarse en una iglesia local. Una clase para nuevos miembros es indispensable y el estudio de la Biblia en pequeños grupos imprescindible.

2

Testimonio Eficaz y Disciplina Espiritual

"Simplemente no tengo la fuerza espiritual para hacer todo el trabajo, y tampoco lo tiene mi gente." Así me replicó con resignación un pastor que me había preguntado por qué pensaba yo que su iglesia no estaba creciendo. Yo le había mencionado algunas de las cosas que estaban haciendo aquellas iglesias en franco crecimiento, dando especial énfasis a la permanente capacitación para el testimonio laico y la visitación vigorosa. No le entusiasmó en absoluto. Pude percibir que le hizo sentirse cansado, y su respuesta fue honesta. Estaba en el mismo ánimo que la respuesta de un laico a quien se le estaba insistiendo que hiciera un curso sobre cómo testificar: "Yo no necesito otro curso, pastor. Lo que necesito es motivación para hacer lo que ya sé."

Eso explica en parte la razón para incluir este capítulo tan al principio del libro. El letargo espiritual es una enfermedad muy difundida. La mayor parte de la motivación básica se produce en el rincón de oración, aquellos momentos de quietud cuando nuestras almas se deleitan en la Palabra, y las sinceras oraciones articuladas a Dios vuelven a llenar nuestro espíritu y reavivan el fuego de nuestra dedicación. El tiempo devocional privado es una importantísima fuente de energía espiritual. Sin él, los sueños soñados y las visiones espirituales (Hech. 2:17) pasan a ser meras fantasías incumplidas y el recuerdo de lo que podría haber sido.

Uno de los errores que cometemos es el de dar por sentado ciertas cosas. Damos por sentado que la mayoría de los pastores practican una vigorosa disciplina espiritual, que los líderes laicos estudian sus Biblias y oran, que los seminaristas mantienen inviolables sus tiempos devocionales. Algunos sí lo hacen, por supuesto. Sin embargo, la verdad es que este es el punto de conflicto para muchos y, en consecuencia, el principal determinante de la existencia de energía y vitalidad espiritual, o de la falta de ello. La honestidad de John Stott nos hace mucho bien. Cuando al hablar sobre la prioridad de desarrollar la vida interior, dice: "Aquello que yo sé me dará el gozo más profundo —es decir el estar a solas y sin prisa en la presencia de Dios, consciente de su presencia, mi corazón abierto para adorarle— es a menudo lo que menos quiero hacer." (Little cita a John Stott en una conferencia de la convención de Keswick.)

Las personas que comparten su fe de manera eficaz y constante son una generación especial. En todos los casos tienen una relación personal vital con Dios. Compartir la fe es trabajo espiritual. Ha de realizarse en los recursos del poder espiritual. Es una tarea que se enfrenta a todo tipo de oposición del adversario, y nunca es el camino de menor resistencia. De aquí que sean solamente aquellos que entienden y practican la disciplina espiritual los que sobreviven. Otros testifican motivados por impulsos esporádicos y experimentan un alto grado de fracaso y desánimo.

La realidad es que no sólo los cristianos laicos sino también muchos predicadores testifican muy poco a pesar de nuestra bulla evangelística. Una clave la dan nuestras reducidas estadísticas de bautismo. Hay muchas iglesias que apenas alcanzan a bautizar a unos pocos más allá de los hijos de los diáconos y miembros fieles. Muchas iglesias bautistas alrededor del mundo no bautizan siquiera una persona en un año. Estadísticas elaboradas entre los mencionados Bautistas indican que "menos del veinticinco por ciento de los pastores llegan a realizar una visita de carácter evangelizador por semana". Si los pastores hacen poco, es casi seguro que los laicos hagan menos.

Estoy convencido de que el fracaso en este punto de la disciplina espiritual es una causa importante de nuestro problema. Toda nueva decisión respecto de llegar a ser un testigo productivo debe comenzar aquí.

Salir del Letargo

El Ejemplo de Jesús

La costumbre de Jesús de recurrir con frecuencia a la oración era una realidad y a la vez un problema para sus discípulos. Cuando las multitudes le buscaban, a ellos les resultaba difícil de entender cómo él podía estar en otro lugar orando (Mar. 1:35-37). Preferían la acción antes que la oración, al igual que muchos discípulos modernos, pero en lo que hacía a ganar a las personas y ministrarles la oración estaba en primer lugar. Había un cierto ritmo de oración en la vida de Jesús. Se manifestaba en su entrar a la presencia de Dios y salir al encuentro de la gente, nunca permaneciendo demasiado tiempo con la gente sin regresar al lugar de oración.

Lucas nos dice que "él se apartaba a los lugares desiertos y oraba" (5:16), pero según F. L. Fisher su empleo de la gramática indica que era su práctica habitual. Jesús pasó toda la noche orando previamente a la elección de los apóstoles sobre quienes descansaría una parte tan grande de la tarea evangelizadora (¿Hay alguna iglesia hoy en día que siga esta práctica antes de la selección de líderes clave?), y la importancia que la oración tenía para Jesús se puede ver en las cuarenta y dos referencias a ella que hace a lo largo de su vida y enseñanza. Veintiuna de esas referencias tienen que ver con las ocasiones en que él oró, y las otras veintiuna con sus enseñanzas específicas acerca de la oración.

Cuando los discípulos vieron que necesitaban orar fue

natural que le pidieran a Jesús que les enseñase (Luc. 11:1). Era el maestro de la oración. Su gran modelo de oración les desafió a ellos y continúa inspirándonos a nosotros hoy.

Además de las ocasiones recién mencionadas, Jesús oró ya sea previamente a muchos de los grandes acontecimientos de los Evangelios o bien estaba orando cuando tuvieron lugar. Fue así en la alimentación de los cinco mil (Mar. 6:41), la alimentación de los cuatro mil (Mar. 8:6), al formular a sus discípulos la pregunta crucial en cuanto a su identidad (Luc. 9:18), en la transfiguración (Luc. 9:28, 29), la Ultima Cena (Mar. 14:22, 23), compartiendo el pan con dos discípulos que encontró en el camino a Emaús (Luc. 24:30), por Pedro, antes de su negación (Luc. 22:31, 32); en la resurrección de Lázaro (Juan 11:41, 42), y su pasión (dos versiones de la oración en Getsemaní: Juan 17:1-26 y Marcos 14:32-42; Mateo 26:36-46; Lucas 22:39-46).

Oró después de otros acontecimientos tales como su bautismo (Luc. 3:21) y el regreso de los setenta (Luc. 10:21, 22). La oración hasta estuvo en sus labios durante la crucifixión (Mar. 15:34; Mat. 27:46; Luc. 23:34, 46).

Lo que queremos destacar es que la oración era una prioridad para Jesús. El podía dejar a las multitudes para ir a orar. Renunciaba al sueño para orar. Lo encontramos orando antes, durante, y después de muchos de los grandes acontecimientos de su ministerio. El suyo fue un ejemplo para imitar.

El Empuje de la Iglesia Después de la Resurrección.

Comenzar dando énfasis a la oración y la disciplina espiritual es comenzar precisamente donde tenía su origen la fuerza centrífuga y el empuje de la iglesia. A partir de la ascensión de Jesús, la iglesia se reunió en el aposento alto para orar. Continuaron orando durante diez días. Luego vino el poderoso derramamiento del Espíritu y la evangelización explosiva de los días y años siguientes. Todo comenzó con la oración concertada. Ese es el lugar lógico para comenzar nuestro testimonio hoy. Se trata de "lo primero primero". Sin embargo, en muchas vidas hasta aquí se ha tratado de "lo primero último" o para nada en absoluto.

El Modelo de la Iglesia de los Primeros Tiempos

Un Clima de Oración

Pentecostés no sólo fue precedido por diez días de oración, sino que la oración se constituyó en una parte vital del clima en el cual la floreciente iglesia crecía. Lucas nos dice que los convertidos "perseveraban en la doctrina de los apóstoles, en la comunión, en el partimiento del pan y en las oraciones" (Hech. 2:42). Que esto continuó siendo la práctica, queda demostrado en los incidentes que siguen.

Adversidad y Oración

Cuando comenzó la persecución y fueron amenazados por las autoridades, su recurso fue la oración. Pidieron valentía para hablar la palabra y pidieron más demostraciones del poder de Dios (Hech. 4:24-30). Dios respondió y "todos fueron llenos del Espíritu Santo", y siguieron hablando con valentía y con gran poder (4:31-33). De este modo la evangelización poderosa tomó sus recursos de la oración.

El problema suscitado en torno a la atención de las viudas puso de manifiesto una vez más el lugar primordial que ocupaba la oración en la iglesia joven. Siete hombres espirituales fueron elegidos para hacerse cargo del problema, de manera que los doce pudieran continuar "en la oración y en el ministerio de la palabra" (Hech. 6:4). ¡Estas necesidades sociales no fueron desatendidas! En efecto, el cuidar de los pobres era un interés y preocupación primordial que ya había producido gran generosidad (2:43-45; 4:36, 37). Esta sabia solución al problema de los celos y el énfasis primordial en la oración y el compartir la palabra, resultaron en una extraordinaria evangelización y en la expansión de la iglesia.

Cuando murió el primer mártir, lo hizo con la oración de un evangelizador en sus labios. Le pidió a Dios que no les tomara en cuenta este pecado. Aunque le estaban apedreando, Esteban en su último momento de vida esperaba que sus verdugos pudieran ser los receptores del perdón y la salvación de Dios (Hech. 7:60).

Así también cuando Pedro estaba en la cárcel. La reacción que encontramos es que "la iglesia sin cesar hacía oración a Dios por él" (Hech. 12:5). Tal era el clima en el cual tuvo lugar un formidable crecimiento evangelístico. La oración era el combustible que alimentaba las llamas del fuego evangelizador.

Pablo y Silas se encontraron encarcelados en Filipos a

causa de su misericordioso ministerio a una joven poseída de demonios. Habían sido azotados y sus pies estaban sujetos en el cepo, pero demostraron con claridad la naturaleza de su *estilo de vida cuando oraban y cantaban himnos a Dios (Hech. 16:25). Habían tomado en serio a Jesús cuando les enseñó *que los hombres debían "orar siempre y no desmayar" (Luc. 18:1).

Expansión y Oración

Aunque el pasaje será considerado más adelante, es importante notar que la oración estaba vitalmente integrada al percibir y conocer el liderazgo de Dios en diferentes aspectos de la empresa misionera. Así fue que "mientras ellos ministraban al Señor y ayunaban, *el Espíritu Santo dijo: Apartadme a Bernabé y a Saulo para la obra a que los he llamado" (Hech. 13:2). Con toda certeza la oración era una parte de la adoración y siempre la compañera del ayuno. Con ayuno y oración adicional, "les impusieron las manos y los despidieron" (13:3).

Ayunar y orar eran una actividad central que acompañaba a la designación de ancianos en las iglesias recién constituidas (Hech. 14:23). La selección de aquellos líderes que se habrían de involucrar de una manera vital en el fortalecimiento y en la continuidad del ministerio evangelizador de las iglesias, era una ocasión solemne, espiritual. Había mucho en juego tanto para las iglesias como para las vidas individuales de las personas en su designación. Reclamaba la oración más ferviente, haciendo a un lado preocupaciones como la de comer.

Un Asunto de Obediencia

Hasta aquí la mayor parte de lo dicho ha sido en relación directa con la oración. Aun cuando la oración pueda ser la cuestión más crítica en el crecimiento espiritual en cuanto a que parece ser el asunto más difícil de dominar, el interés y preocupación del Nuevo Testamento es mucho más amplio. Lo que está en vista es el crecimiento en cada área de la vida. Conocer las Escrituras, emplear los dones, servir a los demás, y vivir en armonía con el reino son todos asuntos vitales de la disciplina espiritual.

Instrucciones a Individuos e Iglesias Acerca del Crecimiento

El mandato de Pablo a su joven amigo, en 1 Timoteo 4:7, es una de las claras expresiones sobre este tema. "Ejercítate para la piedad." Prosiguiendo, Pablo señala que precisamente con este propósito "trabajamos arduamente y luchamos" (v. 10). Es algo que él y sus colaboradores estaban haciendo; y no sea que alguno piense que esto era una recomendación dirigida únicamente a un predicador joven, Pablo agrega: "Estas cosas manda y enseña" (4:11). La iglesia entera debiera tomar parte en este ejercitarse para el óptimo estado espiritual.

Dado que Pablo estaba empleando una metáfora atlética y comparando los beneficios del ejercicio físico con los del espiritual, cabe señalar una cuestión adicional. Aquellos que en la actualidad estudian las características del estado físico óptimo han llegado a la conclusión de que si el ejercicio ha de ser beneficioso debe ser vigoroso y regular. Ante lo destacado del tema de la disciplina en el Nuevo Testamento, no es osado el decir que el ejercicio espiritual debe tener las mismas características.

Uno de mis profesores en el seminario, el doctor W. N. Adams, hacía hincapié en que el Espíritu Santo es el "Espíritu de Verdad". Podemos fácilmente limitar lo que Dios pudiera llegar a hacer a través de nosotros por la exigua verdad que poseemos. ¿Acaso no dijo Jesús: "Santifícalos en tu verdad; tu palabra es verdad"? (Juan 17:17). Esos momentos en el rincón de oración con la Biblia abierta debieran ser tiempos de aprender y prestar oído a lo que Dios pueda decir a través de su palabra. Algunos de los grandes santos del pasado han leído la Biblia de rodillas. Jorge Whittfield fue uno de los mejores ejemplos; y a manera de ejercitación espiritual adicional leía también de rodillas el comentario de Matthew Henry. Esta consagración a la disciplina espiritual era fundamental para el ministerio excepcionalmente fructífero que desarrollaba.

En el N° 47 de City Road, en la ciudad de Londres, se halla la casa restaurada de Juan Wesley donde éste pasó los últimos doce años de su vida. En el tercer piso está el dormitorio de Wesley contiguo a una pequeña habitación con una ventana y una pequeña estufa a leña, que él utilizaba como su cámara de oración. Allí están su mesa, reclinatorio y candelero junto con su silla. Sobre la mesa, alguien ha dejado escrito en una tarjeta uno de los comentarios de Wesley acerca de ese lugar de oración. Decía: "Me siento, y estoy solo; únicamente Dios está aquí. En su presencia abro su libro; lo leo; y lo que aprendo eso enseño." Aquellas horas de aprender en el rincón de oración sin duda significaban mucho para él y, en consecuencia, para otros cuyo número es imposible conocer. Las lecciones absorbidas en las horas a solas con Dios estaban impregnadas de poder. Ese proceso no ha cambiado. Es un elemento necesario, pero a menudo faltante en el crecimiento y testimonio cristiano actual.

Orando por Otros Que Testifican

Pablo vio una clara relación entre el compartir el mensaje, y la oración de otros. Cuando escribió a los colosenses, primero les exhortó: "Perseverad siempre en la oración" (Col. 4:2). Luego les dijo: "A la vez orad también por nosotros, a fin de que el Señor nos abra una puerta para la palabra, para comunicar el misterio de Cristo,... Orad para que yo lo presente con claridad, como me es preciso hablar" (Col. 4:3, 4). Sin lugar a dudas Pablo mismo oraba por todas estas cosas, pero la importancia era tal que les mandó a ellos orar también. Una instrucción muy similar recibieron por escrito los tesalonicenses (2 Tes. 3:1), y los efesios (Ef. 6:19); y, sin duda, él repetía su pedido muchas veces en sus mensajes orales a la iglesia. El compartir la palabra es una cuestión digna del más amplio apoyo en oración posible.

La Oración Lo Incluye Absolutamente Todo

El ser exhaustivo con respecto a la oración en el Nuevo Testamento requeriría escribir un libro grande, y no tenemos aquí ni la intención ni las posibilidades de hacerlo. Sin embargo, además de las oraciones directas o indirectas que rodean y envuelven a la evangelización, hay ciertos mandatos o exhortaciones que enfatizan el lugar central que Pablo quiso dar a la oración. Por ejemplo, él escribió (en itálicas destacado por el autor): "Orando *en todo tiempo* en el Espíritu... con toda perseverancia y ruego *por todos los santos*" (Ef. 6:18); "Por nada estéis afanosos, sino que *en todo* sean hechas notorias delante de Dios vuestras peticiones por la oración y súplica con acción de gracias. Y la paz de Dios, que sobrepuja todo entendimiento, será la guardia de vuestros corazones y vuestros pensamientos en Cristo Jesús" (Fil. 4:6, 7, V.H.A.); "Orad *sin cesar*. Dad gracias *en todo*, porque esta es la voluntad de Dios para vosotros en Cristo Jesús" (1 Tes. 5:17, 18); "Por esto exhorto, ante todo, que se hagan súplicas, oraciones, intercesiones y acciones de gracias por todos *los hombres*" (1 Tim. 2:1); y "Quiero pues que los hombres oren *en todo lugar*, levantando manos piadosas, sin ira ni discusión" (1 Tim. 2:8). Los cristianos debían orar, y dar gracias en todo tiempo, por todos los santos, en todo, y en todo lugar. Este era el trasfondo espiritual con que la evangelización desempeñó su función en el mundo del Nuevo Testamento. No es de extrañarse que los testigos de aquellos primeros tiempos se admiraran de la eficacia y el poder del mensaje.

Un Prerrequisito para el Poder

Las Palabras Inolvidables de Jesús

Un pasaje especialmente destacado de las Escrituras que demuestra que el poder espiritual depende de la oración es el de Marcos 9:14-29. En tanto que Pedro, Santiago y Juan habían subido al monte de la transfiguración, un padre desesperado con un hijo sordo, mudo y epiléptico vino buscando la ayuda de Jesús. Dado que Jesús no estaba, le pidió ayuda a los discípulos que del grupo habían quedado. Intentaron ministrar al muchacho y fracasaron por completo, para gran desilusión del padre.

Cuando Jesús regresó, la concurrencia, incluyendo a algunos escribas, aún estaban allí disfrutando del desconcierto de los discípulos cuyo fracaso había sido tan notorio. El padre le explicó sobre el muchacho y sus síntomas y agregó: "Dije a tus discípulos que lo echasen fuera y no pudieron" (v. 18). Es interesante que "no pudieron" bien podría traducirse "no tuvieron fuerzas" o "no tuvieron poder". Frente a una necesidad tan trágica estos discípulos resultaron impotentes y mal preparados; una historia triste, demasiado a menudo el caso de la iglesia en la historia y en la experiencia cristiana contemporánea.

La desilusión de Jesús para con ellos es clara: "¡Oh generación incrédula! ¿Hasta cuándo estaré con vosotros? ¿Hasta cuándo os soportaré?" (v. 19). Obviamente, él esperaba de ellos más de lo que habían demostrado.

Es digno de notar que cuando este hombre le pidió ayuda a Jesús lo hizo con palabras que denotaban duda e incertidumbre. "Pero si puedes hacer algo, ¡ten misericordia de nosotros y ayúdanos!" (v. 22). Gutzke señala que este es el único caso en el Nuevo Testamento donde alguien que busca ayuda viene con tal espíritu de escepticismo.

El contraste por cierto es importante cuando lo comparamos con otros casos como el del leproso: "Si quieres, puedes limpiarme" (Mar. 1:40); o la mujer que sufría de hemorragia: "Si sólo toco su manto, seré sanada" (Mar. 5:28); o el centurión que tenía a su criado enfermo: "Señor, yo no soy digno de que entres bajo mi techo. Solamente di la palabra, y mi criado será sanado" (Mat. 8:8); o los cuatro hombres que estaban tan convencidos de que Jesús era la respuesta a la necesidad de su amigo que abrieron el techo para lograr ponerle al paralítico delante (Mar. 2:2-5).

No hace falta ir muy lejos para encontrar la causa para la duda del padre. Acababa de requerir la ayuda de los discípulos de Jesús quienes decían conocerle y estar muy cercanos a él. No obstante, habían demostrado que eran totalmente impotentes. Después de una experiencia tan decepcionante con sus discípulos, sería natural suponer que Jesús tampoco podría ayudar. ¿No será esa una razón que explique por qué hay tantos escépticos para con Jesús hoy? Han visto a demasiados de sus discípulos quienes afirman estar cercanos a él y que manifiestan una inequívoca falta de poder en la vida diaria. Lo más natural para ellos es suponer que Jesús también sería impotente para ayudarles.

Hay otra lección de suma importancia. El intentar hacer trabajo espiritual sin poder espiritual puede no solamente ser infructuoso; *puede hacer mucho daño.* Obviamente, el padre estaba en peores condiciones de fe después de su encuentro con los discípulos que antes de conocerlos. Para cuando le habló a Jesús, ya casi no le quedaba expectativa alguna.

Luego que Jesús hubo obtenido del padre tamaña expresión de fe y sanado al muchacho, sus discípulos preguntaron por qué habían fracasado ellos. Jesús les respondió lisa y llanamente, "Este género con nada puede salir, sino con oración" (Mar. 9:29). En otras palabras, habían fracasado en lo que hace a la oración. Esa clase de problema cedía únicamente ante la oración, y ellos, por lo visto, no la habían practicado.

En un sentido muy real, la triste condición del muchacho simboliza la condición del mundo al cual hemos de ministrar. Está sordo a nuestro mensaje de que Cristo es la respuesta a sus necesidades más fundamentales. Está mudo en el sentido que, aunque consciente de que gran parte de todo está trágicamente mal, no puede verbalizar su problema o identificar su dolencia. Para peor, el mundo no puede decir "Jesús es el Señor", porque esa puede ser únicamente la expresión inspirada por el Espíritu Santo (1 Cor. 12:3). La misma seriedad reviste el hecho de que, al igual que este muchacho que se caía en el fuego y en el agua, el mundo parece estar empeñado en acciones autodestructivas, y no parece poder controlar estas tendencias. Ecológicamente, el mundo está destruyendo el mismo medio del cual depende.

Políticamente, está fabricando las armas para dar fin a su propia existencia. En términos más personales, hay una tendencia muy difundida, hacia las adicciones destructivas y los hábitos esclavizantes de los cuales no hay autorrescate. "Este género con nada puede salir, sino con oración" (Mar. 9:29). Evangelización y ministerio sin poder, solamente pueden dejar al mundo en peores condiciones que antes.

Ellos tuvieron que aprender lo que nosotros tenemos que aprender. La oración de la semana pasada no suple lo necesario para el ministerio de esta semana. Ni estos discípulos ni los de hoy son acopios de poder que puede ser esgrimido o ejercido a voluntad. Los hombres y mujeres de Dios son meramente canales a través de los cuales el poder de Dios fluye, y esto depende de una relación vital y continua de oración y disciplina espiritual. Unicamente entonces puede el testimonio ser poderoso y eficaz, y esta es la razón de por qué la evangelización —uno de los ministerios más grandes— debe necesariamente comenzar en el rincón de oración con una Biblia abierta y un oído atento.

El Poder Se Detecta

La mayoría de los siervos de Dios pueden detectar la diferencia entre la abundancia de oración y la escasez de ella en el servicio cristiano. Sin oración hay ausencia de expectativa y una sinceridad deficiente. Puede llegar a faltar la calidez y la actividad tendrá un cierto aire de superficialidad. Aun si la persona con quien se habla u otros cristianos no logran detectarlo el testigo que no ora lo sabe, y comienza a tener lugar una especie de simulación hipócrita. La prueba de disciplina espiritual más sencillo para los predicadores que extienden invitaciones es la naturalidad o la falta de ella con que se hace el llamado. El estudio y la oración fieles hacen que la invitación sea natural y ferviente. La negligencia, en cambio, la hace forzada y artificial. El extender la invitación tras un mensaje no cultivado en oración produce una disonancia inconfundible bien conocida por quienes están en el ministerio.

Lo mismo ocurre con el testigo que invita a una persona a tomar una decisión sin la debida oración. Es algo subjetivo, por supuesto, pero es un fenómeno que es bien conocido.

Un Ejemplo Destacado

Corea del Sur se destaca hoy como uno de los lugares en el mundo donde hay un movimiento evangelizador poderoso. Las cifras están cambiando velozmente, pero había en 1988 un

30 por ciento de la población que había abrazado la fe cristiana (*Working Together*, publicación de la Junta de Misiones Foráneas de la Convención Bautista del Sur de los EE. UU. de A.) comparado con sólo once por ciento en 1966 (Peter Wagner, 1981). "Los evangélicos están creciendo cinco veces más rápido que la población" (Martin L. Nelson, 1982).

Los extranjeros que visitan las iglesias se asombran de la actividad de oración que despliegan los coreanos. En una iglesia donde prediqué, a las cinco en punto cada mañana se reunían doscientas personas para orar. Además, cada viernes había vigilia de oración durante toda la noche. En otra iglesia, los miembros habían hecho un pacto de compartir cuatrocientas noches orando toda la noche. Cinco miembros venían cada noche a las diez y oraban hasta las seis de la mañana siguiente. La relación vital entre la oración y la vigorosa actividad evangelizadora misionera se destaca con toda claridad. Corea del Sur es hoy un desafío asombroso a la vida devocional de los cristianos en todo el mundo.

Disciplina Espiritual y Comunicación

La disciplina espiritual guarda estrecha relación con la comunicación eficaz. Como hemos visto, la comunicación del evangelio es lo que Dios tenía pensado para su iglesia. Necesariamente tiene que existir si es que las personas han de oír y creer. Es de esperar que las reglas establecidas por la ciencia de la comunicación tengan amplia aplicación en todo lo que hagamos.

La Importancia de la Credibilidad

Predicar no es, por supuesto, la única manera de comunicar. Kraft considera que el método principal de Jesús fue el de la "vida participativa". Con esto él quiere decir "una relación a largo plazo entre comunicador y receptor abarcando toda una variedad de situaciones de la vida, muchas de las cuales podrán ser en buena medida informales y no fundamentalmente dependientes de la verbalización como el único medio de comunicación". El se involucró aportando una vida impresionantemente creíble. Quizá no haya otro elemento en la comunicación del evangelio que sea tan importante como la credibilidad.

La disciplina espiritual es un medio importante para llegar a ser lo que Dios nos llamó a ser. Es en esos ejercicios que percibimos la guía y el liderazgo de Dios. Es allí donde confesamos y nos arrepentimos, nos reorientamos en el interés espiritual, y renovamos nuestro propósito de andar en el Espíritu.

Es la disciplina espiritual más que cualquier otra cosa lo que determina la clase de cristianos que seremos. Es únicamente a través del pasar tiempo con Dios que podemos llegar a ser más como él. Aquí el ser interior se alimenta. Eso determinará en grado sumo lo que otros vean de la persona exterior, porque la vida exterior está determinada en gran medida por la interior (Prov. 4:23).

Un testigo creíble es simplemente uno a quien se le puede creer. La eficacia de cualquier encuentro guarda estrecha relación con lo que una persona es.

A un testigo no le es posible disasociarse del mensaje. El mensajero es a su vez un mensaje y una parte muy importante del todo.

La Credibilidad de Jesús

Una de las razones por las que las palabras de Jesús llevaban en sí mismas tanta autoridad era porque él era absolutamente creíble. No hacía nada que contradijese lo que enseñaba. En una oportunidad en que sus enemigos estaban tan enfurecidos que "volvieron a tomar piedras para apedrearle" (Juan 10:31), Jesús los desafió sobre la base de su propia credibilidad. Dijo él: "Si no hago las obras de mi Padre, no me creáis. Pero si las hago, aunque a mí no me creáis, creed a las obras; para que conozcáis y creáis que el Padre está en mí, y yo en el Padre (Juan 10:37, 38).

Un poco antes Jesús había preguntado: "¿Quién de vosotros me halla culpable de pecado? Y si digo la verdad, ¿por qué vosotros no me creéis?" (Juan 8:46). Y cuando Jesús fue juzgado, Pilato se vio obligado a decirles a los judíos: "No hallo ningún delito en este hombre" (Luc. 23:4). Esta era precisamente la razón por la cual él provocaba tanta inquietud.

La causa de la incredulidad de los enemigos de Jesús radicaba en ellos, no en él. El había sido absolutamente creíble en la totalidad de su testimonio, y él estaba en condiciones de recordárselos. Esto, claro está, no es el caso de los testigos de hoy. Lamentablemente, muy a menudo las piedras de tropiezo están en los mensajeros mismos. Aun cuando los testigos humanos puedan alcanzar la credibilidad de Jesús sólo en un cierto grado, se requiere que cada testigo sea tan creíble como sea posible. Somos epístolas que deben ser conocidas y leídas por todos los hombres (2 Cor. 3:2); y aún sigue siendo cierto que "el que dice que permanece en él debe andar como él anduvo" (1 Jn. 2:6).

La Preocupación de Pablo por la Credibilidad

En dos epístolas de Pablo observamos que su credibilidad es una de sus mayores preocupaciones. Al escribir su epístola a los gálatas él se esfuerza en gran manera por restablecer su integridad. Después de la visita de Pablo a Galacia en su primer viaje misionero, llegaron ciertos falsos maestros, cuya identidad exacta desconocemos, predicando la necesidad de guardar la ley (Gál. 3:2). Aparentemente atacaron el apostolado y autoridad de Pablo como así también sus enseñanzas. El carácter urgente de la carta sugiere que ya había algunos que estaban comenzando a seguirlos y a creer en ellos.

No resulta difícil imaginar las probables acusaciones contra Pablo. Estos maestros habrían sido prontos a señalar la inferioridad de Pablo frente a los otros apóstoles. Pablo no había estado con Jesús durante su ministerio terrenal. Los otros apóstoles sí. Casi sin excepciones, ellos limitaron su ministerio exclusivamente a judíos. Jesús también había ministrado primordialmente a judíos. El Antiguo Testamento decía que la ley y el pacto eran para siempre (dependiendo de su obediencia); y cuando Jesús había enviado a los doce y a los setenta los envió únicamente a los judíos (Mat. 10; Mar. 6). Para ellos, el ministerio y mensaje de Pablo a los gentiles era una contradicción. Para algunos estos eran argumentos plausibles, y Pablo no estaba presente para hacer su defensa.

Por lo tanto, los capítulos 1 y 2 son el intento de Pablo de restablecer su plano de relación con los hermanos de Galacia. Hizo hincapié en que él era un apóstol por la voluntad de Dios. Los hombres no tenían nada que ver con su llamamiento y encargo (1:16, 17). No tenían parte en él (1:1). Su mensaje también provenía de Dios (1:12). El había sido un judío fervoroso, hasta perseguidor de la iglesia, pero Dios lo había llamado para un ministerio especial a los gentiles (1:13-16). Después de su conversión, había ido a Arabia por un tiempo no precisado, y no había buscado consejo en carne y sangre (1:16). Cuando viajó a Jerusalén tres años más tarde, fue solamente por quince días, y en esa oportunidad no había visto más que a dos apóstoles. En otras palabras, el contacto había sido demasiado breve como para considerar a esta una oportunidad en la cual recibir de otros su mensaje (1:18, 19).

Cuando finalmente fue a Jerusalén para una estadía prolongada, la razón era exponer su ministerio a los gentiles ante aquellos de reputación: Jacobo, Pedro y Juan. Ellos le dieron su aprobación y le extendieron la mano derecha en señal de compañerismo (2:1-10). Más tarde Pablo había tenido un encuentro con Pedro en Antioquía. Presionado por algunos judíos de Jerusalén, Pedro se había retraído de la mesa del compañerismo con los creyentes gentiles. Pablo había reprendido públicamente a Pedro y su planteo había triunfado. De esta manera, había sido ampliamente reconocido, aun por parte de los que eran columnas de la iglesia, que su mensaje y ministerio eran de Dios. Como si eso no fuese suficiente, Pablo señaló que él llevaba "en [su] cuerpo las marcas de Jesús" (6:17), refiriéndose a las cicatrices y heridas de su sufrimiento. Estas eran pruebas poderosas de su absoluta sinceridad y consagración al Señor, de quien era esclavo.

¿Por qué Pablo se empeñó tanto en defender su reputación frente a las acusaciones por parte de los falsos maestros? Porque él sabía que si los gálatas no le creían a él, no creerían su mensaje. Su credibilidad era la clave de todo.

Pablo hizo algo parecido en los cuatro últimos capítulos de Corintios. Había sido atacado por falsos maestros quienes, una vez más, no pueden ser identificados con precisión. Pablo empleó los capítulos diez al trece, en un intento de restablecer su credibilidad tan dañada por estos despiadados intrusos. Entre las cosas que Pablo destacó estaba el hecho de que él no había tomado ningún dinero de ellos (2 Cor. 11:7-9). En cambio, su paga por extender el mensaje había sido intenso sufrimiento (11:23-33). Había realizado entre ellos las señales de un verdadero apóstol (12:12) y no había sacado ventaja de ellos en ninguna forma (12:16-18).

Debido a que esta iglesia estaba muy conflictiva, Pablo planeó otro viaje para visitarles. El quería que su visita fuese lo más eficaz posible. Era sumamente importante restablecer su credibilidad, a fin de que le creyesen cuando él fuera.

En lo que respecta a los no cristianos, Pablo era totalmente consciente de que él tenía que ganar su confianza antes de poder ganarlos para Cristo. Esto se refleja con toda claridad en su importante declaración sobre la identidad que hace en 1 Corintios 9:20-22: "Cuando estoy entre los judíos me vuelvo como judío, para ganarlos a ellos; es decir, que para ganar a los que viven bajo la ley de Moisés, yo mismo me pongo bajo esa ley, aunque en realidad no estoy sujeto a ella. Por otra parte, para ganar a los que no viven bajo la ley de Moisés, me vuelvo como uno de ellos, aunque realmente estoy sujeto a la ley de Dios, ya que estoy bajo la ley de Cristo.

Cuando estoy con los que son débiles en la fe, me vuelvo débil como uno de ellos, para ganarlos también. Es decir, me he hecho igual a todos, para de alguna manera poder salvar a algunos" (D.H.H.). En otros términos, Pablo se identificó con aquellos a quienes testificaba, tanto como podía sin llegar a comprometer los principios cristianos. Aunque judío, con toda una cultura que le era preciosa, él estaba dispuesto a vivir como un gentil por causa de la credibilidad. Pablo se preocupó por ver las cosas desde un punto de vista gentil, declarar el evangelio en términos comprensibles a los gentiles, vivir como ellos vivían, y sentir lo que ellos sentían. Pablo dijo que hacía esto "por causa del evangelio" (9:23). El comprendió que si había de traer a los hombres a Cristo, esto era necesario.

Pablo puso todo su empeño en mostrarles lo que es la vida cristiana además de hablarles de ella. Su ejemplificación, después de Jesús, era él mismo. Más de una vez Pablo se atrevió a decir: "imítenme" (1 Cor. 4:16; 11:1; Fil. 3:17; 4:9; 2 Tes. 3:7-9). De ninguna manera era esta una declaración arrogante. Pablo sabía del tremendo poder de un ejemplo creíble. Aunque no dejaba de ser consciente de las imperfecciones, confiaba en que estaba imitando al Señor (1 Cor. 11:1). Este mismo énfasis y preocupación no es menos necesario hoy.

Los pietistas alemanes de los siglos diecisiete y dieciocho fueron conocidos por su énfasis en la disciplina espiritual. Los elementos esenciales de este énfasis fueron el estudio bíblico diario, la oración intensa, y los pequeños grupos de crecimiento. Uno de sus líderes destacados fue Augusto Francke. Un párrafo que Earnest Stoeffler escribió sobre él acentúa todo lo que se ha dicho.

> Como predicador, parece haber sido sumamente exitoso. Dondequiera que iba las multitudes se esforzaban por escucharle. Esto es aún más sorprendente, en vista de que los sermones que nos han llegado parecen carecer de todo brillo y originalidad. Sus discursos improvisadamente compuestos e insoportablemente repetitivos, en base a una selección de temas que son eternamente los mismos. Hay pocas ilustraciones, no hay variaciones interesantes en la fraseología, ningún descubrimiento profundo que sea llamativo. En realidad, parecen seguir conscientemente el modelo de los sermones puritanos, que tenían el propósito de no ser "ocurrentes".

De aquí que el poder de apelación que resulta de la eficacia de los sermones de Francke debe buscarse por una parte, en su transparente sinceridad, la que otorgaba un tono de absoluta autenticidad a todo lo que decía. Sus oyentes siempre sentían que el mensaje que él les traía venía directamente de Dios. Por otra parte, Francke era uno de aquellos hombres amables y benignos que no se encuentran muy a menudo, y que parecían tomar un interés personal por los problemas de todos, sin dar la impresión jamás, de querer entrometerse en los asuntos de otros. Por esta razón, los sucios callejones de Glaucha, con la suciedad acumulada de sus 2.000 habitantes, de pronto parecían iluminarse cuando pasaba el "Pastor", a la vez que sus numerosos establecimientos donde se destilaban bebidas alcohólicas y sus innumerables tabernas de pésima fama, se asemejaban un poquito más a los portales del infierno que Francke los consideraba ser. Así, en grado sumamente excepcional, el Pastor de Glaucha era su propio mensaje.

El Poder de los Mensajes No Verbales

Lo que quiera que sea un testigo, debe ser un comunicador e interactor personal. En los últimos años, se han investigado ampliamente muchos aspectos de la interacción humana, y se ha dejado de lado el concepto de que la comunicación es siempre verbal. En un encuentro cara a cara, hay mucha comunicación que no es verbal y, según qué sea lo que se comunique, puede ser que esa sea la parte más importante. Una autoridad en la materia como lo es M. Argyle lo plantea así: "Las señales NV [no verbalizadas] para expresar actitudes interpersonales son mucho más poderosas que aquellas verbales en principio similares... Por lo general el impacto de las palabras es más débil y menos directo que el impacto de señales no verbales."

La comunicación no verbal implica cosas tales como la expresión del rostro, movimientos corporales, postura, gestos, contacto visual, distancia física entre comunicador y receptor, capacidad para expresarse, y entonación de voz. Es todo lo que queda al eliminar las palabras y, a menos que alguno piense que es asunto sencillo, debiéramos saber que hay muchos tipos de cada una de las clasificaciones recién presentadas.

La comunicación no verbal es en virtud de su naturaleza mucho más limitada en su alcance que la verbal, pero es poderosa en la transmisión de sentimientos y emociones, actitudes interpersonales, y aun de ciertos aspectos de la personalidad del comunicador. Todos transmitimos sentires o actitudes de aburrimiento, entusiasmo, sorpresa, temor, interés, enojo, dolor, felicidad, aceptación, estima, culpa, duda, falta de confianza o lo contrario, y toda una variedad de otras cosas sin pronunciar una sola palabra. Por ejemplo, algo tan simple como el inclinarse hacia una persona es la indicación no verbalizada de un sentimiento positivo como también lo es el mirar a una persona sonriéndole afablemente. Aun el grado de relajación que asumimos puede transferir un mensaje ya sea positivo o negativo.

Hay por lo menos dos factores concernientes a este tipo de comunicación que lo constituyen en un asunto de gran interés para el testigo personal y que lo relacionan con la oración y la disciplina espiritual. Uno de ellos es que es poderosa para ya sea afirmar o contradecir lo que se dice. Las personas no siempre dicen la verdad. Pueden enviar mensajes muy contradictorios. Por ejemplo, en respuesta a la pregunta: "¿Qué te sucede?" de un esposo, una esposa podrá decir: "Nada", pero de manera tal que el esposo sabe que por cierto hay algo que anda mal. O el niño que quiere seguir nadando y dice: "No tengo frío", pero el castañeteo de sus dientes y su carne de gallina hablan de otra realidad.

Muchas cosas son menos obvias, pero de todos modos el conflicto se hace evidente. El mensaje contradictorio podrá ser algo tan simple como una actitud que responde a un punto de vista cerrado, que el receptor, aunque se dé cuenta de cierto impacto negativo, no alcance a identificar.

El segundo factor es que, aun cuando las señales no verbales pueden ser conscientes, lo más probable es que sean inconscientes porque muchas personas:

> no saben lo que están haciendo con sus cuerpos mientras están hablando y nadie se los dice. Las personas aprenden a desoír las señales internas encargadas de informar sobre la sucesión de sus movimientos corporales y expresiones faciales. Gran parte de la conducta interactiva no verbal parece ser puesta en práctica con pocas posibilidades conscientes de registrarse; los esfuerzos por inhibir lo que se manifiesta fracasan porque la información acerca

de lo que está ocurriendo por lo general no está en el área de la conciencia.

Si, en nuestro esfuerzo por compartir, estamos completa y perfectamente sintonizados con Dios y somos profundamente compasivos y sinceros, nuestras señales no verbales reforzarán y confirmarán todo lo que decimos. Estaremos en mejores condiciones de ser convincentes y de causar una impresión favorable en la persona a quien le hablamos. Si, por otra parte, nuestras actitudes espirituales y nuestra comunión con Dios no son lo que debieran, ese podrá no ser el resultado en absoluto. Es posible que las señales no verbales contradigan totalmente lo que decimos.

Esta es en parte la razón por la que las claves no verbales causan tanto impacto. Dado que la mayoría de ellas están más allá de nuestro control en razón de que no somos conscientes de ellas, no pueden ser manipuladas ni falseadas y son por lo tanto más dignas de credibilidad. Por eso, frente a un conflicto entre mensajes verbales y no verbales, es probable que sean creídas las señales no verbales.

La importancia de esto radica en que a menudo los siervos de Dios son llamados a dar testimonio a quienes podrán parecer personas muy poco dignas de ser amadas. Algunas de ellas llevarán las marcas y las heridas de años de vida desperdiciados. Algunas poseerán los hábitos, conductas y lenguaje de la desintegración progresiva. Otras podrán estar cercanas a los límites finales de esos procesos destructivos, y la evidencia de ello podrá ser la suciedad corporal y moral, la pobreza, y una condición de vida que, desde algunas ópticas, sea repugnante. Cristianos sensibles pueden de manera totalmente inintencional revelar una fuerte impresión o un rechazo y, a pesar de las mejores intenciones, descubrir que el encuentro ha sido una tarea desagradable. Aun cuando pronuncien las palabras apropiadas, sus verdaderos sentimientos y emociones han sido inequívocamente transmitidos por vía no verbal. Como bien lo saben aquellos que han trabajado con personas profundamente pecadoras, a menos que una disciplina espiritual vital renueve regularmente esa corriente de compasión propia de Cristo, y a menos que los ideales de servicio desinteresado sean reafirmados diariamente en oración y consagración, puede suceder que lo único que se logre sea empeorar algunas situaciones ya de por sí trágicas.

No sólo esto, sino que para comenzar algunas de las personas a quienes intentamos compartir nuestro testimonio podrán ser bastante escépticas. Podrán estar convencidas de que los cristianos no son en absoluto lo que pretenden ser. Con toda seguridad algunas de ellas habrán oído o aun hablado ellas mismas de todos los hipócritas que hay en las iglesias.

El fracasar en la oración y en el ejercicio espiritual vital podrá servir para revelar inconscientemente la incompetencia y falta de preparación de nuestros corazones y para confirmar de manera totalmente inintencional las peores sospechas de los incrédulos. Los hipócritas son, al fin y al cabo, aquellos que envían mensajes contradictorios.

3

Temas Teológicos para Aplicar en el Testimonio

Cada testigo es un teólogo. Ninguno puede explicar la salvación de Dios sin explicar teología, y tampoco puede alguno ser un testigo consistente si no cuenta con ciertas convicciones teológicas sólidas. Algunos temas figuran en todo encuentro evangelizador, y otros continuamente otorgan fortaleza y fervor al esfuerzo del testigo. Hay un número de ellos que merecen nuestra cuidadosa atención, pero el espacio disponible sólo nos permite la inclusión de aquellos que son más fundamentales.

El Dios Que Busca

La evangelización es la expresión humana de la naturaleza buscadora de Dios. Es una manifestación de su accionar en el mundo a través de la instrumentalidad humana y una empresa en la cual su ser Tri-uno se involucra de manera vital. Podríamos decir que el gran plan redentor de Dios fue concebido por el Padre, cumplido en el Hijo, y es continuado por el Espíritu Santo en y a través de la instrumentalidad humana. La operación en su totalidad está firmemente enraizada en el amor de Dios.

En el Antiguo Testamento

La primera sugerencia respecto de Dios como el Dios que busca se hace ver en el principio mismo del drama humano. Más allá del trágico fracaso de la primera pareja, y a pesar del hecho de que su desobediencia no era un secreto para el Dios omnisciente, el Padre vino buscándoles en el huerto (Gén. 3:9). El no los abandonó a pesar de su pecado. En su gran misericordia Dios los vistió y los sacó del huerto, para que el hombre "no tome también del árbol de la vida... y viva para siempre" en un estado de rebeldía (Hendricks 1977).

A través de lo que resta del Antiguo Testamento, Dios intentó buscar y señalar un pueblo para sí, un pueblo al cual bendecir y utilizar en su propósito redentor. Todos sus mensajes enviados y registrados allí están relacionados con este propósito benéfico. Todos ellos hablan claramente del amor de Dios.

En el Nuevo Testamento

Es en el Nuevo Testamento, no obstante, donde "la realidad de Dios como amor que busca" cobra una nueva dimensión. Esto puede detectarse "en el corazón mismo del mensaje y la misión de nuestro Señor" (George E. Ladd). En

Cristo, Dios toma la iniciativa de ir en busca de los pecadores. El estaba buscando intensamente a verdaderos adoradores que le adorarán en espíritu y en verdad, porque como dijo Jesús, el Padre busca a tales que le adoren (Juan 4:23).

Aunque ninguno estaba excluido, los rechazados ocupaban un lugar de importancia en su interés. Jesús se identificó de manera especial con los de humilde condición. En tanto que otros líderes religiosos evitaban el encuentro, Jesús los buscaba. El comenzó la conversación con la mujer de Sicar (Juan 4:7). El se invitó solo a la casa de Zaqueo (Luc. 19:5). El envió a los doce a "las ovejas perdidas de la casa de Israel" (Mat. 10:1-15). El constantemente hizo invitaciones como "Venid y ved", "¡Sígueme!" "¡Venid a mí!" ¡Y a personas como aquellas! La jerarquía religiosa se apartaba de ellos con repugnancia. Jesús los acercaba a él y caminaba a su lado.

En Lucas 15, Jesús, quien nos mostró el Padre (Juan 14:8-10), describió de una manera inolvidable a ese amor de Dios que busca. Dios era como un pastor buscando a su oveja extraviada, como una mujer buscando con empeño su moneda perdida, como un padre amoroso extrañando a su hijo pródigo. Entre sus propias afirmaciones respecto de su misión (las que serán discutidas en el capítulo 4) estaba la de que "el Hijo del Hombre ha venido a buscar y a salvar lo que se había perdido" (Luc. 19:10).

Abundan los otros ejemplos neotestamentarios que ponen de manifiesto que únicamente un amor inefable podría ir en busca de seres tan inmerecedores. No hay en la evangelización un tema teológico más importante que este. Tan sólo un amor infinito podría haber ideado un plan así.

El Hombre Que Se Esconde

Génesis nos dice que "oyeron la voz de Jehová Dios que se paseaba en el huerto" y que "el hombre y su mujer se escondieron de la presencia de Jehová Dios" (Gén. 3:8). ¿Por qué Adán y Eva habían de esconderse de un Dios tan benefactor? La respuesta es que percibieron la pérdida de amistad causada por su desobediencia, y tenían vergüenza de encontrarse con Dios. Hasta hoy, todas las personas se esconden de Dios y lo esquivan por la misma razón.

La Creación del Hombre

La magnitud del pecado de Adán sólo puede captarse dentro del marco y contexto de la creación. La Biblia insiste en que el hombre es una parte de la creación de Dios (Gén. 1:31).

No solamente esto, sino que Dios diferenció al hombre de toda otra cosa creada haciéndolo a su propia imagen (Gén. 1:27). Esto significó que Dios lo dotó de "la potencialidad, capacidad y responsabilidad de responder a Dios, a sí mismo y a otros" (Hendricks). Sumado a esto, él era un ser social creado de modo tal que experimentase su plena realización únicamente en relación con otros, de aquí la creación de Eva. Por último, las creaciones humanas de Dios eran libres para hacer elecciones, una libertad necesaria a los seres morales. Hasta eran libres para rebelarse contra su Hacedor. Frank Stagg acota que esta "libertad otorgada por Dios en la que fue situado el hombre constituyó la ocasión pero no la condición necesaria para el mal".

La Tragedia del Hombre

En el contexto de esta libertad la pareja hizo ejercicio de su privilegio de elegir —al enfrentar la tentación de Satanás— y lo hizo de la manera más trágica. Eligieron en contra de Dios. Dicho en términos sencillos, hubo una rebelión. Hizo su aparición el orgullo, y Adán y Eva intentaron hacerse como Dios. Las promesas vacías del adversario: "No moriréis... Seréis como Dios" eran por demás atractivas. Buscaron escapar de su dependencia y ser independientes de su Creador (Gén. 3:4, 5). Cayeron. Es importante para la evangelización el hecho de que esta es la experiencia repetitiva de cada persona.

Resultados de Largo Alcance

El resultado más obvio de este trágico evento cósmico fue el de la interrupción de las relaciones. Como personas pecaminosas la primera pareja ya no podía disfrutar de su relación personal y libre con el Dios santo. Ya no eran inocentes. Por eso es que se escondieron entre los árboles del huerto.

La relación entre Adán y Eva también se quebró cuando Adán agravó su acción culpándola a ella. Su relación con el medio se corrompió dado que ya no estaban en condiciones de vivir en el huerto. Ahora eran ajenos a todo eso que los rodeaba. De allí en adelante debían vivir afuera en un medio que también cargaba con la maldición de la transgresión de ellos.

Hoy en día los testigos tienen que enfrentarse con muchas situaciones de relaciones quebradas o interrumpidas. La caída demuestra que una correcta relación con Dios es fundamental para la totalidad de las otras relaciones. Es únicamente a partir del restablecimiento de la relación vertical con Dios que las relaciones humanas horizontales pueden comenzar a alcanzar su plena potencialidad.

No hay uno solo que haya escapado de los efectos del pecado de Adán; porque "así como el pecado entró en el mundo por medio de un solo hombre y la muerte por medio del pecado, así también la muerte pasó a todos los hombres, por cuanto todos pecaron" (Rom. 5:12). El fracaso de Adán introdujo a la vez pecado y muerte al mundo. Sin embargo, las personas llegan a ser culpables no porque Adán pecó, sino como dice Romanos 5:12 "por cuanto todos pecaron". En otras palabras, es el pecado personal, no el pecado de Adán el que constituye a los hombres en pecadores delante de Dios.

No obstante, el pecado de Adán sí resultó, como observa Dale Moody, en "un estado de pecaminosidad en el cual hay tendencias que luego llevan a la transgresión concreta". Es así entonces como "todos pecaron", y el pecado y la muerte llegaron a ser la experiencia universal.

Con este trasfondo es que a menudo los teólogos han descrito el problema del hombre como siendo a la vez "el pecado" y "los pecados". "Pecados" abarca tanto malas acciones y elecciones como actitudes y disposiciones mentales impropias. "Pecado" es el principio interior contra el que las personas luchan, esa naturaleza y medio continuamente propenso al mal acerca de los cuales Pablo escribe en Romanos 7. "Pues no practico lo que quiero; al contrario lo que aborrezco, eso hago... De manera que ya no soy yo el que lo hace sino el pecado que mora en mí" (Rom. 7:15, 17). Toda persona sufre las presiones negativas de las fuerzas demoníacas que impregnan y controlan el mundo circundante.

Fisher Humphreys resume sucintamente el problema: "Nosotros mismos somos culpables de una parte de nuestro problema —nosotros hacemos las cosas mal. Y otra parte del problema no es culpa nuestra— las cosas nos salen mal. Somos culpables y necesitamos perdón; en nuestro pecado somos impotentes y necesitamos liberación."

Lo que es sobremanera claro es que la situación del hombre es sumamente seria. No hay duda que la imagen del hombre está desfigurada. No es de extrañarse, que entre otras cosas la Biblia hable de los seres humanos como perdidos, alienados, en tinieblas, ciegos, muertos en delitos y pecados, hijos de ira, transgresores, hijos de desobediencia, separados de Cristo, extranjeros, alejados, inhumanos, impíos, aborrecedores de Dios, sin esperanza, y sin Dios.

Ante un problema de tal magnitud la única solución era la intervención divina. Afortunadamente, aunque Adán y Eva se escondieron en el huerto, aún pudieron oír la voz de Dios cuando los buscaba. Una parte de las buenas nuevas en el día de hoy es que los seres humanos pecaminosos pueden oír la voz del Dios que busca, quien ha intervenido proveyendo para su redención.

Cristo y Su Obra Redentora

La Persona de Cristo

Desde el Concilio de Calcedonia en el año 451 d. de J.C., la iglesia ha coincidido en que Jesús era verdaderamente Dios y verdaderamente hombre. El era el Hijo divino de Dios que se había hecho hombre. Estas dos naturalezas estaban completa y perfectamente unidas en una sola personalidad. Juan declaró: "Y el Verbo se hizo carne y habitó entre nosotros, y contemplamos su gloria, como la gloria del unigénito del Padre" (Juan 1:14). "Y el Verbo era Dios" (1:1). Este era un testimonio apostólico, entre muchos, de que uno que era Dios se encarnó y también se hizo hombre para llevar a cabo la redención de la humanidad perdida. Porque esto es verdad, son millones los que desde entonces y a través de la historia han repetido la confesión de Tomás: "¡Señor mío, y Dios mío!" (Juan 20:28).

No es suficiente con que los testigos entiendan quién es Jesús o que digan que él murió por nuestros pecados. Algunos cristianos potenciales querrán saber más. ¿Qué significado tenía una muerte así? ¿Por qué tenía que morir Jesús para salvar a la humanidad? Por esa razón se hace necesaria una cierta comprensión del significado de la expiación.

La Biblia no nos presenta una teoría prolijamente ordenada, así como tampoco intentó alguno de los primeros concilios de la iglesia establecer una interpretación definitiva. Los intentos por parte de los teólogos desde aquel entonces sí son innumerables. Muchos de ellos han sido de utilidad, pero hay consenso en cuanto a que ninguna teoría o combinación de ideas haya jamás explicado suficientemente este acontecimiento monumental.

El lugar central de la expiación en las Escrituras es claro. Se le concede a este evento una porción mayor de los Evangelios que a cualquier otro. La cruz era el centro del enfoque de la predicación apostólica. Aun cuando en el punto de vista de Pablo no estaba disociada de la resurrección, ni de la persona y ministerio de Jesús, su énfasis en la cruz era notable.

Escribiendo a los corintios, él podía referirse a su mensaje como "el mensaje de la cruz" (1 Cor. 1:18); y se había propuesto que en medio de tanta maldad, él no proclamaría "nada... sino a Jesucristo, y a él crucificado" (2:2). Pablo podía describirlo de esta manera porque ese era el tema central de todo lo que él proclamaba. Era el "mensaje de la cruz" lo que hacía que los hombres viesen su pecado con tanta claridad y que abrazaran al Salvador con tanta devoción.

Reconociendo nuestra pequeñez y limitaciones frente a este que es el más grande de los eventos cósmicos, hay algunos conocimientos que surgen de las Escrituras y de intentos de interpretación que han mantenido su validez a través de los años, que los testigos podemos transmitir a quienes están interesados.

Haciendo Posible el Perdón

Ante todo, Cristo cargó con nuestros pecados a fin de posibilitarle a Dios el perdonarnos. Por cierto que hay preguntas difíciles, y nuestros esfuerzos habrán de terminar siempre en el misterio, pero las Escrituras proclaman enfáticamente que esto es verdad. Jesús interpretó así su muerte (Mat. 26:28), y la predicación apostólica también pregonó esta verdad (2 Cor. 5:21; Ef. 1:7; Col. 1:14; 1 Ped. 2:24; 3:18).

No se trataba, sin embargo, de que Dios fuese un mero espectador que llevó a Jesús a la muerte. "Dios estaba en Cristo reconciliando al mundo consigo mismo" (2 Cor. 5:19). Hendricks afirma que "La plenitud de Dios está participando en la muerte de Jesús y en el propósito de ella y en el plan que consuma."

Dijo Vincent Taylor: "La pasión de Cristo es aquella clase de sufrimiento que aun los hombres soportan cuando aman profundamente a los que hacen maldad, y demuestran que el perdonar no es cosa superficial y fácil." En la cruz, Dios en Cristo aceptó el dolor y la aflicción de todo nuestro pecado. El precio fue alto. Ningún hombre puede hacer algo que sea de más valor que el entregarse a morir al mismo tiempo que ora por el perdón para sus verdugos. Porque aceptó así las consecuencias que el pecado provocó, consecuencias que nosotros deberíamos haber asumido, él puede perdonarnos gratuitamente y posibilitarnos el tener comunión con Dios.

Este, sin duda, es un aspecto de la cruz de capital importancia para la evangelización.

Haciendo Posible la Victoria

Para las fuerzas del mal que nos esclavizan, la cruz significa derrota. Toda la vida de Jesús puede entenderse como una lucha con las fuerzas del mal. Después de su bautismo fue intensamente tentado por Satanás pero salió victorioso. En Lucas 10, cuando los setenta regresaron entusiasmados informando sobre los demonios que se sujetaban a ellos en el nombre de Cristo, Jesús lo vio como una gran derrota para Satanás (10:18). Cuando Pedro le predicó a Cornelio, se refirió a Jesús como uno que "anduvo haciendo el bien y sanando a todos los oprimidos por el diablo" (Hech. 10:38). La cruz fue el gran clímax de esa lucha, y Jesús fue el vencedor tal como inequívocamente lo confirmara la resurrección. Aunque las fuerzas del mal aún están activas, el golpe final ya ha sido asestado en el Calvario. En razón de que Cristo ganó la victoria sobre el pecado y la muerte, nosotros los que estamos "en él" por la fe podemos experimentar la victoria también. Esto significa que por el poder del Espíritu Santo de Dios nosotros podemos vivir la vida victoriosa aquí y ahora y disfrutar de un triunfo eterno sobre el sepulcro más adelante.

Manifestando un Amor Exigente

La cruz es la suprema revelación del amor de Dios. Pablo dijo: "Dios demuestra su amor para con nosotros en que siendo aún pecadores, Cristo murió por nosotros" (Rom. 5:8). Juan 3:16 ha sido siempre un pasaje fundamental que declaraba que el amor fue el responsable por la cruz. Las Escrituras declaran también que fue un resultado del amor de Cristo (Gál. 2:20; Ef. 5:2, 25). Ya hemos visto que la plenitud de Dios participó en la cruz.

Cuando una persona reconoce de una manera muy personal que la muerte de Cristo ocurrió en el proceso de rescatar a la humanidad que estaba pereciendo, y cuando comienza a tomar conciencia de la naturaleza trascendental de ese acontecimiento, ello hace despertar un amor correspondiente que no permitirá jamás que esa persona vuelva a ser otra vez la misma.

Sé que otros sin duda enfatizarían aspectos diferentes en relación con la expiación; y hay por cierto otras ideas y otros énfasis que revisten gran importancia. No obstante, considero a estos los de mayor importancia en la evangelización. El sufrimiento de Cristo hace posible que Dios nos perdone. La victoria de Cristo en el Calvario hace posible que vivamos vidas victoriosas ahora y triunfemos más adelante sobre el sepulcro. Es la cruz lo que enciende en nosotros un amor semejante al de Cristo el cual debemos manifestar en el mundo.

Conversión

Hace muchos años efectué una visita pastoral a una anciana que era miembro nuevo y a la vez fervoroso de mi iglesia. Me resistía a ir. Había estado allí antes, y era una casa de contiendas. Dos hijas divorciadas y sus respectivos hijos compartían la pequeña vivienda, y demostraban su infelicidad como si fuera lo más importante que tenían para demostrar a los demás. Siempre me hacían sentir que mis visitas eran circunstancias que soportaban con mucho esfuerzo y que les causaban bastantes incovenientes. No obstante fui, pensando en la madre.

Imaginen mi sorpresa cuando una de las hijas me recibió diciendo: "Yo no sé lo que esa iglesia le a hecho a mi madre, pero desde hace un par de meses es otra persona." Fue indudable que estaba contenta con el cambio.

Lo que había ocurrido es que la madre se había convertido. Era distinta, totalmente distinta, porque como dijo Pablo: "Si alguno está en Cristo, nueva criatura es, las cosas viejas pasaron; he aquí todas son hechas nuevas" (2 Cor. 5:17).

Lo Que Significa Conversión

Un giro. —El término *conversión* es una traducción del sustantivo griego *epistrofé*. Aparece sólo una vez en el Nuevo Testamento griego (Hech. 15:3). Sin embargo, una u otra forma del verbo epistréfein, "dar vuelta", "girar", aparece unas treinta y seis veces (grupos de poder). Se lo traduce veinticuatro veces como *volver* y doce como *convertir* (Concordancia Greco-española del Nuevo Testamento, Mundo Hispano). Es así como debiera ser, porque, como observa William Barclay, "el significado de la palabra... es un girar [o darse vuelta] ya sea en el sentido físico o mental del término; y... cuando la palabra pasa al mundo del pensamiento y la religión significa un cambio de concepto y el darle una nueva dirección a la vida y a la conducta". [Algunos ejemplos: Luc. 1:16, 17; Hech. 16:18; 1 Tes. 1:9; Apoc. 1:12.] Por otra parte, varias formas de la palabra *stréfein* (cuyo significado es casi idéntico al de *epistréfein*) aparecen unas veintiún veces. Se las traduce mayormente como *volver* o *volverse* (por ejemplo Mat. 18:3; Luc. 22:61; Hech. 13:46), aunque dos veces como *convertir* (Juan 12:40; Apoc. 11:6) y una vez como *devolver* (Mat. 27:3).

Un cambio radical. —Está claro que el "giro" que los escritores del Nuevo Testamento tienen en mente es un giro radical. Se trataba de un "[volverse] de las tinieblas a la luz, y de la potestad de Satanás a Dios" (Hech. 26:18, V.H.A.). Es un "[volverse] de los ídolos a Dios, para servir al Dios viviente y verdadero" (1 Tes. 1:9, V.H.A.), y un "[convertirse] de estas vanidades al Dios vivo" (Hech. 14:15). A menudo el término se aplica a aquellos que sencillamente se vuelven al Señor o a Dios (Hech. 9:35; 15:19; 26:20; 1 Ped. 2:25), pero que para hacerlo han dado las espaldas y se han apartado de la incredulidad y el egocentrismo. Tal es la naturaleza del cambio llamado "conversión". Es un cambio radical y significa una reorientación y un redireccionamiento de la persona en su totalidad.

Arrepentimiento y conversión. —Ocasionalmente la palabra *Arrepentir(se)*, que es una forma de *metanoein*, se emplea a su vez con una forma del verbo que se traduce como "convertirse" o "volver". En Hechos 3:19 Pedro exhortó a los reunidos frente al templo: "Arrepentíos y convertíos para que sean borrados vuestros pecados" (también Hech. 26:20). Aun cuando los verbos son muy parecidos en su significado, Frank Stagg dice que "La connotación del término conversión, la cual incluye al hombre total, representa más adecuadamente al sustantivo griego metánoia de lo que lo hace el vocablo arrepentimiento." Ernst Haenchen destaca que ambos verbos pueden significar el volverse a Dios, pero cuando "aparecen juntos, metanoein expresará más el volverse o apartarse del mal", y *epistréfein... la nueva dirección positiva*". R. C. H. Lenski dice que el empleo de este último "refuerza" al anterior. Las autoridades en este tema obviamente no coinciden en pleno, pero es posible concluir que el significado de ambos es muy similar y que generalmente expresan la misma idea. No había una forma cuidadosamente establecida, rígida, de expresar estas cosas cuando se escribió el Nuevo Testamento. Los escritores pasaban con facilidad de un término a otro para expresar este cambio radical en la experiencia humana. "Arrepentimiento para con Dios y la fe en nuestro Señor Jesús" (Hech. 21:20) también es lo mismo que conversión. "Volverse a Dios" o "convertirse a Dios" sería lo equivalente a "confiar en Dios" cuando se trata de la experiencia cristiana incipiente. Confesión o fe puede ser lo equivalente a creencia o esperanza. Por lo tanto, muchas expresiones coinciden en mayor o en menor grado.

Un fenómeno que no se agota. —Aun cuando "el uso habitual del tiempo aoristo en los modos oblicuos del verbo indica" que la conversión a Cristo es un "acontecimiento irreiterable, una vez y para siempre" (J. I. Packer), el cristiano experimenta otras conversiones posteriores. Estas tienen que ver con conceptos o conductas que son inconsistentes con la vida transformada. Por ejemplo, en los últimos años muchos creyentes se han convertido de sus conceptos racistas y de sus actitudes insensibles para con los pobres. Algunos necesitan convertirse de la codicia y la avaricia a la genuina mayordomía y generosidad. En ese sentido, las conversiones continúan sucediéndose a través de toda la vida cristiana.

Distintas Experiencias de Conversión

Consideraciones Preliminares. —La Biblia no ofrece muestras de interés alguno por clasificar tipos de conversiones. La larga historia de los esfuerzos de los teorizadores humanos por hacerlo ha generado encendidas discusiones y opiniones diversas.

En algunos círculos de la evangelización ha existido una tendencia a exaltar los casos de conversiones dramáticas. Aquellas personas cuyas vidas han estado sumidas en los más escandalosos pecados con anterioridad a su dramática regeneración constituyen un atrayente material para programas. Aquellos que habiendo salido de la bajeza del barro y la miseria más impresionante hoy habitan en las alturas, son sin duda mucho menos soporíferos para las audiencias fatigadas. Por supuesto, nos sentimos sinceramente felices por estos ejemplos maravillosos de la gracia de Dios pero tristes por la interpretación errónea que a veces dejan tras de sí. La confusión no es atribuible a los que así se convierten. Ellos no han hecho más que contar su historia, que es lo que deben hacer. La culpa la tienen los líderes que no han sabido presentar un panorama equilibrado de la variedad de experiencias de conversión válidas.

Hay una historia muy conocida, de una gran campaña evangelística de sábados a la noche para jóvenes donde la constante era el testimonio ultra espectacular. En sucesivas noches de sábado habían escuchado a un alcohólico convertido, a un drogadicto restaurado, a un homicida arrepentido, y a un ex magnate del juego. A un joven que había escuchado todos los testimonios con asombro y fascinación se le pidió que orase. Entonces oró: "Señor, nunca estuve ebrio, ni tomé drogas, no maté a nadie, ni he jugado dinero en ninguna parte, pero te pido que puedas usarme a pesar de estas limitaciones."

Es necesario entender que muchísimas personas tienen experiencias de conversión absolutamente desprovistas de todo dramatismo. Aun cuando no hay ausencia de pecado en sus vidas, están en mejores condiciones por no haber probado de aquello que hace a las personas cuidarse de la policía y de los tribunales de justicia.

Debido a que hay más información en este libro referida al proceso de toma de decisión, esta parte de la presentación será breve, pero lo cierto es que la conversión como experiencia inicial puede ocurrir rápidamente o puede llevar un tiempo muy largo. Lo más probable es que la mayoría de las conversiones tomen más tiempo del que generalmente se piensa. Las razones de por qué esto es real se darán en el capítulo 6; pero baste decir por el momento que para la mayoría de las personas, son muchas las diferentes personas y experiencias que contribuyen a su decisión de conversión. La convicción de pecado y el arrepentimiento sincero por lo general toman tiempo, y para algunos, así es también con el comprender que Dios le puede perdonar. Para muchos, el perdón incondicional no es algo fácil de aceptar.

Tres tipos principales de conversión. —No hay dos experiencias de conversión que sean exactamente iguales. Son tan diferentes y variadas como las personalidades y experiencias de las personas. Como lo expresó Southard: "En el proceso del nuevo nacimiento, el Espíritu de Dios es tan libre como el viento" (Juan 3:8). Por estos motivos, es un tanto peligroso el intentar clasificar los diferentes casos de este fenómeno. Un cierto intento de clasificación puede, no obstante, resultar útil, y esa es la razón de la existencia de tantos otros intentos de hacerlo. Reconociendo las dificultades, parece existir un creciente consenso en cuanto a que las experiencias de conversión pertenecen a tres tipos principales: repentina, gradual y fuera de foco.

Una conversión repentina es una que se produce en un espacio de tiempo muy breve, algunas horas o un par de días. Poco o nada de atención seria se le habían concedido a los asuntos de la religión antes del momento de un profundo reconocimiento de la necesidad personal y del hacer una consagración de la vida a Cristo. La conversión repentina a menudo es bastante dramática y emocional. Muchos cristianos esperan ver este tipo de conversiones en las campañas masivas de evangelización. Los testimonios provenientes de los campos misioneros consignando cómo las personas aceptan a Cristo frente a la primera oportunidad de oír acerca de él también han ayudado a crear expectativas de conversiones repentinas.

Recientes investigaciones revelan que este tipo de conversión puede ser muy poco frecuente. Algunas conversiones que siempre se han considerado repentinas, al cabo de cuidadoso análisis resultan ser más graduales de lo que en principio se suponía. El apóstol Pablo es un ejemplo. Aun cuando efectivamente experimentó una crisis que fue dramática y repentina, se hace claro a partir de las propias palabras de Jesús que Pablo había estado dando coces contra "el aguijón" (Hech. 26:14). Aparentemente él había tenido por algún tiempo algunas serias dudas respecto de sus actividades, y la aseveración de Jesús (26:14) no necesitaba explicación.

Como hemos visto, las conversiones realmente repentinas probablemente sean muy poco comunes. Personalmente creo que cada conversión en alguna medida es el resultado de un proceso. Considero, sin embargo, que debiera conservarse la categoría, aun cuando solamente signifique que algunos contados individuos pasen por el proceso a gran velocidad. Los informes de los campos misioneros y mi propia experiencia como pastor y misionero me hacen reacio a eliminar la clasificación.

Un sábado por la noche, unos minutos antes de iniciarse el culto en una iglesia que yo visitaba por primera vez, una mujer me tocó el hombro y me preguntó si quería escuchar algo lindo. Me dijo: "Ahora soy creyente, pero hasta hace seis meses, jamás en mi vida había estado en un templo, ni siquiera para un casamiento o un culto fúnebre. No sabía nada de Dios, la Biblia, los cristianos, u otra cosa. Tengo una vecina que es cristiana. Un día fue a mi casa y me contó acerca de Jesús y su experiencia con él. Al domingo siguiente fui al templo y acepté a Cristo como mi Salvador; y desde entonces he asistido con fidelidad a todos los cultos de la iglesia. Realmente, soy una nueva persona en Cristo."

Es imposible conocer todos los factores que pueden intervenir en la preparación de estas personas para una pronta respuesta. Los convertidos mismos podrán no ser conscientes de todos los factores. No obstante, me parece que lo ideal es llamarle a esto conversión repentina.

La conversión gradual involucra un proceso que se

describe detalladamente en el capítulo 6. Es un proceso de crecimiento concientización y sensibilización en el cual participan un número elevado de personas y sucesos. Este proceso conduce a una decisión que frecuentemente es menos dramática y emocional que en el caso de la conversión repentina. Es más, podrá aparentar carecer totalmente de esos elementos. En otros casos, la crisis puede ser bastante dramática.

Mi primer contacto con cierto hombre fue cuando su esposa, creyente pero inactiva, me llamó por teléfono. El había observado un programa televisivo de Billy Graham y estaba un tanto perturbado. Su esposa me pidió que hablase con él, y así lo hice. Fue al cabo de siete meses, con diez entrevistas, que consagró su vida a Cristo. Cada vez parecía estar un poco más cerca de su decisión. La tomó él por su cuenta, un día estando solo en su automóvil, cuando comprendió que había estado escapando y escondiéndose de Dios toda su vida. Estaba demasiado cansado como para seguir escapando.

Muchas personas habían tenido participación en su conversión. Estaba su esposa, su suegro que era pastor, un par de creyentes por allí, Billy Graham, algunos miembros amables y afectuosos de la iglesia, yo y, sin duda alguna, otros a quienes no conocemos. También requirió mucho tiempo. El había estado "girando" poco a poco, acercándose, huyendo cada vez más lentamente durante los últimos años, y de manera especial en aquellos últimos meses que antecedieron a la tarde de la transformación. Esa fue una experiencia de conversión gradual.

Una conversión fuera de foco es un tipo de experiencia gradual en la que el momento concreto de la decisión no está bien definido. Muchos creyentes que no tienen dudas de que son cristianos simplemente no pueden determinar en qué momento "giraron". No pueden enfocar un momento preciso cuando decidieron seguir a Jesús. Este es por lo general el caso de aquellos que crecieron en hogares piadosos recibiendo instrucción cristiana desde la infancia. Muchos estudiantes de seminario entran en este grupo. Saben perfectamente que confían únicamente en Cristo para su salvación. Su entrega no es meramente un asentimiento intelectual a las verdades básicas relativas a Cristo. Es que sencillamente el momento de la decisión está difuso. C. B. Johnson y H. N. Malony comparan a esa experiencia con la marea. Se puede observar que sube y que baja, pero el momento en que cambia puede ser difícil de determinar. Sin embargo no hay duda de que cambia.

El momento de la decisión. —Es importante aclarar que en cada uno de estos casos hay un momento de conversión. Aunque algunas personas puedan no saber cuándo es, Dios sí lo sabe. Esto es ampliamente reconocido, y autores como Southard, Barclay y Humphreys lo apoyan. La regeneración es estrictamente la obra de Dios (Tito 3:5). La conversión es la respuesta humana, aunque gradualmente posibilitada por la gracia divina. Por lo tanto, desde el punto de vista de Dios de la regeneración, el giro es repentino y determinable. Desde el punto de vista humano de la conversión el giro podrá ser muy gradual e imperceptible, o podrá ser repentino y dramático.

John Stott estableció una semejanza entre la experiencia de la conversión y el nacimiento de un bebé. Hay primeramente un período de preparación, luego el alumbramiento, a lo que sigue un período considerable de alimentación y desarrollo. El período prenatal podría compararse con la obra del Espíritu Santo convenciendo a la persona de su necesidad, durante un período de tiempo que puede ser breve o prolongado. El nacimiento en sí es repentino. La alimentación postnatal es muy similar a la maduración y el desarrollo del bebé en Cristo bajo la enseñanza y cuidado prodigados por la iglesia. El Espíritu Santo puede comprimir en un período muy breve el proceso de preparación, o podrá requerir un número considerable de meses o años. Podrá estar totalmente desprovisto de experiencias dramáticas o sucesos destacados, o podrá incorporar ambos.

Seudoconversiones

No es un secreto el que la iglesia tenga un serio problema con la conversión. Las iglesias están llenas de personas no convertidas, que no han tenido una experiencia real con Cristo. Sus pastores las describen como el campo misionero de la actualidad. Numerosos líderes eclesiásticos reconocen el problema y coinciden en que ha habido serias deficiencias en la manera de guiar a las personas a la auténtica transformación espiritual.

Culbert Rutenber ha sugerido que hay al menos tres tipos de conversiones falsas que demasiado a menudo se toman como auténticas. Un tipo es el que él ha denominado "conversión doctrinal". Es la substitución de un conjunto de ideas por otro. Hay un asentimiento a esas verdades y una afirmación de ellas, pero siguen siendo solamente ideas o doctrinas. No ha habido una experiencia con la persona de Cristo. Las doctrinas son sólo "medios para un fin". Lo importante es conocer a Cristo.

Un segundo tipo de seudoexperiencia que menciona Rutenber es una "conversión emocional". No son pocos lo que han caído víctimas de esta aberración. En este caso las lágrimas o las emociones alteradas a veces se malinterpretan como una expresión de profunda convicción y entrega a Cristo. Puede existir una experiencia espiritual y una concientización de la presencia de Dios sin que llegue a ser una experiencia de salvación. En consecuencia, no hay transformación de vida, no hay experiencia interior de poder y presencia; y no hay exteriorización de un cambio de ética o de conducta. ¿No será esto lo que sucedió con muchos jovencitos que con el tiempo se apartaron?

En tercer lugar el mencionado autor habla de una "conversión moral". Este es el resultado de la adopción de un nuevo conjunto de ideales pero no de la aceptación del hombre ideal como Salvador y Señor. Podrá parecerse a lo que Johnson y Malony denominan "conversión cultural". En sí mismas, las doctrinas, las emociones y la moralidad son cosas buenas. Lo que sucede es que no son elementos *salvíficos*. Solamente Cristo, quien es una persona, puede salvar.

El testigo debe ser consciente de estas posibilidades y estar en guardia contra ellas. Unicamente las conversiones genuinas pueden agradar a Dios. Los testigos que se conforman con resultados superficiales no le hacen ningún servicio a Dios.

La Iglesia

Desde el punto de vista de la evangelización personal, la mejor manera de entender a la iglesia es en relación con su misión. Dale Moody expresa que: "Ciertamente la iglesia es misión y donde no hay misión no hay iglesia." Dios ha convocado a la iglesia para el propósito de darle una misión. Pedro explicó bien esto al escribir a los cristianos dispersos en el norte de Asia Menor cuando afirmó: "Pero vosotros sois linaje escogido, real sacerdocio, nación santa, pueblo adquirido por Dios, para que anunciéis las virtudes de aquel que os llamó de las tinieblas a su luz admirable" (1 Ped. 2:9, R.V.R., 1960).

El Pueblo de Dios

La iglesia es el "pueblo adquirido por Dios". Está llamado a ser suyo para el propósito de anunciar las buenas nuevas (1

Ped. 2:9). Este pasaje, tan parecido al de Exodo 19:5, muestra que el propósito de Dios anteriormente conferido a Israel es dado ahora al nuevo Israel, la iglesia.

El pueblo de Dios es una nueva humanidad (Ef. 2:15). Es una nueva raza de personas en la que todas las barreras que anteriormente dividían y separaban se han derribado. Ninguno es superior ni inferior. Todos forman parte de la familia de Dios. Todos son "coherederos, incorporados en el mismo cuerpo y copartícipes de la promesa por medio del evangelio" (Ef. 3:6; también Ef. 2:19 y Col. 3:11).

Es importante ver esta igualdad a fin de entender los errores que ya llevan siglos respecto de la división de la iglesia entre los laicos y el clero. Desde el punto de vista de la Ecritura la única diferencia entre clero y laicos es de funciones. Ambos son el pueblo de Dios. El clero simplemente tiene la tarea de capacitar a los laicos para que puedan desempeñar su ministerio (Ef. 4:11, 12). El Nuevo Testamento no tiene conocimiento de que al clero se le pague para que lleve a cabo el ministerio de la iglesia. Por lo tanto, la iglesia es en primer lugar el pueblo de Dios. Cada miembro individual es un ministro de Jesucristo, algunos tienen funciones especiales para perfeccionar y posibilitar el ministerio de todos.

El Cuerpo de Cristo

La iglesia es también el cuerpo de Cristo (1 Cor. 12:29). Esta poderosa metáfora señala a la iglesia como el instrumento de Cristo en el mundo. Es el medio a través del cual él continúa su trabajo. Esta figura es una confirmación poderosa de todo lo dicho en cuanto a mandatos y comisionamientos.

Pablo empleó la metáfora para mostrar a los creyentes la importancia de vivir en armonía unos con otros y que esto es posible a pesar de las grandes diferencias. Cada miembro es importante para el otro y necesario para el completo funcionamiento del todo. La iglesia es como el cuerpo humano. Así como cada parte del cuerpo tiene su función, cada miembro de la iglesia tiene la suya (Rom. 12:4, 5). La unidad del cuerpo y el funcionamiento de cada miembro de acuerdo con como fue planeado es esencial para la buena salud del cuerpo y para la eficacia en la evangelización. Unicamente un cuerpo sano puede estar a la altura de las rigurosas demandas de la evangelización neotestamentaria.

El Compañerismo de los Santos

La iglesia es también un compañerismo. Los creyentes

tienen algunas cosas en común, siendo el nuevo nacimiento la primera y principal. George E. Ladd dice que esto crea un vínculo "que es único en su género y que trasciende a todas las otras relaciones humanas". El compañerismo cristiano es algo mucho más profundo que el mero disfrute de la compañía de otro. Es más que el placer de la risa o la alegría de la sociabilidad.

Entre otras cosas, el compañerismo cristiano le ofrece a cualquiera afectuosa aceptación y cristiana bienvenida. Las diferencias de origen, nacionalidad, nivel social y sexo ya no importan (Gál. 3:28). Cristo es el todo en todos, y su Espíritu capacita a cada creyente para ofrecer su amor a otros.

La interacción de los pequeños grupos ofrece la oportunidad para estudiar y crecer, para conocer bien a otros, y ser conocidos por ellos. Más aún, se dan las condiciones para unirse y participar en el ministerio y las preocupaciones pastorales. La iglesia es el ámbito de alimentación y desarrollo que Dios ha provisto para los cristianos y todos los creyentes se benefician de ella y aportan a ella.

John Stott definió la naturaleza del compañerismo en comunidad que caracteriza a las relaciones como "aquello que internalizamos a través de la comunión... aquello que exteriorizamos a través de la comunión", y "aquello que concretamente compartimos el uno con el otro". Lo primero tiene que ver con lo que juntos hemos experimentado y recibido en Cristo. Incluye todas las bendiciones como asimismo todo sufrimiento que estemos llamados a sobrellevar. Lo segundo tiene que ver con el servicio, los comisionamientos, mandatos y desafíos que el Señor nos haya asignado. Lo tercero tiene que ver con una variedad de cosas como ser apoyo económico, amistad, amor, aceptación, aliento, comprensión, testimonio y todo aquello que en un vínculo de amor sea lo apropiado en situaciones especiales.

Que la iglesia pueda ofrecer todo esto no es cosa pequeña en favor de la evangelización. No es un secreto el que muchos en nuestra sociedad impersonal están hambrientos por precisamente un compañerismo así. Cuanto más pueda la iglesia aproximarse a estos ideales, tanto más poderosa será su evangelización.

La Iglesia Evangelizadora en la Actualidad

Dios ha hecho dos cosas importantísimas y trascendentes a fin de capacitar a la iglesia para que lleve a cabo su obra. El ha derramado de su Espíritu sobre toda carne (Hech. 2:17; compárese Joel 2:28) y dado dones a los hombres (Ef. 4:7, 8). Es quizá el descuido de estas verdades lo que más que ninguna otra cosa ha estorbado a la iglesia en llevar adelante los propósitos de Dios. Considerémoslos en orden inverso.

Los Dones Dados a la Iglesia

Hay varios pasajes que señalan con toda claridad que cada creyente tiene un don o dones (1 Cor. 12:4, 7, 11; Ef. 4:7, 8; 1 Ped. 4:10; Rom. 12:5, 6). No hay excepciones. "Cada uno ponga al servicio de los demás el don que ha recibido, como buenos administradores de la multiforme gracia de Dios" (1 Ped. 4:10). Esto no quiere decir que cada creyente tenga solamente uno. Muchos tienen pluralidad de dones. Pablo tenía, además de ser un apóstol, los dones de pastor, maestro, evangelista, milagros, sanidad, y quizá otros. Es obvio que lo mismo sucede hoy en día, aun cuando lo que Peter Wagner denomina la "combinación de dones" pueda ser distinta de la de Pablo.

Hay tres lugares donde encontramos listas de dones (1 Cor. 12:8-10, 28-30; Rom. 12:3-8; Ef. 4:11, 12), y otros aparecen en diferentes lugares (por ejemplo, 1 Cor. 7:7; 13:1-3; Ef. 3:7 y 1 Ped. 4:10, 11). Ha habido innumerables intentos de clasificar a los dones por categorías, pero quizá Eduard Murphy esté en lo cierto cuando afirma que todos esos esfuerzos fracasan, y que cuando Pablo escribió no podía imaginarse a los teólogos del siglo veinte "encasillando a cada don en un compartimiento estanco". La mayoría de los autores creen que estas listas son indicativas y no tenían el propósito de ser exhaustivas.

Lo que sí es importante es ver que el propósito fundamental de los dones es su aplicación al ministerio. Algunos son claramente dones dados a la iglesia para capacitar a los santos para la obra del ministerio (Ef. 4:11, 12), pero, como señala Murphy, aun aquellos dones que parecen en primer lugar destinados a fortalecer al cuerpo o al individuo lo hacen con un propósito más amplio en vista: "De manera que en última instancia, cada una de las dotaciones espirituales tiene el propósito de ayudar a la iglesia en su proyectarse [al mundo]. Cada uno de estos dones contribuye a generar en ella el empuje necesario para su misión redentora en cumplimiento de la Gran Comisión."

Bajo ninguna circunstancia debe un cristiano encontrar razón aquí para no testificar. Uno no necesita tener el don de evangelista para poder compartir su fe. Aquellos que poseían ese don estaban especialmente dotados con la habilidad de comunicar el mensaje cristiano y llevar a las personas a la experiencia de fe, pero el dar testimonio por cierto no estaba limitado a ellos en forma exclusiva (compárese Hech. 8:1-4). Cada creyente debe testificar con los recursos de sus dones, empleándolos eficazmente. John Havlik afirma que todo ministerio en el nombre de Jesucristo a los no salvos es ministerio evangelizador. Cada cristiano es un testigo, y es necesario que testifique.

Los Laicos en la Evangelización

La gran esperanza de nuestro tiempo. —No hay tema teológico de mayor importancia en la evangelización que aquel del papel y la responsabilidad de los laicos. No es algo nuevo. Mucho se ha dicho y escrito en años recientes respecto a la importancia de este concepto. ¡Es que simplemente queda tanto por hacer! Tan pocas iglesias parecen haber entendido realmente la idea a pesar de todo lo que se ha hablado.

Hemos tenido casi dos mil años para comprobar más allá de toda sombra de duda que el clero profesional no puede ganar el mundo. Si hay alguna esperanza real de ganar al mundo, esta descansa en la implantación de la doctrina del sacerdocio del creyente.

Ya hemos visto que los creyentes de los primeros tiempos asumieron la responsabilidad del testimonio personal. Hechos 8:4 registra lo que bien podría ser el máximo ejemplo de evangelización personal en el Nuevo Testamento cuando los creyentes comunes, no los apóstoles (8:1), fueron dispersados e iban predicando la palabra. La esperanza de alcanzar al mundo en nuestros días depende de nuestra habilidad de restablecer ese modelo.

A causa de lo prominentes que fueron los apóstoles —Pedro y Juan en los primeros capítulos y Pablo en los últimos— la medida en la que Dios usó y confió en los laicos en Hechos a menudo ha pasado desapercibida. Si pudiésemos llegar a ver la totalidad del impacto de su servicio en la iglesia joven, podría dar un nuevo ímpetu a nuestra implementación del mismo hoy.

Comprensiones preliminares. —A fin de apreciar en toda su plenitud el impacto de los laicos en Hechos hay algunas comprensiones preliminares que se hacen necesarias. Primera, debiéramos notar que el tema más importante en Hechos es la demolición de barreras, siendo las raciales y culturales las más difíciles.

Segunda, se refiere al final del libro de Hechos. Finaliza, extrañamente, con la expresión "sin impedimento". Durante mucho tiempo los eruditos estuvieron perplejos ante el extraño final. Algunos creían que Lucas no había completado su libro o que tenía la intención de escribir más pero no lo hizo. No obstante, Frank Stagg concluyó que el final era bastante apropiado porque reflejaba este tema principal del esfuerzo por superar barreras y lograr que el evangelio fuese predicado "sin impedimento". Básicamente al menos, Lucas ha mostrado al evangelio victorioso frente a los obstáculos que habrían derrotado al propósito de Dios.

Tercera, debemos reenfatizar el significado de Pentecostés para los laicos. Algunos allí dijeron que las palabras extrañas tenían su origen en la embriaguez (2:13), pero Pedro estaba en pie con los otros apóstoles para explicarlo. Lo que estaban viendo era concretamente un cumplimiento de la profecía de Joel (2:28-32).

Hay aquí varios puntos sobresalientes que son importantes para la evangelización. Un nuevo siglo ha amanecido. Los últimos días ya han llegado. El Espíritu Santo sería derramado sobre "toda carne" (2:17). Personas de todas las razas y todas las edades sin distinción de sexos ni condiciones sociales experimentarían este derramamiento. La profecía sería un privilegio tanto de hombres como de mujeres. El liderazgo recaería tanto sobre jóvenes como sobre ancianos. En otras palabras, Dios va a utilizar a toda clase de gente "común" en la plenitud del Espíritu. El libro de Hechos muestra que Dios lo hizo.

Los versículos 19 y 20 son de naturaleza apocalíptica. No deben ser interpretados literalmente. Ellos dan testimonio de la naturaleza trascendente de lo que está aconteciendo en el amanecer de un nuevo siglo y en el derramamiento del Espíritu. Este acontecimiento inaugura una nueva era de evangelización poderosa en la cual "todo aquel que invocare el nombre del Señor será salvo" (2:21). En esta era el Espíritu derribará las antiguas barreras de raza y cultura y permitirá que la simiente de Abraham bendiga a todos los pueblos. Lo acontecido en los capítulos siguientes pone de manifiesto que los primeros cristianos tomaron en serio las palabras de Pedro, aun quizá más en serio que él mismo.

El desarrollo de la historia. —En los capítulos 2 al 6 los apóstoles dominan el relato. Nada se dice acerca de creyentes llenos de Espíritu evangelizando a otros. Lo que sí se dice, sin embargo, es que estaban enseñando y discipulando a los nuevos creyentes (Hech. 2:42; 5:42). Del mismo modo en que Jesús se había dado por entero a los apóstoles a fin de prepararlos para el servicio, los apóstoles se estaban dando por entero a sus convertidos con el mismo propósito.

La historia de su fructífero servicio comienza a desarrollarse en el capítulo 6 cuando surgió un problema de comunión en torno de la equidad en la distribución de las limosnas entre las viudas helenistas y las hebreas. Los apóstoles dijeron que no era la clase de problema que debiera ocupar el tiempo de ellos. Los hermanos debían escoger... a siete hombres que sean de buen testimonio, llenos del Espíritu y sabiduría a quienes se les encargaría esa tarea (6:3). Los apóstoles continuarían dedicándose a la oración y... al ministerio de la palabra (6:4). Es importante señalar que los siete fueron elegidos de entre los miembros comunes de la iglesia aun cuando se destacaron por sus excelentes cualidades espirituales.

Poderoso testimonio laico. —El problema bien pronto quedó subsanado (6:7), y Esteban, uno de los siete, fue más allá de servir mesas. "Hacía grandes señales y milagros (6:8) y hablaba con "sabiduría y... el Espíritu" (6:10) de modo tal que ciertos judíos instigaron a acusadores quienes dijeron oírle "hablar palabras contra el santo lugar y contra la ley" (6:13), diciendo que "Jesús de Nazaret destruirá este lugar y cambiará las costumbres que Moisés nos dejó" (6:14). Acerca del testimonio de Esteban y de su arresto, Stagg comenta: "Esteban, por lo que podemos saber de él, era de todos los discípulos el primero en ver al cristianismo en su relación con el mundo... El reconoció que judío y gentil debían estar unidos como hermanos en Cristo. Se atrevió a ver; se atrevió a hablar. Al hacer esto él dio su vida, pero inauguró una nueva era en la historia cristiana."

Esteban se defendió haciendo un repaso de la historia hebrea. En cuanto al "lugar santísimo", dejó claro que Dios nunca había limitado sus actividades a sólo una nación o templo. Muchos de aquellos grandes sucesos espirituales de los que ellos tanto se enorgullecían habían tenido lugar lejos de Palestina. Muchos de ellos sucedieron con anterioridad a la ley y al templo. Lugar santo era allí dondequiera que Dios hablara a los hombres (7:33), y no un lugar único o un edificio único en una única nación. La presencia de Dios era universal (7:2-50).

Más aún, el templo existía porque Dios había accedido al

pedido de David quien quería edificar uno. Después que Salomón lo construyera, quedó expresamente aclarado que Dios no habitaba en edificios hechos de manos [es decir por hombres], ni podría en modo alguno limitarse a ellos. Para Esteban era temporario. El tabernáculo que se iba moviendo junto con la gente el cual Dios mismo les ordenó construir y cómo, ilustraba mucho mejor la presencia universal de Dios (7:44-50).

Por último, Esteban denunció la perversidad de Israel al resistir al Espíritu Santo. Estaban repitiendo el error de sus padres, siendo el matar a Jesús la expresión máxima de su maldad (7:51-53).

Lo verdaderamente notable en todo esto es que Esteban, dueño de una percepción pionera y valerosa, no era un apóstol sino uno de los miembros comunes de la iglesia. Dios utilizó a este laico fiel para desafiar la *jerarquía* religioso erudita a descubrir su miope y estrecha visión y su inexcusable perversidad. Murió por causa de esa creativa defensa, pero como veremos, una proclamación a tan alto costo tuvo resultados de largo alcance.

La fase siguiente de la historia se desarrolló inmediatamente. La muerte de Esteban precipitó una persecución que hizo que la iglesia se dispersara por toda Judea y Samaria (8:1). Por alguna razón que nos es desconocida, los apóstoles no dejaron Jerusalén (8:1). Por esto, cuando leemos: "Entonces, los que fueron esparcidos, anduvieron anunciando la palabra" (8:4), sabemos que fueron los laicos, los no profesionales dentro de la iglesia. La primera empresa evangelizadora arriesgada fuera de Jerusalén estuvo a cargo, no de apóstoles, sino de los miembros comunes de la iglesia. La dispersión llevó a algunos hasta Samaria, una zona que el prejuicio judío calificaba de prohibida (Juan 4:9). La profunda animosidad existente entre las dos naciones era bien conocida. La predicación de la palabra en Samaria representó un significativo avance y rompimiento de barreras raciales y culturales.

Uno de los que predicó e hizo señales y milagros en Samaria fue Felipe, uno de los siete (6:5). Muchos creyeron el mensaje de Felipe y fueron bautizados (8:12). Cuando Pedro y Juan llegaron de Jerusalén para investigar, vieron que era una obra del Espíritu y se unieron y predicaron en muchas aldeas de los samaritanos mientras regresaban (8:25).

Nuevamente vemos a un laico liderando y derribando

barreras. Era este un caso de los apóstoles seguir a los laicos en lugar de ser a la inversa, como habría sido lógico suponer. Este mismo Felipe fue luego enviado por el ángel del Señor al camino que va de Jerusalén a Gaza (8:26). Allí se encontró con un etíope, eunuco, funcionario de la reina de su tierra. Dado que regresaba de adorar en Jerusalén e iba leyendo el rollo de Isaías, era sin duda uno de los muchos temerosos de Dios de aquellos tiempos (8:27, 28). Esto significa que él se había acercado al judaísmo y que vivía como un judío, sólo que no se había transformado concretamente en un prosélito.

Stagg destaca que eso habría requerido varias cosas, entre las cuales estaban el ofrecer sacrificios, el bautismo, la circuncisión, y el abrazar la nacionalidad además de la religión. Las últimas dos eran barreras que dejaban a muchos en la condición de temerosos de Dios en lugar de prosélitos.

También era eunuco y, casi con toda seguridad esto era un obstáculo aún mayor para llegar a ser un prosélito (Deut. 23:1). Este hombre no era ajeno a las barreras y a los obstáculos religiosos. Cuando Felipe le predicó acerca de Jesús (8:35) y le llevó al punto de desear el bautismo, fue totalmente natural para él el preguntar: "¿Qué impide [obstaculiza] que yo sea bautizado?" Algunos manuscritos antiguos tienen "Si crees de todo corazón, bien puedes" (8:37, R.V.R., 1960; también B. de las A.), lo cual se omite en la versión Reina Valera Actualizada [tomada como referencia para este libro] y en otras versiones como Dios Habla Hoy, e Hispano-americana. Aun cuando el segundo caso es con toda seguridad el correcto, no cabe duda que Felipe concretamente había dicho esto cuando entraron al agua y "le bautizó" (8:38).

Otra vez, llama poderosamente la atención que la remoción de impedimentos para los temerosos de Dios y los eunucos fuera primeramente comprendida y anunciada por un laico. Otras dos importantes barreras habían sido, en principio, eliminadas. La iglesia marchaba hacia un evangelio "sin impedimento".

Es cierto que también Pedro ganó para Cristo a un temeroso de Dios como Cornelio, a sus amigos y a los de su casa. No obstante, como destaca Stagg, fue necesario que Dios le mostrara una visión especial repetida por segunda vez para que él fuese, y su renuencia es todo un contraste con el ahínco de Felipe (8:30). Aun así, cuando Pedro llegó a casa de Cornelio, preguntó para qué le habían mandado a llamar (10:29). "¡Vaya evangelización!", señala Stagg, quien añade:

"Y sin embargo, hay quienes persisten en afirmar que Pedro abrió la puerta a los gentiles; ¡sería más cercano a la verdad el decir que los gentiles abrieron la puerta a un mundo más amplio para Pedro!"

El paso más significativo de todos es dado una vez más por los laicos. Lucas testificó respecto de los efectos de largo alcance de la defensa de Esteban cuando algunos de los creyentes salidos de Jerusalén por causa de la persecución "fueron hasta Fenicia, Chipre y Antioquía". Hasta aquí, éstos habían predicado sólo a los judíos (11:19). "Pero entre ellos había unos hombres de Chipre y de Cirene, quienes... hablaron a los griegos" en la ciudad de Antioquía, y "un gran número... se convirtió al Señor" (11:20, 21). Por primera vez personas absolutamente paganas oyeron la palabra y creyeron. Es cierto que tanto Cornelio como el eunuco habían sido gentiles, pero eran temerosos de Dios y estaban grandemente influenciados por el judaísmo. Lo que parece querer señalarse aquí es que eran gentiles totalmente paganos. Cabe destacar que no todos coinciden en este punto. Aquí el texto es incierto. Algunos documentos tienen la palabra *griegos* en tanto que otros tienen el término que podría traducirse "helenistas" para significar judíos griegos. W. Neil señala, no obstante, que aun si estos últimos textos fuesen los correctos, debe emplearse aquí en el sentido de gentiles de habla griega, no judíos de habla griega. La mayoría coincide en que la traducción "griegos", para significar paganos se hace necesaria a fin de contrastar con "judíos" (11:19) y darle así sentido al relato.

Por vez primera el mundo pagano había sido penetrado, y una iglesia con una significativa proyección se estableció en Antioquía. A la luz de la actitud que Pablo y otros encontraron por parte de los judíos era este otro formidable avance. Sumamente significativo es el hecho de que fue llevado a cabo por laicos.

Cada uno de estos era un acontecimiento crucial, que abría nuevas perspectivas para el evangelio. Hubo pasos que demandaron gran valentía, convicciones profundas y aguda percepción espiritual. Es sumamente significativo que los instrumentos para esa etapa de crecimiento fueran creyentes "comunes". Y sin embargo la profecía de Joel había predicho justamente tales cosas (Hech. 2:17-21). El Espíritu fue derramado sobre creyentes "comunes" y acontecieron grandes cosas, inaugurando un nuevo período de evangelización con poder.

Si Dios utilizó laicos para servicios tan significativos en la iglesia de los primeros tiempos es razonable el pensar que tal sigue siendo su intención en el día de hoy. En efecto, este es el énfasis primario y central en el tema del sacerdocio del creyente. No sólo puede cada creyente tener acceso a Dios por sí mismo, sino que cada creyente tiene un ministerio que debe ser llevado a cabo en el poder del Espíritu Santo. Aquí se fundamenta la esperanza de ganar al mundo para Cristo. Toda teología de la evangelización en la actualidad debe contemplar un amplio e indispensable ministerio de los laicos.

4

El Fundamento Bíblico de la Evangelización Personal

Si los cristianos se han de involucrar en la evangelización personal, no es de extrañarse que quieran verla en la Biblia. Cuando buscamos su base escrituraria, no nos sorprende encontrarla en una u otra forma a través de todo el libro. Eso está plenamente de acuerdo con la declaración bíblica de que el interés y preocupación de Dios por las personas comenzó antes de la fundación del mundo (Mat.25:34; Ef.1:4; Apoc.13:8).

Los Enfasis del Antiguo Testamento

Interés Universal

Aun cuando principalmente nos remitimos al Nuevo Testamento para encontrar directivas para la evangelización, nos hará bien saber que este interés no está ausente en el Antiguo Testamento. Desde el comienzo, el interés y la preocupación de Dios por las personas era universal. Esto no cesó con el llamamiento de Abraham. Aun cuando el enfoque se haya reducido a una nación formada por los descendientes de Abraham, esta particularización perseguía beneficios universales, porque el propósito de Dios era bendecir y utilizar a Israel como un medio a través del cual bendecir a todas las naciones (Gén. 12:3; 18:18; 22:18; 26:3; 28:13-15). Esta nación fue comisionada para ejercer en el mundo un sacerdocio de características reales (Exo. 19:5), una misión dada luego a la iglesia (1 Ped. 2:9). En tanto que el pacto efectivamente apartaba a Israel del resto de las naciones, las otras no fueron excluidas de la participación en sus bendiciones. Los extranjeros podían hacerse judíos a través de la circuncisión (Exo. 12:48), y la simpatía y bondad para con los extranjeros estaban expresamente ordenadas en varios pasajes (Exo. 12:49; 22:21; Lev. 19:33, 34; Deut. 10:19). Aun cuando probablemente no todos los israelitas observaban estos mandatos de misericordia, es cierto que, desde el tiempo del Exodo, Israel estuvo acompañado por una multitud de todas clases de gentes (Exo. 12:38; Núm. 11:4).

La preocupación de Dios por las naciones se expresa una y otra vez. Ocupa un lugar prominente en la oración de Salomón al dedicar el templo (1 Rey. 8:41-45), y en los salmos y los profetas (Sal. 22:27, 28; 47:6-8; 68:28-32; 72:8-17; 86:9, 10; 102:15-22; Isa. 2:2-4; 11:1-9; 19:23-25; 56:6, 7; 66:18-24; Jer. 3:17; Hab. 2:14, 20; Sof. 3:9, 10; Zac. 9:9,

10). Con toda claridad, Israel era el medio propuesto para acercar a las otras naciones a Dios.

Lamentablemente, Israel era por demás susceptible a la maligna influencia extranjera como para ejercer alguna atracción que resultara positiva para otros. Durante la mayor parte de su historia fue más influenciado que influyente y más propenso a dejarse llevar que a liderar.

De Naturaleza Centrípeta

Es importante entender que el efecto propuesto para Israel era centrípeto en lugar de centrífugo. Su función no era una de vigorosa proyección misionera como se observa en el Antiguo Testamento sino una de atracción magnética. Israel debía ser un pueblo santo (Lev. 19:2) y, como también observa G. W. Peters, disfrutar de las consiguientes bendiciones de Dios. Esto no pasaría desapercibido para las naciones. Hay una cantidad de pasajes en el Antiguo Testamento que manifiestan la expectativa de que las naciones fueran atraídas a Jerusalén para ser instruidas en el camino del Señor; así de atrayente debía ser esta nación (Isa. 2:2-4a; Miq. 4:1-3a; Isa.66:18, 19). La visita de la reina de Saba para asegurarse de la veracidad de todo lo que había oído en [su] tierra (1 Rey. 10:1-13) y el caso del eunuco que regresaba de Jerusalén a Etiopía (Hech. 8:27, 28) bien pueden ser un ejemplo de la respuesta a este propósito.

En términos generales, el testimonio de Israel, así como era, era nacional y corporativo en lugar de ser personal e individual. Hay solamente circunstancias aisladas en las que personas hablaron a no judíos acerca del poder y la gloria del Dios de Israel. Daniel, por ejemplo, testificó a los reyes de Babilonia y a Darío el Medo. En tanto que esto resultó en un reconocimiento del Dios de Israel y en tolerancia y respeto para con la adoración judía, no lo fue a exclusión de los dioses a quienes ellos siempre habían servido (Dan. 3-6). Una pequeña criada judía le hizo saber a un capitán de ejército sirio que había en Samaria un profeta poderoso que podía indicarle la manera de beneficiarse con el poder del Dios de ellos. La naturaleza de la consagración de Naamán no es del todo clara, ya que menciona la necesidad de seguir acompañando a su señor al templo de Rimón (2 Rey. 5:18). Pero sin embargo le dijo a Eliseo: "¡He aquí, yo reconozco que no hay Dios en toda la tierra, sino en Israel!... de aquí en adelante tu siervo no ofrecerá holocausto ni sacrificio a otros dioses, sino sólo a Jehovah" (2 Rey. 5:15-17).

La predicación de Jonás a la pecadora ciudad de Nínive es un ejemplo adicional de centrifugalidad y de respuesta pagana al Dios de Israel. Esto quizá sea el modelo más centrífugo en el Antiguo Testamento. La renuencia de Jonás y su actitud desprovista de toda compasión era una ilustración de la nación en su relación de trato con el mundo. También hay otras, pero son mayormente casos aislados, predominando el énfasis centrípeto.

A pesar de los continuos fracasos de Israel y sus consecuentes juicios, las fuerzas centrípetas no resultaron del todo infructuosas. Las investigaciones más recientes descubren abundante evidencia en favor del hecho de que hubo gran número de personas que fueron atraídas al judaísmo, en distintos grados, tanto en el período preexílico como en el postexílico de la historia judía. M. H. Pope observa que también fue así en el período Grecorromano, y el gran número de temerosos de Dios existente en los albores de la predicación cristiana resultó ser un terreno fértil para la semilla del evangelio.

Las Preocupaciones del Nuevo Testamento

La Base Amplia

La base bíblica para la evangelización personal no depende de unos cuantos versículos justificatorios en el Nuevo Testamento. Está profundamente enraizada como un todo en las Escrituras y demostrada por el Espíritu y modelo de Jesús, los apóstoles y la iglesia joven. La evangelización es el corazón del Nuevo Testamento. No es extraño, por lo tanto, que Skevington Wood haya denominado al Nuevo Testamento la "literatura incidental de la evangelización" (Wood 1966).

Hallamos también el fundamento bíblico en la propia naturaleza misionera del cristianismo, porque la evangelización es uno de los principales medios para comunicar el mensaje cristiano. Es saludable, por otra parte, notar que también existen algunas órdenes neotestamentarias provenientes directamente de los labios de Jesús que se relacionan en forma directa con el encuentro evangelizador.

De Naturaleza Centrífuga

En tanto que el énfasis principal del Antiguo Testamento era centrípeto, en el Nuevo Testamento es centrífugo. El comportamiento del pueblo de Dios no es menos importante;

porque la vida cristiana de adoración, servicio sacrificador, y obediencia sigue en pie como una poderosa fuerza de atracción (Mat. 5:14-16; 1 Ped.3:1); pero el énfasis está en el nuevo impulso hacia afuera.

Las Ordenes de Cristo

Entre los pasajes que prescriben la responsabilidad evangelizadora personal hay algunas órdenes específicas. Estas fueron impartidas tanto durante el tiempo del ministerio terrenal de Jesús previo a su muerte como durante el ministerio de cuarenta días posterior a la resurrección.

Directivas Previas a la Crucifixión

Una de estas órdenes la encontramos muy al comienzo del ministerio de Jesús. El se dirigió a dos pescadores y dijo: "Venid en pos de mí, y os haré pescadores de hombres" (Mar. 1:17). Henry E. Turlington, en su comentario de Marcos, expresa que las palabras traducidas mayormente como "venid en pos" (o también "seguidme", Biblia de las Américas), responden en realidad a un adverbio que significa "aquí" o "venid aquí", pero que se emplea como un tipo de imperativo. Combinado con el adverbio que le sigue, significa "venid conmigo" en el sentido de ser un discípulo. Era una convocación perentoria en el estilo de una orden militar. Otros dos, Jacobo y Juan, también fueron llamados, y respondieron de igual manera que los dos anteriores (Mar. 1:19, 20).

Aun cuando estos hombres ya habían conocido a Jesús antes (Juan 1:35-37, 40-42) está, no obstante, el hecho real de que ellos "de inmediato dejaron sus redes y le siguieron" (Mar. 1:18) tras un contacto muy breve. Los tiempos de los verbos indican una acción decisiva y de una vez para siempre. La intención de ellos era dejar atrás la pesca y seguir al Maestro. Esto nos habla del poder y la autoridad de Jesús. Se dirigió a ellos con la actitud de quien tenía el derecho de plantear exigencias totales y de lanzar una convocación de esa naturaleza.

Si es que ya habían respondido a su llamamiento a salvación, lo cual parece probable, ahora estaban siendo llamados a aprender la manera de reproducirse. Seguirle era responder a un llamamiento a la evangelización. El propósito de Cristo era claro como el agua; aprenderían a pescar personas.

Este pasaje es más que un registro histórico del llamamiento de cuatro discípulos. Es la clave al énfasis central del ministerio de Jesús. El estaba comenzando a capacitar a un grupo para continuar el trabajo de él después de su partida. El estaba demostrando su método, una estrategia para la evangelización, y no solamente para aquel entonces sino para la actualidad también. Cada creyente debía ser un sacerdote y ministro de Cristo (1 Ped. 2:9, 10). La evangelización debía ser el interés y la preocupación de cada cristiano. Cada seguidor tendría responsabilidades centrífugas. En cualquier generación el seguir a Jesús significaría pescar personas.

El relato de Mateo del envío de los doce contiene una serie de poderosos imperativos (10:5-8). Jesús les ordenó: "id, más bien, a las ovejas perdidas de la casa de Israel" (10:6), y "predicad diciendo: 'El reino de los cielos se ha acercado'"(10:7). Les ordenó asimismo: "Sanad enfermos, resucitad muertos, limpiad leprosos", y "echad fuera demonios" (10:8). La mejor manera de interpretar esto es viéndolo como una misión de capacitación y como algo que ellos continuarían haciendo.

El haber sido destacados "a las ovejas perdidas de Israel" fue algo temporario. La responsabilidad se amplió luego de modo de abarcar el mundo (Mat. 28:19, 20). Jesús estaba sencillamente enviándolos a sembrar en tierra preparada. Salvo algunas excepciones, esta era la práctica de Jesús mismo. No significaba que los gentiles serían dejados de lado.

Notemos que los doce debían hacer justamente aquello que Jesús había estado haciendo. Irían como él había ido, predicarían idéntico mensaje y servirían a las personas de la misma manera. Las obras portentosas demostrarían que precisamente ese reino que predicaban estaba irrumpiendo en su propia existencia. No solamente estarían satisfaciendo necesidades abrumadoras; estarían pescando hombres. Esto también era más que una misión de capacitación para los doce. Era parte del programa evangelizador de Jesús para la iglesia.

Lucas hace esto aún más evidente al proporcionar un informe del envío de los setenta (10:1-12). Las órdenes e instrucciones son muy similares. También lo es la estrategia. Unicamente el lugar era distinto ya que trabajaron en Judea en lugar de Galilea. Asimismo, debían adelantarse a él en calidad de precursores, a las ciudades por donde habría de pasar (10:1).

Los informes gozosos a Jesús al final de la misión indican que habían sido dotados de poder para servir del mismo modo que los doce. Exclamaron: "Señor, ¡aun los demonios se nos sujetan en tu nombre!" (10:17).

Tan grande era la necesidad, que a los setenta también se les ordenó que oraran por más obreros. Jesús había instruido del mismo modo a sus discípulos allá en Galilea (Mat. 9:37, 38). Aquí hay otro imperativo que se relaciona vitalmente con la evangelización personal. Expresa la intención permanente de Jesús. El esfuerzo evangelizador ha de ser continuo y a la vez debe intensificarse. Como resultado de la oración más obreros debían salir a trabajar.

Cada aspecto del envío es significativo. El enviarlos de dos en dos, la predicación del mensaje, la satisfacción de necesidades humanas a través del servicio, la oración por los obreros, la total dependencia de Dios (Luc. 10:3-7), y aun el compartir gozosos los resultados (10:17) son pautas para las iglesias neotestamentarias en el día de hoy.

La evangelización personal estaba amalgamada con todas estas actividades. No se han descubierto métodos mejores para alcanzar a las personas. La iglesia fructífera acatará estas órdenes de Jesús considerándolas aplicables a la actualidad y válidas para todos los seguidores de Cristo.

Comisiones Posteriores a la Resurección

A la mayor parte de los cristianos la palabra comisión les hace pensar automáticamente en la Gran Comisión. Hay, sin embargo, además de aquella en Mateo, una en Marcos, en Lucas y en Juan, y otra en Hechos (véase Mat. 28:18-20; Mar. 16:15; Luc. 24:47-49; Juan 20:21; y Hech. 1:8). Podemos estar casi seguros de que durante los respectivos encuentros de Jesús con sus discípulos, posteriores a su resurrección, él delineó muchas veces la tarea futura. Que los autores de cada uno de los Evangelios hayan registrado aquello que a través de la inspiración del Espíritu Santo recordaran de aquellas instrucciones da testimonio de su importancia en medio de todo el material de enseñanza recibido en esos días. Cuando consideramos que cada una de ellas es parte de un todo, surgen por lo menos cuatro énfasis principales que pueden entenderse como elementos medulares, siendo cada uno de ellos específicamente importante para la evangelización personal. Cada evangelista o bien los define en alguna manera o, como sucede de un modo especial con Juan, los deja implícitos. (Todos éstos están implícitos en el Evangelio de Juan al ser lo que él registra como dechados de Jesús.)

1. Instrumentos humanos deben asumir la tarea.
2. El mensaje del evangelio debe compartirse (dado por

sentado en Mateo como siendo una parte integral de la formación de discípulos).

3. Debe compartirse en todo el mundo. (Incluido en la esencia del "id", ordenado en Mateo y Marcos.)

4. Debe compartirse en el poder de Dios. (Esto se observa en los contextos más amplios de Marcos [16:16-18], Lucas [24:49] y Juan [dando por sentado si es que ellos son enviados del mismo modo que Jesús fue enviado].)

Aparte de estos materiales medulares, hay aspectos o énfasis adicionales que recogen individualmente los autores de los Evangelios, o alguna idea básica que es desarrollada o resaltada de manera especial. Por esa razón prestaremos especial atención a Mateo y a Juan.

Hay solamente dos formas verbales imperativas en las comisiones. Una es "haced discípulos", en Mateo, aunque su "id", un participio, puede tener como observa C. F. D. Moule, fuerza imperativa. La otra es "predicad", en Marcos. En ambos casos se hace claro, no obstante, que Jesús está dando instrucciones. Estas son las cosas que sus seguidores deben hacer y pueden interpretarse como órdenes aun cuando se empleen otros modos gramaticales. Los párrafos que siguen nos ayudarán a ver por qué es así.

La Gran Comisión.—La Comisión de Mateo ha sido de importancia fundamental en la evangelización, porque es, sin duda, el pasaje misionero mejor conocido en el Nuevo Testamento. A pesar de ello, las iglesias han sido poco menos que fieles a su énfasis principal. La evangelización personal es una parte de una obediencia que se nos reclama, pero ha de ser de un tipo y calidad especiales. Es un pasaje digno de la más cuidadosa lectura.

El escenario es una montaña no identificada en Galilea a la cual Jesús les había mandado ir. Aunque Mateo menciona únicamente a los once, algunos autores como Robert Coleman y R. C. H. Lenski encuentran razones para incluir un grupo mucho mayor. No obstante, y haciendo abstracción del número, es claramente un mandato destinado a llegar mucho más allá de los once. Es una tarea que debe involucrar a la iglesia entera. Tan solo una membresía movilizada en su totalidad puede pretender llevar a cabo una misión tan amplia en su alcance.

Johannes Blauw considera a esta comisión "el gran punto crucial" en el cambio de dirección del trabajo de ellos. Hasta el momento de la resurrección no hubo llamado a misión alguna.

Hubo enseñanza, misiones de capacitación, establecimiento de un modelo en base a la observación y el aprendizaje; pero, en lo que a los discípulos concernía, todo se limitaba a "las ovejas perdidas de la casa de Israel" (Mat. 10:6). Aquí la misión tiene como destino el mundo entero.

Propia de Mateo es la declaración que hace Jesús de su *autoridad* suprema sobre todo el universo. Había por lo menos dos razones para expresar eso. Primera, era necesario afirmar de manera categórica lo que quedaba implícito en su resurrección. Jesús había tanto declarado como demostrado su autoridad en muchas ocasiones anteriores a su crucifixión. El había dicho "Todas las cosas me han sido entregadas por mi Padre" (Mat. 11:27). "...enseñaba como quien tiene autoridad" (Mat. 7:29). Sus discípulos, maravillados, declararon "que hasta los vientos y el mar le obedecen" (Mat. 8:27), y que "con autoridad y poder manda a los espíritus inmundos y salen" (Luc. 4:36). Jesús demostró autoridad para levantar a los muertos cuando llamó: "¡Lázaro, ven fuera! Y el que había estado muerto salió" (Juan 11:43, 44). Por tanto, su pretensión no era algo nuevo. Solamente se trataba de que la crucifixión ya había ocurrido. Aquel en quien habían depositado todas sus esperanzas había sido de tal modo humillado y vejado que no es de extrañarse que hubiera preguntas sin respuestas en los corazones de algunos. Mateo declara con toda honestidad que "algunos dudaron" (28:17). Con esta afirmación rotunda Jesús ayudó a disipar toda inquietud.

Segunda, el cometido era tan asombroso en su alcance que necesitaba provenir de la más alta autoridad. Como supremo Señor del universo él tenía el derecho de enviar a sus embajadores a través de todas las fronteras —culturales, raciales, sociales o geográficas— llevando las buenas nuevas que él les había traído. La orden de evangelizar, entonces, para los discípulos y para nosotros llega con una autoridad que ninguno puede desconocer. Seguramente esa autoridad había tocado muy de cerca a los discípulos al oír su encargo.

La evangelización es, sin lugar a dudas, el énfasis central de la comisión de Lucas ("que en su nombre se predicase el arrepentimiento y la remisión de pecados", 24:47), pero Mateo fue aún más lejos. El le asignó todo el peso al verbo traducido como "haced discípulos" (28:19). Resulta sumamente importante entender lo que él quiere significar, porque es aquí donde la iglesia con tanta frecuencia ha fallado. La forma verbal denota una enérgica orden de tipo militar, a la vez que proviene de aquel que posee la autoridad suprema en el universo. Para el cristiano el asunto de hacer "seguidores" y acompañarles en el proceso de enseñanza-aprendizaje no es una opción. Es una orden.

La evangelización es fundamental a todo discipulado cristiano porque comienza con la conversión. Ha de ser una evangelización que insista en una adecuada y suficiente base de entendimiento. Rechazará toda expresión de "facilidad" y "liviandad" en las conversiones. Debe ser esmerada y responsable, porque esta clase de evangelización es incompleta hasta tanto el convertido esté plantado firmemente en una actividad discipuladora y en condiciones de reproducirse. Tampoco puede ignorar las expresiones más exigentes del evangelio. Los conversos en potencia deben entender todo lo que se demanda y todo lo que puede llegar a costar. Así Mateo ha puesto la mira en una evangelización concienzuda en la que el trabajo del evangelizador se extiende mucho más allá del momento de conversión. Su interés y preocupación están puestos en la formación de miembros responsables para la iglesia (compárese con la definición, en el capítulo 1). Por supuesto que otros podrán ayudar en el proceso, pero el evangelizador será el responsable de verificar que éste no deje de cumplirse.

Nótese que la palabra discípulo se utiliza de distintas maneras. Jesús no fue el único que tuvo discípulos. Juan el Bautista los tuvo, al igual que Moisés. Los fariseos también los tenían, del mismo modo que múltiples maestros itinerantes o filósofos de aquel tiempo. A cualquier seguidor de un maestro se le podía llamar "discípulo". En el Nuevo Testamento el término es más frecuentemente utilizado para designar a los doce pero también para muchos otros. En una ocasión, cuando Jesús había pronunciado ciertas palabras duras, leemos: "Desde entonces, muchos de sus discípulos volvieron atrás, y ya no andaban con él" (Juan 6:66). En este caso el término designaba a algunos que habían hecho consagraciones extremadamente superficiales. En Antioquía el término llegó a ser un sinónimo de cristiano (Hech. 11:26).

No obstante, cuando Jesús empleó el término le otorgó una nueva profundidad y contenido, ya que enunció algunos requisitos de mucho peso para el discipulado. El bosquejo que John Havlik produce en base a Lucas 14:25-33 ilustra las altísimas exigencias que contemplaba el punto de vista de Jesús. Un discípulo no puede ser poseído por otros (14:26); el yo (14:27; 9:23); o las cosas (14:33).

Era yo apenas un niño durante la depresión de la década

de los 30. Entre otras cosas que escaseaban estaban los juguetes, de manera que los muchachos de mi edad jugábamos a ese entretenimiento en el que hay que imitar al líder. Todo lo que el líder hacía, nosotros tratábamos de imitarlo. Lo hacíamos con toda seriedad. Era una bofetada a nuestro orgullo de muchachos el no poder imitar aquello que el líder era capaz de hacer. Entiendo ahora que eso no era más que un juego que entretenía a los niños.

En el reino de lo que es cristiano, discipulado significa seguir al líder y hacer lo que él hizo. Es algo absolutamente serio. Aquí no se trata de una niñería. Se trata del corazón mismo de la Gran Comisión. Es un asunto de vida o muerte.

El participio que se traduce "id" claramente indica la naturaleza centrífuga de la comisión. Todas las comisiones lo implican, y Mateo y Marcos lo estipulan. Unicamente puede llevarse a cabo ingresando valientemente a los círculos paganos con el mensaje del evangelio.

La formación de discípulos, no obstante, no es simplemente una cuestión de ir. Están las otras funciones importantes de bautizar y enseñar. El bautismo es un acto de obediencia que simboliza muerte, sepultura y resurrección. Es una declaración pública de fe en Cristo y consagración a su causa. Es una expresión pública de la ruptura con el pasado y el comienzo de la nueva vida en Cristo. La enseñanza implica el transmitir todo lo que Cristo enseñó durante su ministerio terrenal. Esto involucra arduo trabajo y un proceso que requiere tiempo: toda una vida. Es absolutamente esencial en la formación de discípulos de la clase que Jesús vislumbró y es a la vez un requisito para la reproducción eficaz. El enseñar lo que Jesús mandó significa enseñar de manera tal que todos los aspectos se combinen y complementen como partes esenciales de un todo. El amor al prójimo, el genuino interés en la justicia y la preocupación por la opresión y una aflicción por los pobres deben tener un lugar en nuestra atención. El enseñar el segundo y gran mandamiento (Mar. 12:31) llega a ser parte de la Gran Comisión. Una capacitación tal tiene una repercusión obvia y especial sobre el futuro de la evangelización personal.

Ya está haciéndose evidente la manera en que la iglesia a menudo ha fracasado en cumplir la comisión, porque son pocos los discípulos, en el sentido pleno del término, que han sido formados. Con demasiada frecuencia la iglesia ha estado satisfecha con ofrecer gracia barata. Demasiadas veces ha fracasado en llevar adelante con seriedad el aspecto educativo de la comisión. El resultado es que hay muchos miembros de nuestras iglesias que no se sabe dónde están. Entre otros muchos, el conocimiento de la fe cristiana apenas si es mínimo. Tales seguidores rara vez ganan a otro o tratan seriamente de satisfacer alguna necesidad humana. En consecuencia su luz es débil o inexistente. Su fuerza centrífuga es nula. El triste resultado son iglesias estancadas que repelen en lugar de atraer.

Hay otro aspecto importante de la comisión, la *certidumbre* de la presencia y el poder divinos. La manera en que Mateo lo expresa es: "He aquí, yo estoy con vosotros todos los días, hasta el fin del mundo." Lucas le concede a este aspecto importancia especial en su comisión en el libro de Hechos al ponerlo en el principio y hacer que los testigos dependieran del poder del Espíritu Santo para ser dotados. El deja claramente establecido que ellos no debían hacer nada hasta que se cumpliera la promesa, es decir, la experiencia del Espíritu Santo en Pentecostés. La certidumbre en la comisión era que Jesús continuaría su obra a través de ellos por el poder del Espíritu Santo.

La comisión de Juan.—La comisión de Juan es la más breve pero la más comprensiva. John Stott sugiere que, a pesar de esto, ha sido abandonada a causa de ser tan exigente. Es una oración cargada de contenido. "Como me ha enviado el Padre, así también yo os envío a vosotros" (20:21). Hay, por supuesto, cosas que Jesús hizo que nosotros no podemos hacer. No podemos, entre otras cosas, llamar a un Lázaro de la tumba, vivir vidas sin pecado o transformar agua en vino. Sin embargo, en todo lo que sea humanamente posible, debemos hacer lo que Jesús hizo. Es una vez más el caso de seguir al líder, pero debemos tener cuidado de prestar atención a todo lo que Jesús hizo. Jesús sirvió a la persona total. El satisfizo necesidades a medida que aparecían. Sus obras hablaban con la misma claridad y transparencia que sus palabras. El resultado fue un poderoso ministerio/evangelización que a su vez resultó en un discipulado intenso y concienzudo. Lógicamente, esto nos lleva a estudiar el ejemplo de Jesús mismo.

El Modelo de Jesús

La Evangelización Personal Era Central

El impulso bíblico más poderoso para la evangelización personal lo constituye el propio modelo de Jesús. Como evangelizador personal, no tiene igual. El es el maestro y ejemplo supremo. Su modelo es el dechado y el propósito que cada cristiano debe esforzarse en imitar. El no era simplemente "un" modelo; él es "el" modelo. Si la comisión juanina es obligatoria para nosotros, su actividad es lo que debemos imitar.

Jesús dijo que haría de sus seguidores pescadores de hombres. El no sólo les dijo; les enseñó. No sólo les ordenó "haced discípulos" sino que también él mismo hizo algunos y demostró el proceso del discipulado en las vidas de los doce. Antes de enviarlos, él salió y les permitió contemplar y aprender a través de la observación.

El ministerio de Jesús estaba centrado en las personas individualmente. El se involucró con las personas de una manera que resultaba de lo más vulnerable para él. El trabajo personal era la base de todo su ministerio. Lo que vemos a Jesús haciendo y diciendo en la evangelización personal es de capital importancia para nuestra perspectiva.

No estamos tan interesados aquí en su técnica y metodología. Eso vendrá después. Lo que debemos ver es el lugar central que ocupaba la evangelización personal en su actividad docente y su ministerio, su profundo interés y preocupación por el bienestar presente y eterno de las personas, y la relevancia de éstos para nuestro servicio a la luz de las comisiones.

Su Concepto Acerca de Su Misión

Las preocupaciones recién expuestas pueden verse reflejadas en el concepto que Jesús tenía acerca de su misión. Jesús varias veces formuló algunas afirmaciones claras respecto al porqué de su venida. Estas nos dicen mucho acerca de su misión y, en consecuencia, de la nuestra.

Cuando Zaqueo manifestó la nueva vida que había en él declarando su propósito de hacer restitución a sus víctimas y de compartir con los pobres en un espíritu de gran liberalidad, Jesús dijo: "Hoy ha venido la salvación a esta casa... Porque el Hijo del Hombre ha venido a buscar y a salvar lo que se había perdido" (Luc. 19:9, 10). Zaqueo por cierto había estado perdido. Estuvo perdido en avaricia, egoísmo, extorsión y en encallecida falta de consideración para con otros. El había negociado el respeto de sus iguales para obtener beneficios monetarios y la autoestima para lograr toda una serie de cosas. Estaba perdido para sí mismo y para otros, no siendo para sus prójimos otra cosa que un serio riesgo. Pero por sobre todo, estaba perdido en pecado y separación de Dios. En esa entrevista fue hallado por Jesús y, como resultado, se halló a sí mismo, sus valores, el interés por los demás, y nuevos propósitos de vida. Fue salvo del pecado y para una nueva forma de vida. Era un hombre nuevo en Cristo. Jesús miró al Zaqueo transformado, y lo que dijo en otros términos fue: "Para ésto he venido."

Cuando Jesús estuvo sentado comiendo con recaudadores de impuestos y pecadores (Mat. 9:10-13), los escandalizados fariseos preguntaron a los discípulos por qué razón hacía él algo así. La respuesta de Jesús fue: "Los sanos no tienen necesidad de médico, sino los que están enfermos. Id, pues, y aprended qué significa: 'Misericordia quiero y no sacrificio.' Porque yo no he venido para llamar a justos, sino a pecadores." Con esas palabras Jesús estaba diciendo que el mostrar misericordia era mucho más importante que la observancia religiosa por parte de hombres con corazones no arrepentidos. El vino para ayudar a aquellos que obviamente lo necesitaban. En todas partes Jesús mostró ser el amigo de los pecadores.

Cuando la madre de Jacobo y Juan vino a solicitar lugares de autoridad y poder para sus hijos en el reino, Jesús impartió una enseñanza revolucionaria respecto a lo que es la grandeza. En su reino la misma no sería medida en base de la autoridad ejercida sino en el servicio humilde. Vendría como resultado del caminar en las pisadas del Hijo del Hombre quien "no vino para ser servido, sino para servir y para dar su vida en rescate por muchos" (Mat. 20:28). La totalidad de la vida de Jesús fue una de servicio humilde, siendo la cúspide de ese ministerio su propia muerte sacrificial. En otras palabras, él vino a servir a las personas y finalmente a ofrecer el servicio supremo —su propia vida— para que muchos (una expresión semítica para indicar todos) pudieran ser salvos.

En otra ocasión Jesús dijo: "Yo he venido para que tengan vida, y para que la tengan en abundancia" (Juan 10:10). En franco contraste con algunos falsos líderes anteriores quienes eran insurrectos y sediciosos y cuyas consignas maliciosas traían como resultado únicamente promesas vacías y muchos contratiempos, Jesús había venido a traer vida abundante. En Juan, la palabra vida significa vida eterna, pero el poseer esa vida tiene un efecto transformador sobre la presente también. Jesús vino a enriquecer cada dimensión de la existencia humana. En tanto que esto no significa la liberación de pruebas y dificultades, sí significa una nueva clase de ser, caracterizado por la paz, el compañerismo en amor, la vida victoriosa, el interés sacrificial por los demás, un propósito de vida con significado, y confianza en un futuro glorioso. La intención de Jesús era transformar la existencia terrenal a la vez que proveer para la salvación futura.

También hay otras afirmaciones de "Yo he venido". Cuando Jesús dijo: "No penséis que he venido para abrogar la Ley o los Profetas. No he venido para abrogar, sino para cumplir" (Mat. 5:17), estaba sin duda respondiendo a la acusación del fariseo en ese sentido. Los pasajes que siguen (Mat. 5:21-48) ponen de manifiesto lo que Jesús quiso decir. Había venido a dar por cumplido el propósito de la ley y llevarla a su plena expresión. Hizo notorio su verdadero significado y vivió demostrando su propósito. Quitó la falsedad de la interpretación farisaica. Elevó las demandas éticas y enfatizó la prioridad de lo personal sobre lo ceremonial. Vino para indicar el camino a la verdadera moralidad y el significado de la vida redimida.

Esta vida que Jesús vino a hacer posible establecía las más rigurosas demandas. Podía traer como resultado hogares divididos y aun enemistad entre miembros de la familia (Mat. 10:34-36). El parentesco es espiritual más que físico, y la lealtad a Cristo podía conducir al martirio (10:39). Sin embargo, es en una consagración y sacrificio así que uno verdaderamente encuentra la vida. Perder la vida es hallarla, y el hallarla, de la manera en que Cristo lo propuso, es lo más importante.

Estas afirmaciones nos muestran el lugar central que las personas, en todos los aspectos de su existencia, ocupaban en el pensamiento de Jesús. Ningún precio era demasiado alto, ningún sacrificio era demasiado grande, y ninguna demanda era demasiado difícil cuando se trataba de hacer posible que las personas experimentaran y conocieran su presencia salvadora. Cuando las consideramos dentro del marco de lo que cada una de aquellas implicaba, quiere decir que no había aspecto alguno de la vida que quedara exento de ser alcanzado por su poder transformador. No era únicamente la relación del hombre con Dios la que necesitaba ser transformada sino el hombre en la totalidad de sus relaciones. Toda enemistad, pobreza, egoísmo, crueldad, falta de amor al prójimo, opresión, inmoralidad, avaricia; en pocas palabras, toda forma de pecado debía someterse al juicio de Cristo. La nueva comunidad demostró su redención al manifestar en el mundo una moralidad totalmente nueva.

Jesús vino a traerles una vida radicalmente nueva a los seres humanos, una vida que comienza con la evangelización. Jesús ubicó esta preocupación en el centro mismo de su vida.

Su Compasión y Preocupación

El concepto de Jesús respecto de la evangelización también podemos verlo en su compasión y su preocupación. *Compasión* es un término privativo de Jesús. William Barclay dice que, exceptuando el hecho de que es utilizada en tres parábolas que Jesús narró, se usa exclusivamente al hablar de él. Según este autor es un término cargado de intensidad que define "una emoción que conmueve a un hombre en lo más profundo de su ser". Barclay dice que hubo tres situaciones humanas que conmovieron de este modo a Jesús; a saber: la aflicción humana (la viuda de Naín, Luc. 7:12); el hambre y el dolor de las personas (la multitud impróvida que le siguió hasta un lugar desierto, Mat. 14:14; 15:32; Mar. 3:7, y el terrible estado del leproso, Mar. 1:41); y la condición de perdidos en que se encontraban los seres humanos (como cuando vio a una multitud que andaba como ovejas que no tenían pastor, Mat. 9:36). Fue compasión lo que hizo posible que el padre diera la bienvenida al hijo pródigo (Luc. 15:20). Fueron situaciones como éstas las que conmovieron a Jesús hasta lo más profundo de su ser y lo llevaron a brindarse en aquellas palabras y hechos repletos de amor que constituían la evangelización.

Jesús expresó de varias maneras su profunda preocupación salvífica. En algunos casos lo hizo con preguntas que obligaban a pensar. "Pues, ¿de qué le sirve al hombre si gana el mundo entero y pierde su alma? ¿O qué dará el hombre en rescate por su alma?" (Mat. 16:26; también Mar. 8:36-37).

A menudo fue a través de oraciones exhortatorias. "No temáis a los que matan el cuerpo pero no pueden matar el alma. Más bien temed a aquel que puede destruir tanto el alma como el cuerpo en el infierno" (Mat. 10:28). "Más bien, buscad primeramente el reino de Dios y su justicia, y todas estas cosas os serán añadidas" (Mat. 6:33).

Algunas veces su preocupación estaba presente en el énfasis de su enseñanza parabólica. "¡Necio! Esta noche vienen a pedir tu alma; y lo que has provisto, ¿para quién será?" (Luc. 12:20). Esta era la naturaleza de la pregunta formulada al hombre que vivía para las posesiones y se había olvidado de Dios. En la parábola de la perla de gran precio, la perla es el reino de Dios. Su valor es inestimable. Aunque el poseerla pueda costarle a una persona absolutamente todo, bien lo vale. El reino es algo que no debe perderse, no importa el costo. Era a partir de una preocupación expresada así, que la evangelización de Jesús cobraba vida.

Su Proceder en el Ministerio

Por último, vemos la profunda preocupación de Jesús por la evangelización a través de su proceder en el ministerio. Le hallamos compartiendo con poder el evangelio con toda clase de personas en todo tipo de situaciones. Frecuentemente hablaba a grupos, pero gran parte de su ministerio público era personal. Aun estando apretujado por las multitudes, parecía tener siempre tiempo para tratar con las personas en forma individual. Leighton Ford destaca que hay treinta y cinco encuentros evangelizadores personales en los Evangelios, y según Juan, "hay también muchas otras cosas que hizo Jesús" las cuales él no registró (Juan 21:25). Tuvo trato con pescadores, recaudadores de impuestos, revolucionarios, leprosos y otros con enfermedades inmundas, inválidos, ciegos, funcionarios públicos, prostitutas, ladrones, líderes religiosos, mendigos y los poseídos de demonios. La suciedad, enfermedades, olores corporales, las heridas ulcerosas y supurantes, y la sangre no le repugnaban. Es más, se sentía atraído de un modo especial por los que sufrían, por los pobres, y por los desafortunados. Al mismo tiempo puso todo su empeño en ganar al joven rico y al distinguido Nicodemo, quien al parecer llegó a ser un discípulo (Juan 19:39). Jesús compartió su mensaje en la sinagoga, en el templo, en numerosas casas particulares, a la orilla del mar, sobre la ladera de una montaña, en la sala del tribunal y en la cruz. En cualquier lugar, a cualquier persona, en cualquier circunstancia Jesús echó mano de las oportunidades que se presentaban para proclamar su mensaje.

No solo esto, sino que mientras tanto estaba preparando a sus seguidores para que continuaran su obra después de su muerte y ascensión. Aun cuando ellos sacaban provecho del ministerio público de Jesús y aprendían mucho, hubo numerosas sesiones privadas en las cuales él les dedicaba su atención en forma exclusiva.

Dado que nosotros somos enviados por el Padre a hacer todo lo que le envió a él a hacer (Juan 20:21), cada aspecto de su modelo es indispensable para nuestro estudio. Nuestra evangelización debe seguir a la suya tan cercanamente como sea posible, porque nuestra misión está determinada por su misión.

El Modelo Apostólico

También es importante ver de qué manera los testigos oculares respondieron a sus comisiones, sus órdenes y su ejemplo personal después de la resurrección. El ministerio de aquellos que estaban más cercanos a Jesús dice mucho acerca de la manera en que ellos entendieron su responsabilidad evangelizadora, y la manera en que los creyentes actuales deben entender la suya.

Felizmente, los hallamos reproduciendo de manera vigorosa los modelos ministeriales de Jesús. El libro de Hechos está repleto de valiente y osada evangelización/ministerio. El número de los que creían era grande y en aumento, y la iglesia llegó a ser una fuerza con la que se podía contar.

Pedro y Juan

Pentecostés fue una demostración cabal de la continuidad de la obra de Cristo por el poder del Espíritu Santo. Se sobreentiende que hubo mucha testificación con anterioridad al gran sermón de Pedro (Hech. 2:4-8, 11). Ciertamente estaban cumpliendo las órdenes de Cristo, porque comenzando en Jerusalén estaban testificando (Hech. 1:8; compárese 2:14, 37), bautizando, y enseñando (Mat. 28:19, 20; compárese Hech. 2:41-42).

Pedro y Juan sanaron a un paralítico que estaba en la puerta llamada Hermosa, y Pedro predicó a la multitud un conmovedor mensaje evangelizador con resultados maravillosos (3:11-26; 4:4). Fueron arrestados por las autoridades, pero al ser llevados delante de los ancianos, escribas y el sumo sacerdote y su familia, testificaron valientemente acerca del Cristo que las autoridades habían crucificado y a quien Dios había resucitado. A pesar de habérseles ordenado terminantemente que no predicaran más, ellos respondieron: "No podemos dejar de decir lo que hemos visto y oído" (4:18-20).

Como resultado de orar y volver a ser llenos del Espíritu Santo, "hablaban la palabra de Dios con valentía" (4:31) y seguían haciendo lo que Jesús había hecho a través de milagros y prodigios (5:12). Gran número de personas creyeron (5:14). Aunque los pusieron en la cárcel, fueron liberados milagrosamente por un ángel y obedecieron a sus instrucciones yendo al templo donde era seguro que serían descubiertos. Fueron llevados nuevamente a la presencia de las autoridades, pero valientemente afirmaron: "Es necesario obedecer a Dios antes que a los hombres" (5:29-32). Aunque castigados y nuevamente amenazados para que no hablaran en el nombre de Jesús, se regocijaron por su sufrimiento e inmediatamente volvieron a su predicación y enseñanza (5:40-42). Sin lugar a dudas habían tomado en serio las palabras de Jesús, "como me ha enviado el Padre, así también yo os envío a vosotros" (Juan 20:21).

Al parecer, todos los apóstoles estuvieron incluidos en la mayor parte de las actividades recién mencionadas, pero Pedro y Juan descollaban. Es posible suponer que en medio de esta actividad plena de poder, había mucho testimonio personal. Aun cuando específicamente no se diga nada al respecto, es seguro que había diálogo y preguntas. Aquellos que afirmaban, "Nosotros somos testigos de estas cosas" (5:32) estaban seguros de tener respuestas llenas de poder para todo aquel que expresara una necesidad.

Un tiempo después, Pedro y Juan fueron a Samaria como emisarios de la iglesia de Jerusalén para investigar los informes de la amplia respuesta. Al entender que era obra del Espíritu de Dios, se unieron al trabajo (Hech. 8:14-17). En el camino de regreso predicaron "el evangelio en muchos pueblos de los samaritanos" (8:25) poniendo de manifiesto así su obediencia a otro aspecto de la comisión que encontramos en Hechos (1:8). Lucas mostró a Pedro gozándose frente a una notable respuesta evangelizadora en Lida como consecuencia de haber sanado a un paralítico (9:32-34), y también en Jope después de resucitar a Dorcas (9:36-42).

Pedro se mostró en extremo renuente a ir a la casa de Cornelio. Fue necesario que Dios le diera una visión especial para que él superara sus escrúpulos judaicos. Cornelio era un temeroso de Dios, un devoto pero incircunciso adherente gentil a la religión judía (10:1, 2). Cuando Pedro predicó a los de la casa de Cornelio, sus familiares y amigos íntimos, Pedro y sus compañeros estaban asombrados de ver cómo el Espíritu Santo caía sobre ellos del mismo modo que lo había hecho sobre los judíos (10:44). A pesar de su renuencia judaica, Pedro había dado otro paso significativo fuera de los límites estrictos del judaísmo rígido al llevar el mensaje al mundo más amplio.

Pablo reveló que cuando Pedro vino a Antioquía para investigar acerca de la evangelización de los gentiles, Pedro se retrajo de la mesa del compañerismo aparentemente bajo presión por parte de hombres "de Jacobo" (Gál. 2:12).

Lamentablemente, no ha quedado registro de las palabras con que Pedro dio razón de su extraña conducta. A la luz de sus experiencias de ver a personas genuinamente convertidas en Samaria (Hech. 8:14-17, 25), y en vista de que vivía con Simón el curtidor cuyo oficio era impuro (9:43), y siendo que había visto la obra de Dios entre los temerosos de Dios en Jope (10:44-48), es probable que Pedro no haya sido tan veleidoso como muchos han supuesto. Aun cuando fue una decisión incorrecta, él pudo haberse apartado de los gentiles de Galacia porque la evangelización de los judíos en Jerusalén estaba siendo afectada negativamente. Su conducta pudo haber sido más en razón de un genuino interés por los judíos perdidos de Jerusalén que por los efectos negativos sobre los creyentes gentiles en Antioquía.

Ya sea que la sugerencia recién ofrecida resulte válida o no, la descripción que hace Lucas de la actividad de los apóstoles a partir de la ascensión es una de evangelización con determinación y sin temor en la cual se destacaron los aspectos personales. La imagen es una de discípulos haciendo lo que Jesús hacía mientras estaba entre ellos.

Pablo

El modelo de Pablo es de lo más vigoroso. El comenzó a predicar inmediatamente después de su dramática conversión (Hech. 9:20-22). A menudo fue en medio de gran persecusión y, en no pocas ocasiones, con peligro de su vida (9:28, 29; 13:50; 14:5, 6, 19; 16:22-24; 17:5-7, 10, 14; 18:6; 19:25 a 20:1; 21:27-36; 22:22-28, 30).

A partir de la conversión de gentiles en Antioquía, Bernabé trajo a Pablo desde Tarso para liderar en la nueva obra. Allí fue que el Espíritu Santo ordenó que Pablo y Bernabé fueran apartados para labores misioneras. El resto de la vida de Pablo transcurrió estando él ocupado en actividades muy parecidas a las de Jesús. El testificó y predicó, satisfizo necesidades físicas a través de obras milagrosas de exorcismo y sanamiento, alivió la condición de los santos afectados por la pobreza y el hambre, capacitó a obreros, fortaleció a recién convertidos, y plantó iglesias en varias provincias de Asia y Europa.

Como sucede con los otros apóstoles, es necesario hacer alguna suposición acerca de su evangelización personal en muchos de los lugares en que hizo la obra. No obstante, son suposiciones serias, porque en algunas instancias Lucas habló de encuentros personales concretos y cabales. En Pafos, Pablo ganó al procónsul Sergio Paulo (13:7-12). En Filipos, ganó a Lidia y a su familia (16:14, 15) y, más tarde, al carcelero de Filipos y a su familia (16:25-33). Cuando Pablo visitó por última vez a los ancianos de Efeso en Mileto, les recordó que mientras estuvo entre ellos, enseñó y testificó "públicamente y de casa en casa" (20:20, 21). Esto lo hizo "de noche y de día" amonestando "con lágrimas a cada uno" (20:31).

Pablo le testificó al gobernador Félix y a su esposa Drusila (24:24) y al rey Agripa y su hermana Berenice (26:27-29). Más tarde en Roma Pablo estaba en una casa que alquilaba, aunque encadenado a un soldado, y "a todos los que venían los recibía allí, predicando el reino de Dios y enseñando acerca del Señor Jesucristo" (28:30-31). En Filipenses, Pablo mencionó que "toda la guardia pretoriana", y "todos los demás" (1:13, V.H.A.) habían llegado a saber que su prisión era por la causa de Cristo, y finalizó la carta con las palabras: "Todos los santos os saludan, y mayormente los que pertenecen a la casa del César" (4:22). Todos estos pasajes sugieren una abundancia de encuentros personales y también que el testimonio de Pablo era fiel, poderoso, y modelado al estilo del de su Señor quien le precedió.

La Iglesia Primitiva

Como hemos visto, uno de los aspectos más emocionantes de la vida en la iglesia de los primeros tiempos era el testimonio vital de los creyentes comunes. Está absolutamente claro en Hechos como así también por lo que se desprende del capítulo anterior que el pueblo de Dios consideraba el testimonio personal su responsabilidad (8:1-4). La evangelización fue sumamente poderosa dado que los laicos se negaron a dejar esta tarea a los apóstoles y ancianos. Baste aquí decir que la esperanza de la iglesia actual descansa en la movilización, capacitación, y lanzamiento del laicado en este mismo modelo bíblico de testimonio personal.

5

Herramientas, Métodos y Principios

Cada testigo necesita algunas herramientas. Así como los artesanos y los profesionales cuentan con herramientas apropiadas, también las tiene el cristiano que está dispuesto a compartir la fe.

Las herramientas son importantes. A menudo hay ciertos trabajos que por falta de herramientas quedan sin hacer. Se requiere de un bisturí o un escalpelo para practicar una intervención quirúrgica, una jeringa para aplicar una inyección, una llave de caños para aflojar una unión, y un serrucho para cortar una tabla. Si no se cuenta con ellas las tareas se hacen sumamente difíciles o imposibles, en algunos casos, de llevar a cabo. El testigo necesita herramientas específicas. Sin ellas, la tarea de compartir el plan divino de la salvación se haría muy difícil de concretar.

Las siguientes herramientas son sencillas pero eficaces. Un testigo puede emplearlas en forma casi inmediata, y los cristianos frecuentemente se asombran ante su poder.

Hay algunos métodos productivos de compartir la fe y emplear las herramientas. Por otra parte, ciertos principios que se observan en la evangelización que Jesús hizo son aplicables a los testigos en su empleo de las herramientas y métodos. En este capítulo intentaremos poner de relieve algunos de aquellos que son más importantes.

Herramientas

El Testimonio

Un testimonio es un informe de lo que alguien ve o experimenta. Las personas lo presentan a diario en las salas de los tribunales. En lo que al cristiano se refiere, el testimonio de un testigo es un informe verbal o escrito de la propia experiencia de uno. Esto es lo que hizo Juan al escribir su primera carta. El estaba dejando un registro de "lo que era desde el principio, lo que hemos oído, lo que hemos visto con nuestros ojos, lo que contemplamos y palparon nuestras manos tocante al Verbo de vida" (1 Juan 1:1).

El testimonio puede ser una herramienta terrorífica. Los expertos en publicidad han descubierto esto hace ya mucho tiempo. Las emisoras de televisión ponen en pantalla decenas de testimonios todos los días a un costo formidable. Un minuto de publicidad durante las horas de mayor audiencia puede costar sumas astronómicas, pero el poder de penetración que tiene el testimonio justifica el esfuerzo. Las personas cuentan sus experiencias satisfactorias con artículos tales como jabón, productos de belleza, automóviles, ropa interior, alimentos y prácticamente todo aquello que uno pueda usar. Quienes están en el pulso diario de la publicidad saben reconocer y aprovechar una herramienta eficaz.

Roberto Camargo, un cristiano, ejecutivo del área de publicidad expresa que las personas prestan atención a los testimonios por dos razones:

1. Alguien ya ha corrido el riesgo, cualquiera que sea, de

adquirir y usar el producto (aun cuando el riesgo no sea más que el de malgastar el dinero), de modo que sus temores se ven reducidos considerablemente.

2. Lo que es más importante, prestan atención porque un testimonio es mucho más confiable con respecto al valor del producto, que una hábil campaña publicitaria capaz de hacer que un terreno lleno de malezas parezca un criadero de oro.

El testimonio es bíblico. Andrés dio testimonio a su hermano Simón diciendo: "Hemos encontrado al Mesías" (Juan 1:41). Más tarde, "Felipe encontró a Natanael y le dijo: 'Hemos encontrado a aquel de quien Moisés escribió en la Ley, y también los profetas: a Jesús de Nazaret, el hijo de José'" (Juan 1:45). Después de haber tenido un encuentro con Jesús, la mujer samaritana entró a la ciudad diciendo: "¡Venid! ved a un hombre que me ha dicho todo lo que he hecho" (Juan 4:29). Después de eso Juan escribió: "Muchos de los samaritanos de aquella ciudad creyeron en él por la palabra de la mujer que daba testimonio" (Juan 4:39).

En Hechos, Lucas nos dejó registrados tres relatos del testimonio de Pablo. En el capítulo 9 Lucas presentó su propio relato. En el capítulo 22 mostró a Pablo empleándolo como una parte de su defensa al estar frente a una turba judía amenazante. Más tarde, Pablo dio su testimonio apasionadamente ante el rey Agripa (26:2-29). El hecho de que Pablo lo relatara de manera distinta en los capítulos 22 y 26 es prueba de que lo adaptó a su audiencia. Esto también sugiere con mucha fuerza que Pablo lo usaba constantemente. Dado que el apóstol es uno de nuestros mejores modelos para la actividad cristiana, probablemente mejoraría nuestra efectividad el enfatizar el testimonio personal mucho más de lo que lo hacemos.

Existiendo el testimonio, un cristiano recién nacido puede testificar de inmediato. Como sucedió en el caso de la mujer de Sicar, parte de los momentos más eficaces de compartir la experiencia con otros ocurren durante la frescura del entusiasmo que sigue al encuentro salvador.

En una iglesia en la cual hablé recientemente una joven convertida llamó alborozada por teléfono (larga distancia) a su hermano y sus dos hermanas para contarles lo que le había acontecido. Mucho tiempo atrás, en la obra misionera, una mujer joven invitó a cuarenta amigas a su testimonio público del bautismo. ¿Y por qué no habría de ser así? Es más, ¿por qué habría de ser de otro modo?

Un cristiano puede testificar con autoridad. Ningún otro ha tenido exactamente esa experiencia, aunque sí muchos han tenido una parecida. La experiencia de cambio de vida, que tiene su respaldo en las Escrituras, resulta interesante y cautivante cuando es contada con humildad y sinceridad. Los programas populares de charlas con personalidades son nada más y nada menos que una oportunidad para que algunos hablen acerca de lo que les ha acontecido, y su impresión permanece durante años. La gente está interesada en lo que le ha sucedido a otros, en especial cuando tiene efectos transformadores.

Un buen testimonio evangelizador tiene en cuenta por lo menos tres aspectos. Primero, debe existir alguna información respecto de la vida precristiana ¿Cómo era, expresada en términos que hablen de una realidad, antes del encuentro con Cristo? Segundo, es necesario compartir lo que pasó en el momento mismo de la conversión. ¿Cómo se operó el cambio? Y por último, debe existir alguna expresión positiva acerca de la nueva vida. En términos concretos, ¿cuál es la diferencia que la experiencia ha traído aparejada?

El primer aspecto es importante desde el punto de vista de la identidad. Si el oyente tiene algún interés mínimo, puede identificarse con esta vivencia precristiana. Eso ubica al oyente en su situación. Cuanto mejor conozca el testigo a la otra persona, más aspectos que se relacionen adecuadamente a la vida del oyente podrá incluir. Esto, no obstante, siempre debe ser hecho con total honestidad. Dios no bendice lo que no es veraz.

La segunda fase es igualmente importante, en especial si la persona no está muy motivada para escuchar. Aquí el centro de la atención es Cristo y la manera en que él ha operado el perdón y la transformación en respuesta al arrepentimiento y la fe. En último lugar, la diferencia entre la vida anterior y la nueva debe definirse en expresiones concretas y claras. "Antes yo arrastraba una terrible carga de culpabilidad, pero ahora disfruto de aquella paz que Dios prometió" o, "Antes de conocer a Cristo yo no tenía meta ni propósito en la vida, pero ahora sé que Dios me ha dado algo por lo cual vivir."

Este no es un tiempo para emplear el "lenguaje de Sion". Esfuércese por utilizar un lenguaje sencillo y comprensible para con quienes no están familiarizados con la terminología eclesiástica. Escríbalo. Repáselo, púlalo y memorícelo tanto como sea posible a fin de que esté listo para cuando se presente la oportunidad de emplearlo. Conserve la suficiente flexibilidad como para agregar asuntos pertinentes a la situación de la otra persona, o para dejar de lado asuntos que no parezcan relevantes. No memorice las cosas de modo tal que la repetición sea mecánica. Permítase ir reviviendo su experiencia al contarla, y relátela con naturalidad en las palabras que le vengan a la mente. Que sea algo vivo y espontáneo. Asegúrese de que sea honesto y sin exageraciones ni adornos. Dios bendice la verdad. El Espíritu Santo es "el Espíritu de verdad".

Es importante evitar los asuntos ajenos al tema. Muchos testimonios "se van por las ramas" y prestan atención a cosas que nada tienen que ver con su propósito. Póngalo a prueba con algún creyente preparado y pídale sus reacciones. Pídale que sea honesto y acepte usted sus críticas con agrado.

Por lo general es mejor evitar lo espectacular. Aunque hay muchas personas que tienen experiencias espirituales poco comunes que son muy reales en su caso, es más conveniente dejar fuera de un testimonio personal asuntos tales como visiones, sueños y la mayoría de los milagros. No obstante, este podrá no siempre ser el caso. El testigo tendrá que ser muy cuidadoso aquí. Las personas en ningún caso deberán ser inducidas a creer que deben tener una experiencia espectacular. Por lo general es mejor presentar aquel tipo de experiencia con la cual la persona típica o promedio pueda identificarse con facilidad.

También es aconsejable eliminar expresiones como "Dios me habló" o, "Dios dijo esto". Podrá ser causa para que alguien pretenda que Dios hable en una voz audible.

Aquellos que se han convertido siendo niños a menudo sienten que su testimonio carece de aspectos dramáticos. Sin embargo, dado que existe sólo una única manera de convertirse, el testimonio puede enfatizar el arrepentimiento y la fe que caracterizaron la experiencia, quizá sin tintes dramáticos, y que aun niños con la edad y entendimiento suficientes pueden convertirse en creyentes.

Es esta una excelente oportunidad para destacar la sencillez del plan de Dios en tanto que no subestimamos sus demandas. Existe un sentido en el cual todo aquel que quiera ser un cristiano debe ser como un niño en lo que se refiere a confiar y consagrarse. No olvidemos que Jesús dijo: "Si no os volvéis y os hacéis como los niños, jamás entraréis en el reino de los cielos" (Mat. 18:3). El testigo también debiera expresar cuánto esa experiencia ha modelado su vida y gravitado en ella aun cuando haya ocurrido en una edad temprana. D. J.

Kennedy sugiere la utilización del testimonio de otro, como ser el de su pastor.

Será conveniente recordar, sin embargo, que todo aquel que es un cristiano [digámoslo una vez más: un cristiano es un creyente convertido, uno que ha experimentado el nuevo nacimiento] tiene un testimonio. Su utilidad es mayor de lo que muchos podrían creer.

La Escritura Memorizada

Lo mejor es permitir que sea la Biblia quien en sus propias palabras le cuente las buenas nuevas a alguien. Que la Escritura es poderosa no es secreto. Para Jeremías resultó ser "como fuego" en su boca y "como el fuego y como el martillo que despedaza la roca" (Jer. 5:14; 23:29). El escritor de la Epístola a los Hebreos dijo que "es viva y eficaz, y más penetrante que toda espada de dos filos. Penetra hasta partir el alma y el espíritu, las coyunturas y los tuétanos, y discierne los pensamientos y las intenciones del corazón" (4:12). Para Pablo, era una de sus armas espirituales "poderosas en Dios para la destrucción de fortalezas", llevando "cautivo todo pensamiento a la obediencia de Cristo" (2 Cor. 10:4, 5). Es justamente por esa razón que muchas personas no quieren leerla. Es demasiado poderosa y turbadora. Tienen que dejar de leerla. Esto no significa que el evangelio pierde poder cuando lo transmitimos en nuestras propias palabras, pero hay muchos que respetan de un modo especial a la Biblia. Cuando parte de nuestra presentación proviene directamente de la Biblia, hace su aporte a la autoridad que está detrás de nuestro esfuerzo.

Cuanto más tengamos memorizado de las Escrituras, mayores son las posibilidades de contar con exactamente el pasaje que haga falta. Esto también reduce las posibilidades de tener que pasar una situación incómoda buscando un pasaje que quizá no aparezca.

No quiere decir que tengamos que emplear las porciones memorizadas como hacía el legendario vaquero quien vaciaba su pistola ante la menor provocación. Más bien, esos pasajes proveen una fuente de recursos de verdades de la que podemos tomar la palabra adecuada en el momento oportuno. En algunos casos citaremos un pasaje breve. En otras oportunidades transmitiremos la verdad en nuestras propias palabras. Ocasionalmente, haremos que nuestro interlocutor lea el pasaje. De todos modos, conocer el pasaje y su ubicación es fundamental.

Cualquiera puede memorizar a pesar de las excusas y protestas que tan frecuentemente oímos. Es muy raro encontrar a una persona que no conozca su nombre, dirección, número telefónico, número de documento, los canales de televisión de su zona y algunos de sus programas favoritos con sus horarios, y hasta una estrofa o dos de su canción predilecta. Las personas, en efecto, memorizan, y si se pone empeño también es posible mejorar la retención.

La memoria humana tiene una enorme capacidad. Con anterioridad a los días de la imprenta las personas memorizaban lo equivalente a cientos de páginas de material escrito, y la memoria todavía conserva esa capacidad aunque en la mayoría de las personas sólo está latente.

Por otra parte, y esto es importante, lo que se necesita puede memorizarse en tiempo que normalmente se desaprovecha. Existe toda clase de situaciones en las cuales perdemos tiempo esperando o en las cuales podemos hacer dos cosas a la vez. Haciendo cola en el supermercado, aguardando su turno en el consultorio del médico o el odontólogo, esperando a los chicos a la salida de la escuela o a esposos o esposas al salir de su trabajo, o esperando el cambio del semáforo. El afeitarse, lavar los platos, caminar, correr o practicar otro ejercicio corriendo son actividades durante las cuales uno puede memorizar. Escriba porciones de las Escrituras en tarjetas y repáselas en cada momento libre. Es más, cuatro sesiones de cinco minutos resultan muchísimo más productivas que una sesión de veinte minutos.

Alberto Schweitzer tenía el secreto. Cuando alguien le preguntaba cómo había logrado cuatro títulos de doctorados a los treinta años de edad, él respondía: "Aprendí a utilizar los minutos porque nunca tuve horas." Todos aquellos que descubren ese secreto, aun en forma parcial, pueden lograr mucho. Ciertamente pueden memorizar las Escrituras.

Sumado a todo esto, hay bendiciones que vienen aparejadas. Esa memorización hace más que ayudar en la preparación de un testimonio. Poder espiritual llena la vida de la persona. ¿Acaso no rechazó Jesús las tentaciones de Satanás respondiendo con las Escrituras? La Palabra es una defensa contra el poder contaminador del mundo (Sal. 119:9). Es uno de los principales medios de crecimiento espiritual (1 Ped. 2:2), y enriquece abundantemente la enseñanza, el tiempo devocional y la predicación. Algunos de los sermones más destacados surgen de la prolongada meditación en un pasaje memorizado. Por esto la memorización de la Escritura debe constituirse no meramente en una breve ejercitación para testificar con honestidad sino en un hábito permanente el cual continuamente está enriqueciendo la vida.

Folletos y Biblias

Hoy en día está generalizado el uso de libritos o folletos conteniendo una presentación del evangelio. Han sido a la vez en gran manera elogiados y rotundamente rechazados. Numerosas organizaciones paraeclesiásticas han publicado sus versiones como así también lo han hecho algunas agencias denominacionales e iglesias locales. Dado que su uso está muy difundido, se hace necesaria una breve consideración de sus méritos.

Tienen, en efecto, ciertas ventajas. Primero, ayudan a vencer al mayor enemigo: el temor. Una parte de ese temor es el no saber qué decir. Debido a que en cada página del folleto hay una presentación ordenada y de fácil lectura, este obstáculo en gran medida desaparece. Segundo, ya que no hay necesidad de estar preocupado por seguir mentalmente los pasos de una presentación, el testigo puede escuchar con toda su atención a los comentarios y preguntas del inconverso. Tercero, como por lo general estos libritos incluyen dibujos y fotografías además del material escrito, y dado que el mismo generalmente se sostiene de modo tal que el entrevistado pueda visualizarlo, la comunicación se produce simultáneamente a través de los canales tanto auditivos como visuales. En cuarto lugar, los libritos presentan un bosquejo del evangelio; y por último, es algo que queda en manos del creyente potencial para que lo vuelva a leer. Eso siempre es importante.

Aquellos que están convencidos de la efectividad de los libritos sin duda agregarían que miles de personas han sido ganadas a través de su utilización y eso sería cierto.

Estos materiales, sin embargo, no dejan de tener sus desventajas. Hay personas, tanto testigos como entrevistados, que lo ven como un "gancho de vendedor" en una presentación memorizada y mecánica. Si la misma presentación se emplea repetidamente con todo tipo de personas, puede volerse algo mecánico y perder su frescura. Más serio aún es que algunas de estas presentaciones fallan al no destacar debidamente las demandas o expectativas del evangelio. A pesar de contener generalmente alguna referencia al señorío de Cristo, éste está poco explicado; y rara vez uno encuentra en ellos indicación alguna sobre la necesidad de pensar en los costos o los requerimientos de la negación de sí mismo y el llevar la cruz (Lc. 9:23; 14:25-33). En este sentido tales materiales pueden ser en extremo simplistas y hacer que la decisión parezca algo demasiado fácil. Posiblemente el riesgo mayor está en la posibilidad de guiar a las personas a decisiones prematuras o aun en manipularlas. El próximo capítulo explica por qué esto es así, pero digamos aquí que la mayoría de los libritos conducen directamente a una invitación y una oración, en algunas ocasiones sin tener en cuenta la receptividad, la respuesta o la reacción del entrevistado. Existen pruebas suficientes que ponen de manifiesto que no son pocas las falsas conversiones o consagraciones así logradas.

El ajustarse ciegamente a un folleto preparado podrá robarle al testigo la aventura espiritual de depender del Espíritu Santo para las respuestas y énfasis apropiados y, en consecuencia, de una parte de lo más hermoso en la experiencia cristiana. Pocas circunstancias quedan más grabadas en la memoria que aquellas en las cuales uno percibe la guía poderosa del Espíritu en seleccionar y decir justamente la palabra apropiada para llegar a las necesidades específicas y personales de un ser humano perdido.

Un vistazo rápido a los encuentros evangelizadores de Jesús bastará para confirmar que él no tenía un estilo estereotipado de establecer contacto. Se situaba en la posición de las personas y hablaba a sus necesidades a medida que se hacían evidentes. Dado que él es nuestro modelo supremo, diremos más al respecto más adelante.

Sin embargo, puede haber una buena manera de emplear libritos sacando provecho de sus aspectos positivos y evitando al mismo tiempo en todo lo posible sus desventajas. La mayor parte de los laicos que comienzan a testificar necesitan de una cierta estructura en base a la cual comenzar. Dado que la esperanza real de alcanzar a grandes números descansa en los laicos, quizá sea mejor comenzar con herramientas que los ayuden a ponerse en marcha. Si el folleto puede emplearse como una guía adaptable en base a la cual se presenta el mensaje en tanto que, al mismo tiempo, se está atento a las necesidades propias de la persona entrevistada, puede ser un medio útil para animar a siervos indecisos a comenzar su tarea. Sin embargo, no hay que omitir las demandas del evangelio, y los testigos deben asegurarse de que los creyentes potenciales entiendan lo suficiente como para tomar una decisión válida. El capítulo 6 hará su aporte a nuestra comprensión del asunto.

Estas herramientas proporcionan ayuda valiosa a los que se inician, aunque la guía adaptable, reuniendo algunas condiciones, puede seguir siendo utilizada como un compendio del mensaje de salvación.

El presentar a Cristo directamente del Nuevo Testamento, a la luz de las necesidades que se van descubriendo, es quizá el camino más excelente. El respeto que muchos tienen por la Biblia es una ventaja que no tienen otros materiales. Es el mejor regalo para dejar cuando uno se retira. Se pueden señalar ciertos pasajes apropiados sin que exista la sugerencia de una presentación estereotipada. Si esos pasajes necesitaran más tiempo de meditación y una mayor comprensión, hay Nuevos Testamentos en rústica cuyo costo accesible hace que las iglesias puedan usarlos dejándolos como un regalo.

Ilustraciones

Las buenas ilustraciones apelan poderosamente porque son interesantes. La gente escuchará. Jesús, el gran enseñador, fue el maestro de la ilustración, y sus discursos están llenos de ellas. Jesús utilizó al sembrador, la red de pesca, un grano de trigo, la maleza, niños, levadura, ovejas, perlas, tesoros escondidos, y muchas otras cosas para hacer comprensibles sus enseñanzas. El era un maestro en el arte de relacionar lo conocido con lo desconocido. La gente estaba pendiente de sus palabras. Le entendían. El podía tomar ideas abstractas como amor, esperanza y fe y relacionarlas con los acontecimientos diarios.

Es necesario que cada testigo cuente con un arsenal de ilustraciones sencillas que ayuden a las personas a entender el significado de la fe. Si uno puede rescatarlas de la experiencia personal, tanto más eficaces pueden ser, y menor es el riesgo de que el entrevistado las haya oído antes. Es posible tomar de otras fuentes, pero una o dos de carácter personal probablemente sean las más eficaces.

Las que siguen son dos que provienen de mi propia experiencia, y pueden servir de ejemplo. La primera ayuda a mostrar lo que es la fe salvadora. La segunda muestra cómo el ejercicio de la fe es una cuestión diaria para todos y que la misma clase de confianza debe ser dirigida a Dios a través de Cristo. Están escritas así como uno podría utilizarlas en un encuentro de testimonio.

Yo era un jovencito en el tiempo de la gran depresión de mi país. Aunque mi padre conservó su empleo, había semanas en las cuales su fábrica solamente trabajaba tres o cuatro días por semana. Nuestros vecinos estaban prácticamente todos en la misma situación, y algunos eran menos afortunados. Todos los jovencitos que vivíamos en la misma calle jugábamos al béisbol, y nuestro equipamiento era bastante rudimentario. Nuestro bate era una tabla sacada de un antiguo cobertizo en el fondo de nuestra propiedad. Le habíamos dado forma rebajándola con un cuchillo, pero estaba descompensada y no golpeaba bien. Nuestras pelotas no eran mejores. Todos habíamos pedido a nuestros padres que nos compraran un bate, pero, por causa de la depresión, ninguno lo había podido comprar.

Cierto día, se produjo una seria rotura de máquinas en la fábrica donde estaba empleado mi padre. Trabajó siete días seguidos. Eso significaba horas extras y un cheque más grande. Una noche, cerca del final de esa semana, renové mi pedido de un bate. Mi padre respondió: "Bien, yo sé cuánto ustedes han querido tener un bate. Les compraré uno el sábado cuando reciba mi salario." Salí corriendo a la calle y llamé a todos y les anuncié: "¡Tenemos un bate!" Todos gritaron y saltaron de alegría. Entonces preguntaron: "¿Y dónde está?" Les dije: "No lo tendremos hasta el sábado por la noche, pero mi padre dijo que me compraría uno." Vivimos el resto de la semana en feliz expectativa y hablamos de nuestro bate todos los días hasta el sábado cuando mi padre volvió a casa con él.

Experimentamos aquella euforia porque le tomamos la palabra a mi padre. Concretamente creímos que él nos daría el bate prometido. Esta es una ilustración adecuada de lo que es la fe. Es tomarle la palabra al Padre y creer en sus promesas basadas en la obra de su Hijo.

Por supuesto, toda ilustración tiene imperfecciones y nunca alcanza a representar totalmente las verdades divinas. En este caso, una vez que la fe está puesta en Cristo hay un pago al contado, una garantía, que llega al creyente en la persona del Espíritu Santo quien pasa a establecer su residencia dentro de uno (Ef. 1:12-14; Rom. 8:16). Mi ilustración no representó esto, pero sí ilustra lo que es la fe.

Cuando mi esposa y yo estábamos sirviendo como misioneros en un país subdesarrollado, hicimos un viaje desde la sede de nuestra escuela de idioma para conocer la ciudad y la institución en la cual habríamos de prestar servicio. Era nuestra primera salida distante en automóvil en ese país, y apenas comenzábamos a manejar con cierta fluidez el idioma. Para nuestra sorpresa llegamos a un puente que atravesaba un río importante y que obviamente estaba limitado a sólo un sentido de circulación. Un gran letrero con señales de advertencia había sido colocado en lugar bien visible. A medida que lo leíamos apenas podíamos creer a nuestra traducción. El texto decía: "¡Estamos muy preocupados por este puente!" Realmente no sabía qué hacer. No recuerdo haber cruzado nunca un puente en el cual el departamento de vialidad no confiara. Afortunadamente, mientras cavilábamos, un camión cargado se adelantó y cruzó con toda normalidad, lo que nos animó a seguirlo en nuestro pequeño automóvil.

Allí me di cuenta por primera vez cuánta fe yo había estado depositando en los departamentos de vialidad en todo el mundo. ¿Cuántos puentes había cruzado en mis años de chofer, confiando totalmente en los arquitectos, ingenieros y contratistas responsables de las estructuras? Luego pensé en todas las otras áreas de la vida en las que también ejercito la fe. Cuando compro un alimento enlatado estoy confiando en la experiencia de los envasadores que lo han preparado. Donde hay agua corriente cada vez que lleno un vaso en la canilla confío en que los responsables de purificar el agua hayan cumplido con su función. Cuando recibo una inyección estoy ejercitando fe en las capacidades de muchos en el área de la medicina. Habiendo vivido en varios edificios altos me sorprendo ante la medida de fe depositada en las empresas que instalan y efectúan el mantenimiento de ascensores. Lo que quiero destacar es que ejercitamos la fe de muchas maneras todos los días.

Constantemente estamos depositando nuestra confianza en el trabajo de otros. La fe salvadora es la confianza depositada en Jesús y en su obra consumada en el Calvario. En vista de que no podemos salvarnos a nosotros mismos de nuestra humana condición de caídos confiamos en él para ser salvados. Esa es la fe salvadora.

Las ilustraciones sirven para hacer comprensible a un término abstracto como fe. La mejor manera de entender estos términos es verlo encarnado. Así se hacen comprensibles y pueden razonarse. Prácticamente todos han tenido alguna experiencia que pueda ilustrar algunos aspectos de la experiencia de salvación. Esto puede aprovecharse a fin de facilitar la comprensión.

Una buena idea es tener una libreta en la cual conservar buen material. Aparecen buenas ilustraciones en libros cristianos, sermones, periódicos y la experiencia diaria. Consérvelas y úselas antes de que las pierda.

Preguntas Apropiadas

Un asunto difícil para muchos testigos es el de cambiar la conversación de los intereses diarios a los temas espirituales. No son pocos los cristianos decepcionados que expresan: "Simplemente no podía entrar en el terreno espiritual." Aun si el encuentro se lleva a cabo dentro del marco de la visitación organizada de la congregación, aquella tarde cuando las personas dan por sentado que el tema será la iglesia, podrá ser que el visitante no logre avanzar más allá de "les extrañamos en la escuela dominical y en los cultos. Esperamos verlos el próximo domingo".

No hay dos situaciones que sean iguales, y no hay recopilación de posibles preguntas que ofrezcan la alternativa de establecer el contacto en todas las circunstancias. En caso de que las hubiere y si uno sabe qué preguntar, podrían ser sumamente útiles.

Algunos podrán considerar que las preguntas preparadas son otra versión de una forma estereotipada de encarar la conversación y un posible obstáculo para la obra del Espíritu Santo. Una vez más, no obstante, y teniendo experiencia por haber trabajado con laicos, considero que algunas preguntas previamente pensadas constituyen una ayuda indispensable al comienzo. Cuando una persona se pone práctica podrá prescindir de ellas, pero no olvidemos lo difícil que es para muchos el comenzar. La mayoría de los laicos necesitan cierta estructura para lanzarse a la tarea.

Será importante evitar las preguntas que puedan responderse con un sí o no a menos que la misma sirva para abrir camino a una nueva pregunta cuya respuesta ahora sí requiera cierta explicación. Por ejemplo: "¿Ha tenido usted un encuentro personal con Cristo?" Si la respuesta es sí, puede seguir con "¿Cómo fue esa experiencia? ¿Qué sucedió?" Si la respuesta fuera no, uno puede preguntar: "¿Me permite compartirle mi experiencia?" Si no hay preguntas lógicas de seguimiento que conduzcan a establecer diálogo, uno puede terminar en una situación embarazosa sin saber qué decir. Cuidado con formular una pregunta y no estar totalmente atento a la respuesta del entrevistado.

Las preguntas que expresan interés por saber lo que una persona siente con respecto a algo son mejores que aquellas que se interesan por hechos o datos. Este último tipo de pregunta puede dejar a la otra persona en una situación incómoda por no contar con la información; pero todos tienen sentimientos. Preguntas que comienzan con "¿Qué siente con respecto a..., Qué opina de..., o Por qué cree usted que...?" se considera que producen los mejores resultados.

Las dos preguntas más ampliamente utilizadas hoy en día son: "En su experiencia espiritual, ¿ha llegado usted al punto de estar seguro de tener vida eterna?" "Si usted llegara a morir hoy y Dios le preguntara en base a qué debe permitirle la entrada al cielo, ¿qué le respondería?"

G. Edwards sugiere varias preguntas de transición en su libro "How to Have a Soul Winning Church". Su pregunta: "Desde que se mudó aquí, ¿le han dado usted y su esposa algún pensamiento a las cosas espirituales?", es menos abrupta que las dos anteriores. La pregunta podrá variar para ajustarse al caso particular de la persona o personas que se entrevistan. Aun cuando esta pregunta puede responderse con sí o no, tiene valor en que menciona las cosas espirituales. El tema ya ha sido tocado y está abierto. Por supuesto, el testigo habrá descubierto a través de la conversación casual que la persona se radicó allí en el transcurso del último año o par de años, etc.

La pregunta: "Frente a lo que está sucediendo en nuestro medio actualmente, ¿cuál, cree usted, es nuestra mayor necesidad espiritual?", puede seguir a la anterior o ser una pregunta aislada. La mayoría de las personas están en buena medida preocupadas acerca del deterioro general que se observa en la situación moral, no importa cuánto puedan estar contribuyendo a él. Frecuentemente las vemos alarmadas frente a lo que otros están haciendo y probablemente tengan su opinión al respecto, que es justamente aquello que se les ha preguntado. Es de esperar que el testigo pueda encontrar coincidencia con algún aspecto de la respuesta y orientar el tema hacia lo bíblico.

"Según su opinión, ¿qué se necesita para que una persona pueda considerarse a sí misma cristiana?", es otra buena pregunta. Esto revelará si la persona es cristiana o no. Una vez más, si es posible, encuentre coincidencia con algo en la respuesta y pase a compartir el evangelio.

Otra forma de establecer el contacto puede ser: "En los últimos años han sido varias las personalidades destacadas que han declarado públicamente haber nacido de nuevo por la fe en Cristo." Puede hacerse mención de uno o dos casos, y luego preguntarle a la persona si es que él o ella ha tenido esa experiencia. Ante un sí, pídale que la comparta con usted. Ante un no, pídale que le permita a usted compartir la suya y mostrarle en las Escrituras cómo eso puede acontecerle a cualquiera.

Recientemente, un estudiante en la clase que yo enseñaba del seminario compartió la pregunta que él usa: "En una escala de uno a diez, ¿en qué lugar se ubicaría usted desde el punto de vista de una vida plenamente realizada y feliz?" No importa cuál sea la respuesta, él usa Colosenses 2:9 para mostrar que la verdadera realización, plenitud, o completamiento en la vida se encuentra en Cristo y cita luego el tan conocido aforismo: "En cada vida hay un vacío que tiene la forma de Dios y que solamente Cristo puede llenar."

Lo más importante en estas preguntas es ayudar a las personas a involucrarse en una conversación espiritual. Cualquiera puede idear otras, atendiendo a los lineamientos dados. El practicar un poco su manejo puede ser una enorme ayuda. También es posible que no se necesite de ellas. Los temas espirituales surgen en forma natural. No obstante, será útil tenerlas en mente, por si acaso fueran útiles.

Métodos y Principios

Jesús y la Evangelización Personal

Resulta imposible asociar a Jesús con un único modelo estereotipado. Jesús abordó los problemas o necesidades de cada persona individualmente y en ningún caso trató a dos personas de idéntica manera.

En cierto sentido podríamos decir que Jesús era un método. La encarnación fue el medio que Dios tenía para traer al mundo las buenas nuevas, y Jesús fue el cumplimiento del propósito del Padre. Hace muchos años E. M. Bounds dijo que "[los] hombres son los métodos de Dios", y esa aseveración encierra mucha verdad. No obstante, en el mundo actual son necesarios tanto los métodos como las personas, pero las personas siempre son más importantes que los métodos.

Es importante observar ciertas pautas y principios en la evangelización llevada a cabo por Jesús. Su evangelización tiene ciertas características que la distinguen y que son dignas de ser contempladas meticulosamente. El es el evangelizador sin par. Es el maestro por excelencia. En tanto que nuestras limitaciones humanas nos impiden hacer mucho de lo que Jesús hizo, él modeló, no obstante, un estilo y un espíritu que tiene mucho que enseñarnos. Muchos de esos principios se consideran en otras partes dentro de este libro. Sin embargo, el ejemplo de Jesús es tan importante, que es apropiado el hacer aquí una breve mención de los rasgos más salientes de su evangelización.

Primero: era reverente y respetuoso para con las personas. La actitud de Jesús estaba en franco contraste con la de los líderes religiosos de su tiempo quienes daban tanta importancia a las formas y a la pureza ceremonial. La mujer adúltera en Juan 8, a quien otros acusaban, fue tratada por Jesús con profundo respeto. Su delicadeza y bondad para con personas así estaba más allá de la comprensión de sus farisaicos adversarios.

Segundo: era compasivo y a la vez hacía propios el dolor y las necesidades ajenos. Quizá el encuentro con el leproso sea el que mejor demuestra estas cualidades. "Movido a compasión, extendió la mano, [y] le tocó..." (Mar. 1:41). Jesús tocó a los "no tocables" e incluyó a los excluidos.

Tercero: se sacrificaba a sí mismo. Lo más santo y puro que existe viene a lo más sucio, ruin y miserable que pueda concebirse. Se brindó a la gente; a tal extremo que, más de una vez, él no tuvo tiempo para comer (Mar. 6:31). En otras ocasiones el trabajo era tan gratificante que ni siquiera tenía deseos de comer (Juan 4:32). El que venía del cielo se hizo humilde hasta compartir con los seres humanos el menoscabo, sudor, pobreza, injusticia, frustración, dolor y muerte de ellos en su esfuerzo por redimir a la humanidad.

Cuarto: fomentó el diálogo. Además de hablar escuchaba. Era un maestro en el arte de formular preguntas, hacer que otros se expresen libremente, captar las intenciones ocultas tras ciertas palabras, y llegar a la raíz de las cosas. En lo que se refiere a establecer una comunicación recíproca no tenía igual.

Quinto: era exigente y retador. Jesús no ofreció caminos

fáciles. El advirtió sobre el costo del discipulado. Reclamó decisiones. "¡Sígueme!" (Mat. 9:9); "Anda, vende todo lo que tienes y dalo a los pobres" (Mar. 10:21); "Os es necesario nacer de nuevo" (Juan 3:7); "Entrad por la puerta estrecha" (Mat. 7:13), eran todas demandas características de su ministerio.

Sexto: Era espontáneo y oportuno. Su evangelización estaba caracterizada por una especie de "dondequiera y cuando sea". Cualquier lugar y cualquier momento eran apropiados para satisfacer las necesidades humanas, incluidas las casas de los publicanos y los días sábados.

Séptimo: Se interesaba por la persona total. Hacía propia toda preocupación de los seres humanos. Prestó atención a las mentes enfermas como así también a los cuerpos afligidos. Se preocupaba por esta vida como así también por la venidera.

Octavo: era personal y vulnerable. Anduvo entre las multitudes y se juntaba con ellas. Como resultado conversó con toda clase de personas. El estaba allí en medio del gentío. Manos le tocaron y tironearon y codos le golpearon incesantemente. Al final el ridículo, el escarnio, los azotes, golpes, espinas y clavos dieron prueba de este exponerse generosa y desinteresadamente.

Por último: Oraba. Jesús puso constantemente de manifiesto su dependencia del Espíritu Santo y su relación vital con el Padre. Su ministerio se inició en oración, oró en su bautismo; y sus últimas palabras fueron una oración elevada al Padre, desde la cruz.

Jesús no sólo modeló estos principios, sino que en su ejemplo puede hallarse justificación para la mayoría de los métodos que hoy en día se emplean. Lo que sigue es una breve discusión de los medios de evangelización personal más fructíferos en la actualidad.

Presentación Inductiva y Deductiva

Lo más aproximado a un método en la evangelización llevada a cabo por Jesús era lo que George G. Hunter denomina el modelo inductivo. Es una presentación que va de lo particular a lo general. En el proceso de relacionarse con un interesado sale a la luz una necesidad como ser, por ejemplo, falta de paz o de realización. El testigo muestra la relevancia del evangelio para esa necesidad en particular. Si el problema que salió a la luz es falta de paz, el testigo puede remitirse a la gran promesa de Jesús acerca de "la paz de Dios, que sobrepasa todo entendimiento" (Fil. 4:7). El paso siguiente sería mostrar que solamente Cristo es la fuente de esto, y que para disfrutarla uno debe conocerle a él a través de la fe personal.

El testigo podrá, si es que se hace evidente el liderazgo del Espíritu Santo en esto, pasar a mostrar de qué manera Cristo satisface las necesidades fundamentales que se relacionan con la enajenación humana y con la redención. Quizá sea necesaria mucha explicación del evangelio antes de que el creyente potencial tenga el conocimiento suficiente como para tomar una decisión válida y aceptar a Cristo como Salvador y Señor.

Este método es muy parecido al que se conoce como "Evangelización a Través de la Amistad", ya que implica pasar tiempo con la persona y edificar una relación dinámica de credibilidad y confianza en la cual toda necesidad halle una vía de expresión.

La presentación deductiva es aquella que se ha hecho popular a través de numerosos programas de capacitación aún utilizados. Va de lo general a lo particular. El librito ya comentado, el cual ofrece a todos por igual un resumen del evangelio e invita al interesado a orar y aceptar a Cristo es la expresión cabal de esta forma de presentación. Tanto Hunter, quien acuña el término, como Aldrich quien también lo emplea, creen que el método inductivo es más práctico y utilizable en la actualidad ante lo extendidos que están el secularismo y el pluralismo. Muchos otros escritores actuales coinciden en esto y algunos son un tanto negativos para con todo lo que tenga visos de "presentación envasada".

Coincido en que el método inductivo es el mejor, y es un objetivo al cual deben apuntar los testigos. En el próximo capítulo señalaremos otras limitaciones de la presentación deductiva. A pesar de todo, esta última no carece totalmente de valor. Como mencionáramos antes, puede resultar de ayuda cuando se la emplea como una guía flexible y no como un medio de proclamación.

Pertenezco a una denominación cuyo programa de evangelización es en esencia deductivo. Muchas iglesias, las que están enseñando este método a sus laicos, están experimentando resultados notables, de manera especial en áreas en las cuales el evangelio es más conocido. A mi juicio, donde la actitud y el espíritu del testigo es verdaderamente cristiano, y donde él o ella tienen la precaución de asegurarse que el creyente potencial entienda el evangelio, Dios puede usar prácticamente cualquier método. Esto, por supuesto, no significa que algunos métodos no sean superiores a otros o que no debamos apuntar al mejor de los medios.

La presentación deductiva, aun siendo inferior a la inductiva, reconoce las limitaciones humanas y posibilita a creyentes nuevos y a personas con dificultades para comunicarse, compartir su fe de manera eficaz. El crecimiento y la experiencia los llevarán hacia una presentación más inductiva.

Aprovechando la Red de Relaciones

En 1979 Win Arn publicó los resultados de una encuesta que abarcó a 800 personas, destinada a revelar la razón por la cual las personas se unieron a la iglesia de la que eran miembros. Encontró que la abrumadora mayoría (70-90%) lo hizo en base a la influencia de un amigo o familiar que ya estaba en esa congregación. Desde entonces muchos han trabajado a partir de este descubrimiento y han enfatizado la importancia de la evangelización entre los amigos, familiares y aquellos con quienes se mantiene una relación secundaria. Este énfasis se identifica ahora con diferentes nombres, pero he tomado prestada la denominación de Miles: *evangelización a través de la red de relaciones*, la cual a su vez él adjudica a Donald McGavran. El doctor Oscar Thompson presentó este método en su libro "Círculos Concéntricos" (CBP 13840).

Toda persona tiene relaciones de familia, con amigos personales y con otras personas con quienes mantiene contacto en el empleo, la escuela, clubes y otras organizaciones y grupos. En la actualidad son estas las personas que con más naturalidad se espera que reciban nuestro testimonio. Tom Wolff presenta excelentes argumentos para afirmar que este es un método bíblico. Es este un descubrimiento importante que normalmente debería ser enfatizado en la enseñanza de la evangelización.

Estas relaciones ofrecen claras ventajas. Superan la dificultad de recibir un mensaje de parte de un extraño, lo cual se discute en otra parte de este libro. Proveen puentes de amistad a través de los cuales el mensaje pueda llegar y ofrecer una presencia cristiana que es del todo fundamental para una evangelización vital. Este es el punto donde todo testimonio debe comenzar. El campo más fructífero para la evangelización que tiene la iglesia está aquí. Por otra parte, la evangelización a través de la red de relaciones tiene algunas limitaciones y de ninguna manera habrá de salvar a todas la personas que necesitan ser ganadas. En nuestra sociedad secular hay muchas personas no salvadas que tampoco tienen a ningún cristiano testificador en su red de relación. Es más, si es que tienen cristianos en su red, quizá éstos sean de aquella clase que ejerce una influencia negativa en lugar de una positiva. En tanto que reconocemos lo poderoso que es este método y lo urgente que es su utilización, es necesario emplear también otros métodos si es que somos sinceros en nuestro esfuerzo por alcanzar a todos los que están perdidos.

Testificando a Través de Ministerios

La implementación de ministerios es un medio sumamente importante de abrir puertas para la evangelización personal. Claramente estaban amalgamados y entremezclados con la evangelización de Jesús. Por cierto las posibilidades son muy amplias, y aquellos ministerios asumidos debieran estar relacionados directamente con las necesidades que se han descubierto. Un servicio de guardería, clases de alfabetización, tutoría (según lo permitan las leyes del país o Estado), bolsas de trabajo, asistencia médica, consejería pastoral, distribución de alimentos, ropero y servicio de intérpretes, pueden ser algunos ejemplos.

Estos ministerios/servicios son más que una ayuda para llevar a cabo la evangelización. Son ya de por sí la respuesta de un buen vecino (Luc. 10:29-37) y la obediencia al gran mandamiento (Lev. 19:18). Si se llevan a cabo en un espíritu como el de Cristo, ellos manifiestan el amor y la preocupación de Dios y predican sin palabras. Establecen una credibilidad que es necesaria y tienden el puente de amistad a través del cual puede llegar el compartir la fe de manera natural.

En un contexto urbano, secular/pluralista, los ministerios son un aspecto necesario y significativo de la estrategia evangelizadora. El evangelizador personal no puede darse el lujo de pasar por alto su impacto positivo y su función decisiva.

Utilizando a los Pequeños Grupos

Uno de los métodos más fructíferos que se aplican a la evangelización personal es el de los pequeños grupos. Las iglesias que capacitan a líderes en este método están frecuentemente experimentando resultados asombrosos. El explosivo movimiento actual en Corea tiene mucho que ver con la eficacia de los pequeños grupos.

No hay nada nuevo en esto de los pequeños grupos. William Bangham, en su libro tocante a la experiencia de la organización en grupos presenta el antecendente de los hebreos durante el exilio. Uno se formó alrededor de Jesús. Muchas de las congregaciones cristianas de los primeros tiempos eran iglesias caseras organizadas en grupos pequeños, en algunos casos reuniéndose secretamente a fin de evitar la persecución.

Los grupos disidentes los emplearon durante la Edad Media, y era un método que hicieron propio los pietistas después de la Reforma. Uno de los que más eficazmente usó a los pequeños grupos fue Juan Wesley al organizar a la gente en clases semanales. Fue principalmente a través de ese medio que miles se convirtieron; y a su movilización se le reconoce haber influenciado grandemente el ambiente moral y, en última instancia, la historia de Inglaterra.

En nuestro tiempo se ha redescubierto a los pequeños grupos. Bangham observa que hay dos factores principales responsables por su importancia y aplicabilidad: la pérdida del sentido de comunidad en nuestra sociedad cuyos integrantes están en continuo traslado y la consecuente soledad y desarraigo de tantos. No todos los pequeños grupos son de carácter evangelizador. Un pequeño grupo que tiene un propósito evangelizador tiene características distintivas. La abundante experiencia en este campo ha dado como resultado principios y pautas de suma utilidad, y todo aquel que desee usar este método hará bien en tomarse tiempo para estudiar antes. Esto podrá evitar más de un error y tropiezo. Aldrich sugiere que los únicos creyentes que tienen razón para estar en un estudio bíblico casero, aparte de los líderes, son aquellos que traen a inconversos. La conversación, sostiene Aldrich, debe estar dominada por los no creyentes y debe prevalecer un clima de calidez que conduzca a la libre expresión y en donde cada uno se sienta aceptado.

Toda evangelización personal se lleva a cabo mejor en una manera serena, apaciguada, durante el diálogo informal que sigue al tiempo de estudio bíblico o en el transcurso del momento de refrigerio. Será la respuesta a las preguntas formuladas. Puede consistir en un simple testimonio. Debe tomarse suma precaución de no espantar a los no salvos que vienen a estudiar y comentar las Escrituras. Ellos necesitan un tiempo para que el estudio de la Biblia les hable y que el Espíritu Santo traiga convicción de pecado. El evangelizador personal debe tener una sensibilidad sumamente delicada en este momento. Por otra parte, si es claro que una persona tiene el deseo de aceptar a Cristo, es el momento de ayudarle.

He intentado discutir brevemente los principales métodos y presentaciones que se utilizan en la evangelización personal hoy. Existen muchos otros. Los métodos cambian constantemente pero el corazón del mensaje permanece invariable. Hay una permanente necesidad de inventiva e innovación para descubrir métodos mejores y más eficaces. Esto es especialmente cierto en vista de la tarea de evangelizar los grandes centros urbanos.

6

El Camino Que
Conduce a la Vida
Cristiana Responsable

Al poco tiempo de haberme consagrado al ministerio de predicación tuve la oportunidad de predicar en una iglesia de un pueblo pequeño durante algunos domingos. Estaba deseoso de compartir mi fe y llevar a cabo algunas visitas en la comunidad. Uno de esos fines de semana un amigo, creyente fervoroso y varios años mayor que yo, me acompañó al campo de labor. El estaba aun más deseoso que yo de hacer visitas. Era un "diplomado" de la escuela del "no se rinda", y se consideraba a sí mismo un testigo experimentado.

Cuando supo que el marido de una joven esposa granjera era inconverso se propuso firmemente ir a ganarlo ese mismo día. Lo encontramos en el granero ocupado en sus quehaceres. Nos presentamos, pero obviamente no le causó gracia nuestra presencia. Mi amigo tomó de inmediato el control de nuestra misión y se lanzó a una presentación estereotipada del evangelio. A pesar de las respuestas negativas del granjero y de las múltiples señales indicando que apenas si nos estaba tolerando, mi amigo presionó y lo acorraló hasta lograr que el hombre inclinara su cabeza para orar. Después de eso, si mi memoria no me falla, mi amigo logró de él un apretón de manos en señal de su estar de acuerdo en recibir a Cristo. Le saludamos efusivamente felicitándolo gozosos y, habiéndole recomendado y animado a venir al templo y a formar parte de la iglesia a través del bautismo, seguimos nuestro camino.

Yo me sentía molesto y lo manifestaba. Mi amigo lo percibió y me dijo: "Ahora simplemente déjaselo al Señor. Es muy probable que en este instante esté allí en su granero de rodillas suplicando la misericordia de Dios." Cuando ahora miro la experiencia a treinta años de distancia, creo que sí, quizá estaba de rodillas, ¡pero buscando una buena piedra para tirarnos!

Jamás vino al templo. La congregación invitó a un pastor para hacerse cargo de la obra, pero yo continué interesándome por saber algo de él. Los informes eran siempre desalentadores. Tuve la sensación de que mi amigo y yo lo habíamos perjudicado. No obstante, ninguno de los dos lo había hecho en forma intencional. Mi compañero testificador de ese día había obrado como un cristiano absolutamente sincero. No habíamos hecho otra cosa que aquello que creíamos era nuestro deber hacer, aun cuando hayamos sido demasiado intrépidos.

Una de las reglas más importantes en la escuela de medicina es "no hagas daño". El tratamiento que prescribe un doctor nunca debe dejar al paciente en peor estado del que lo encontró. Tampoco debe el ministerio de un testigo cristiano servir para crear nuevos muros entre el creyente potencial y Dios.

Este capítulo podrá parecerles a algunos un tanto negativo

con respecto a la evangelización. Es importante, sin embargo, leerlo completo, porque mi intención es ser totalmente positivo con respecto a la evangelización responsable.

No dejo de reconocer que al mismo tiempo que sucedía el incidente recién descrito, otros estaban siendo ganados por métodos en cierto modo parecidos. Es innegable que un Dios que es todo gracia y amor prevalece por sobre nuestros disparates bien intencionados. Delos Miles cuenta de un visitante demasiado ansioso quien estaba tan decidido a entrevistarse con un "candidato" que entró intempestivamente al baño de este buen señor y le testificó aunque se estaba bañando. A pesar de tal agresiva desfachatez, con el tiempo el hombre se convirtió y se unió a la iglesia. Pero no tenemos que obligar a Dios a intervenir corrigiendo acciones tan carentes de sensibilidad.

Errores Generalizados

Suposiciones Falsas

Ya hemos visto que aunque la conversión en efecto comprende un momento de decisión, la mayoría de las personas sufren un proceso preparatorio que conduce al mismo. Es sumamente importante que los testigos entiendan bien la naturaleza de ese proceso.

Algunos programas de evangelización personal y estilos de testimonios empleados asiduamente en otros tiempos, y algunos actualmente en uso, se basan en suposiciones falsas acerca de los no salvados. Una falsa suposición es que los inconversos están anhelando oír el evangelio. Bien podríamos llamarle a esto "el mito del irreligioso expectante". Se ha predicado mucho acerca de que nuestro vecino está esperando el momento en que nosotros le compartamos el evangelio o que en los campos misioneros los perdidos estaban en ansiosa espera de la llegada de un misionero.

Hay un sentido, por supuesto, en el cual esto es cierto, pero aun cuando las excepciones existen, la gran mayoría no tiene conciencia alguna de estar a la espera, ya sea en nuestra tierra o en otros países. Muchos están satisfechos como están. No hay duda de que la gente puede ser ganada para el Señor, pero por lo general requiere de mucha oración e intenso trabajo. El desmedido énfasis en la conversión repentina ha disimulado el hecho de que la mayoría de las personas atraviesan un proceso de concientización progresiva que conduce a la decisión. En tanto que algunas personas podrán atravesar el proceso muy rápidamente, un testigo no debe adelantársele al Espíritu Santo.

Otra suposición errónea mucho más seria es la de que cualquiera a quien le testificamos está listo para ser persuadido para que acepte a Cristo. Esto supone que ya tiene suficiente entendimiento del evangelio como para tomar una decisión transformadora de la vida que sea válida. En tanto que algunos están listos o casi listos para la decisión, muchos no lo están. Las persuaciones prematuras tienen la facultad de erigir nuevas barreras entre el cristiano potencial y Dios.

Lo que es necesario entender es que la decisión de convertirse siempre se basa en cierto entendimiento congnoscitivo. En tanto que la exactitud del entendimiento mínimo para la conversión cristiana es imposible de determinar hay, no obstante, un entendimiento sin el cual una conversión válida no puede producirse.

El entendimiento intelectual no es todo lo que se requiere. Está por sobre todo la obra capital del Espíritu Santo convenciendo del pecado y llevando a la persona al punto de la dedicación de su vida. El evangelio es, no obstante, el fundamento real de nuestra fe.

Materiales Inadecuados

Haciendo más grave aun el problema de las falsas suposiciones está el hecho de que, como observa James Engel, gran parte del material que se provee a las personas para utilizar está basado en esas mismas falsas suposiciones. La mayoría de los libritos y folletos usados hoy en día dan por sentado que el inconverso tiene ya el suficiente entendimiento del evangelio como para salvarse o que puede entender lo suficiente a través de una breve presentación o repaso. Algunos, claro está, sí tienen conocimiento suficiente y están listos para creer. Muchos, sin embargo, están lejos de estar preparados para tomar una decisión al cabo de una rápida lectura y explicación de un folleto.

El encaminarse hacia una decisión encierra cambios en las creencias o presuposiciones que sustenta un no cristiano. Para que esto ocurra la persona debe experimentar un sentido de necesidad y desear cambiar. Engel acertadamente afirma que el crear conciencia de necesidad en las vidas de personas que dicen estar satisfechas así como están es el primer y gran desafío para los esfuerzos evangelizadores en el día de hoy. Ese será un tema importante en el próximo capítulo.

Métodos Abreviados

Un elemento que se agrega al problema es que como el mundo se ha secularizado cada vez más, hemos abreviado notablemente nuestros métodos de tratar con las personas interesadas. Samuel Southard ha documentado este cambio en su estudio de la evangelización realizado desde el punto de vista de la atención pastoral. En su preocupación por lograr una mejor conservación de los convertidos descalifica las "actitudes manipuladoras y las técnicas de algunos evangelistas" y la "coacción de los niños". Observa el citado autor que "los exámenes previos al bautismo realizados por toda la congregación en las iglesias más conservadoras y el mes de penitencia entre los puritanos han sido reemplazados por un sondeo de diez minutos por parte del pastor". Y pregunta: "¿Cómo puede el llegar a ser miembro de una iglesia tener importancia alguna cuando el pasar al frente en un culto es el único requisito visible para confirmar la conversión?"

Southard señala que cuando la evangelización "instantánea" hizo su aparición en las reuniones de campamentos allá por el año 1800, aquellos que respondían al llamado a tomar una decisión no eran inmediatamente considerados salvados. Su respuesta se tomaba solamente como un paso, aunque sí importante, y la práctica común era examinarlos cuidadosamente de manera individual. Algunos grupos como los metodistas los incorporaban a clases preparatorias previas a ser miembros de las iglesias. Otros grupos los animaban a conversar con los ancianos y otros requerían de los candidatos el dar testimonio público de su experiencia antes de ser bautizados. Sumado a estas precauciones, los bautistas tomaron medidas disciplinarias cuando la conducta de los convertidos contradecía su profesión. En su resumen, Southard pone de manifiesto que requisitos como la indagación en la experiencia, el examen público o en privado por parte de un pastor o congregación, el relatar públicamente la experiencia, los períodos de prueba/instrucción previos al bautismo, y la disciplina a menudo han sido reemplazados por una breve conversación con el candidato frente al auditorio. Obviamente estas acusaciones no se aplican a todas las iglesias, y no quiere decir que las iglesias hoy tengan que volver a métodos empleados siglos atrás. Sí nos ayudan a abrir los ojos ante un serio problema que a su vez reclama atención seria e inmediata.

Resultados Tristes

Hace algunos años tuve ante mí a un joven seriamente decepcionado. Trabajaba en una campaña telefónica cuya estrategia era leer un folleto evangelístico a través del teléfono, solicitando al oyente ciertas respuestas y luego una decisión por Cristo. El área que le asignaron estaba habitada por profesionales y personas de buena posición socioeconómica. Algo andaba mal. Se expresó así: "Siento como que estoy invadiendo su privacidad sin haberme ganado el derecho de hacerlo, y sus respuestas no son para nada positivas." Supe lo que él sentía. Su experiencia era una ilustración pertinente al problema que estamos tratando.

Una combinación de suposiciones incorrectas, métodos y materiales carentes de profundidad, y métodos abreviados han dado numerosos resultados adversos. Por una parte, no pocos han reaccionado negativamente como aquellos a quienes mi amigo telefoneaba o como el hombre mencionado al comienzo del capítulo. Algunos no quieren tener nada más que ver con nosotros. Métodos como estos, a pesar de nuestras mejores intenciones, han ganado su hostilidad y rechazo, y por su culpa es posible que existan ahora nuevas barreras entre esas personas y el Dios que les busca.

Otra consecuencia de tales métodos es la pérdida de un elevado porcentaje de aquellos que toman decisiones públicas, tanto en campañas de evangelización como en cultos regulares. Después de un par de semanas muchos de ellos no se sabe dónde están. Roy Edgemon acota que "de aquellos que anualmente se unen a una iglesia, entre un 40 y 50 por ciento fracasa en su perseverancia y su desarrollo como discípulos".

Ni falta haría decir que las personas que se han unido a una iglesia pero que nunca participan en la adoración espiritual, el crecimiento, o el servicio constituyen una promoción muy pobre de la fe cristiana. Para la iglesia son un motivo de confusión a la vez que un trágico desperdicio de vida personal, poder y talento.

Es esta una preocupación pertinente a cada familia de la iglesia. Muchos niños, cada año sufren los resultados de la misma práctica errónea. Dado que estos son los métodos que a menudo se modelan y enseñan, muchos padres hacen poco y nada en sus hogares para remediar estas deficiencias. Es así como un porcentaje alarmante de hijos de creyentes se apartan en su adolescencia y llegan a ser delincuentes espirituales.

El Lado Positivo

Hay un aspecto positivo que no debe pasarse por alto. En medio de estas actividades que son y deben ser motivo de preocupación, hay muchos que han sido genuinamente ganados. Muchísimos de los miembros de las iglesias tomaron su decisión por Cristo en reuniones de evangelización y se encaminaron a una dedicación profunda y durable a pesar de los métodos superficiales empleados en el trato con los recién convertidos. Otros han sido ganados en sus hogares durante una breve visita en la cual el testigo hizo sólo una mínima presentación del evangelio. Algunos se han incorporado a la iglesia con poco o ningún seguimiento adecuado y han no sólo sobrevivido sino crecido a pesar de todo. Por situaciones como estas no podemos menos que estar agradecidos, y por otro lado tristes por aquellos que a causa de esos mismos métodos se apartaron.

De quienes han participado en lo recién mencionado, muchos se han desempeñado fielmente en lo que fueron enseñados a hacer. La mayoría nunca manipuló intencionalmente a nadie. Todos tenemos una gran capacidad para evaluar las acciones pasadas a la luz de sus efectos y resultados. Lo que debemos hacer es apreciar tan claramente como sea posible lo que ha ocurrido y proponernos hacer nuestra tarea lo más responsablemente posible empleando los mejores métodos disponibles.

Entendimientos Básicos

La Escala de Engel

Uno de aquellos que ha visualizado y analizado el problema con mayor claridad es James Engel. Durante muchos años Engel fue profesor de mercadotecnia en la Universidad del Estado de Ohio, donde se especializó en el análisis de audiencias para estrategias de publicidad eficaces.

Después de su conversión, conservando su cátedra, sirvió durante varios años en la evangelización estudiantil y luego combinó sus capacidades en el campo de las soluciones analíticas a los problemas con su profunda preocupación por la evangelización responsable y productiva. Como profesor y director de la Escuela de Comunicación en "Wheaton Graduate School", el doctor Engel ha concentrado su atención en el problema de las suposiciones erróneas y el proceso que precede y sigue a la decisión de la conversión cristiana.

El Modelo de Engel

PAPEL DE DIOS	PAPEL DEL COMUNICADOR		RESPUESTA DEL HOMBRE
Revelación General		-8	Conciencia de la Existencia de un Ser Supremo
Convicción	Proclamación	-7	Algún Conocimiento del Evangelio
		-6	Conocimiento de los Aspectos Básicos del Evangelio
		-5	Captación de las Implicaciones del Evangelio
		-4	Actitud Favorable hacia el Acto de Convertirse en Cristiano
	Llamado a Tomar una Decisión	-3	Reconocimiento del Problema e Intención de Actuar
		-2	Decisión de Actuar
▼	▼	-1	Arrepentimiento y Fe en Cristo

REGENERACION   **NUEVA CRIATURA**

Santificación	Seguimiento	+1	Evaluación Post Decisión
		+2	Incorporación a la Iglesia Local
	Cultivo	+3	Crecimiento Conceptual y en Conductas
		•	• Comunión con Dios • Mayordomía • Reproducción Interna • Reproducción Externa
		•	
		•	
		•	

Eternidad

▼   ▼

Su análisis permitió la confección de un gráfico ampliamente utilizado en la actualidad y conocido como la "Escala de Engel" o el "Modelo de Engel". Desde que primero vio la luz en 1975 ha sufrido varias modificaciones, y algunos como Leighton Ford lo modificarían ligeramente en base a preferencias teológicas, pero su énfasis central es claro. He hecho un agregado. En la columna correspondiente al "papel del comunicador" he agregado a "Proclamación" el término *Servicio*, a fin de reflejar mi definición de lo que es la evangelización, presentada en el capítulo 1. Lo que sigue es una breve descripción de la escala. Agradezco profundamente al doctor Engel por las ideas siguientes.

Compendio.—En realidad la escala habla por sí misma. La verdad central de lo que estamos tratando es que las personas atraviesan un proceso de creciente concientización y entendimiento del evangelio y de su responsabilidad para con Dios. Hay tres factores principales que toman parte en el proceso: Dios, el comunicador humano y el creyente potencial. El arte de comunicar el evangelio al no creyente se considera una tarea en la cual el Espíritu Santo utiliza a personas como sus instrumentos en tanto que él, simultáneamente, hace su obra de convencer del pecado.

El modelo representa un patrón de conducta que podremos pretender ver *generalmente*, dando margen a la gran variación entre las diferentes experiencias y personalidades de cada individuo. El Dios soberano es libre de actuar como a él le plazca.

El papel de Dios. —La actividad de Dios se considera primeramente en términos de "revelación general". Se refiere a la manifestación que Dios hace de sí mismo en la naturaleza y la conciencia (Rom. 1:18 a 2:16). Según Pablo, Dios ha revelado "lo invisible de él [es decir], su eterno poder y deidad". Esto "se deja ver..., siendo entendido en las cosas creadas" (Rom. 1:19, 20). Esta es la revelación que Dios hace de sí mismo en el mundo creado.

Es tan real que ninguna persona tendrá excusa para no haberle honrado como Dios y ofrecerle su gratitud (Rom. 1:20). Acota C. K. Barrett que actuar así es rechazar el conocimiento básico que Dios hizo accesible a todos y cada uno.

Pablo agregó que en tanto que los judíos habían escrito la ley, los gentiles "muestran la obra de la ley escrita en sus corazones" (Rom. 2:12-15). Cada persona posee este conocimiento, aun cuando los efectos enceguecedores del mal puedan llevar a algunos a negarlo (2 Cor. 4:4). Esta es la revelación de Dios en la conciencia, y cada ser humano es responsable de lo que hace con ella. El testigo puede contar con ese fondo de verdad existente en cada corazón.

Asimismo, Dios obra a través de su Espíritu Santo para traer convicción del pecado al corazón humano (Juan 16:7-11). Mientras el comunicador proclama el evangelio, el Espíritu Santo lo hace eficaz. Cuando una persona responde al llamado a tomar una decisión por vía del arrepentimiento y la fe, el Espíritu Santo lleva a cabo su tarea de regeneración (Tit. 3:5). Inmediatamente después de la conversión, el Espíritu Santo comienza su obra de santificación guiando al nuevo creyente a la integración en el cuerpo de la iglesia y en el crecimiento cristiano (Fil. 2:12, 13). A medida que el nuevo creyente responde a su guía, van aconteciendo más cambios en sus creencias y conducta tal como se representa en "+2", "+3", y más allá de la escala.

El papel del comunicador. —El testigo es el instrumento del Espíritu Santo para encarnar el evangelio y proclamarlo en palabra y obra. Aquí el papel de la proclamación y el servicio apunta a la provisión del entendimiento necesario del evangelio. A medida que las necesidades salgan a la luz, el comunicador y la iglesia harán todo lo que está a su alcance para servir en el nombre de Cristo.

El papel del creyente potencial. —Las etapas numeradas "-8" a "-1" son designaciones arbitrarias destinadas a representar varias etapas en las que los inconversos pueden encontrarse y los pasos progresivos hacia la decisión. Las personas que están en "-8" cuentan únicamente con los beneficios de la revelación general. Este sería el caso concreto de las personas que viven en países no cristianos, pero es posible encontrarlos en lugares donde el cristianismo tiene amplia influencia también. Los niveles "-7" y "-6" representan la creciente concientización del evangelio. La etapa siguiente es de suma importancia. Aquí el creyente potencial capta lo que el evangelio podría significar para él o ella personalmente. Esta etapa está caracterizada por un entendimiento parcial al menos, de lo que llegar a ser un cristiano implicaría, y una creciente inclinación a ello. Una "actitud favorable", "-4", hacia el dar ese paso trascendental conduce fácilmente a "-3". Aquí el poderoso convencimiento del Espíritu Santo hace muy real el apartamiento de Dios y la necesidad de su perdón, tan real que, a menos que se produzca el rechazo, el creyente potencial es guiado al arrepentimiento y se convierte en una nueva criatura en Cristo.

Insisto en la necesidad de que cada testigo estudie este modelo. La apreciación de sus énfasis e implicancias podría cambiar substancialmente la manera en que muchos cristianos evangelizan.

El Modelo de Neighbour

Por muchos años ya, Ralph Neighbour ha trabajado como un pastor creativo y fértil en recursos dentro de la Convención Bautista del Sur de los EE. UU. de A. En 1969 inició una iglesia experimental en Houston, Texas, con el propósito de alcanzar a la parte secular de la sociedad. Durante todos estos años ha trabajado en el desarrollo de un método para equipar a los laicos para que establecieran contacto, cultivaran y ganaran a las personas más difíciles que tan frecuentemente son desestimadas por las iglesias típicas. Ha servido como asesor en numerosos campos misioneros y ha puesto a prueba y desarrollado sus métodos en diversas partes del mundo. El suyo quizá sea el manual más práctico para la capacitación de laicos en la evangelización a través de la red de relaciones, que se haya publicado a la fecha.

Neighbour también ha representado gráficamente y de manera muy útil, el proceso que conduce a la decisión y más allá de ella. Su "Pirámide de Respuesta" representa a las personas como atravesando cinco niveles de progresión.

El nivel 5 es una mera "Conciencia de Existencia" que viene a través del contacto con un cristiano solícito o a través de observar la actividad de una iglesia que sirve.

"Receptividad" es el cuarto nivel, caracterizado por los intentos de ayudar a los creyentes potenciales frente a ideas y conceptos distorsionados emergentes de experiencias pasadas. El creyente potencial ya no elude el evangelio, sino que comienza a responder tanto al mensajero como al mensaje a fin de "reconsiderar" las cosas de Dios.

En el tercer nivel, la "Relación con el Cuerpo" permite una apertura a la vida del testigo, revela necesidades, y lleva a la reevaluación. La relación de amistad entre el creyente potencial y el testigo, y los encuentros del grupo que comparte sus experiencias con otros cristianos permite comparaciones adicionales. El cristiano potencial recibe una caracterización de la palabra a través de las relaciones activas y provoca un deseo de obtener más información.

El "Contenido de la Biblia" en el nivel dos ayuda al

El Modelo de Neighbour

(1982, Touch Ministries Seminar, 11.)

LA MANERA EN QUE LAS PERSONAS VIENEN A CRISTO

CRECIMIENTO CRISTIANO

CONVERSION

¡Cuanto más abajo mayor el número!

❶ DEDICACION

BIBLIA Contenido **❷**

CUERPO Relación **❸**

¡Cuánto más arriba, menos personas!

La Palabra Proclamada

La Palabra Caracterizada

A Mensaje **❹** A Mensajero **RECEPTIVIDAD**

❺ CONCIENCIA DE EXISTENCIA

¡Es Necesario Trabajar con las Personas en TODOS los Niveles!

interesado a entender el mensaje cristiano. El estilo pasa del testimonio personal a la instrucción persona a persona, al grupo de estudio en la escuela dominical y a los cultos de la iglesia. La Palabra es proclamada a través del contenido de la Biblia. En el nivel uno, "Dedicación", el creyente potencial escucha una presentación detallada del evangelio. Una invitación le guía a aceptar a Cristo como Señor y Salvador. Este paso es seguido por el crecimiento cristiano a través del estudio de material preparado al cual Neighbour denomina "Equipo de Supervivencia". El creyente se integra a una iglesia y es capacitado para el servicio productivo.

Neighbour también hace hincapié en que los testigos "deben trabajar con las personas en todos los niveles". Uno de los rasgos más atrayentes de su método es el fuerte énfasis en las relaciones personales y en el servicio a las personas a la luz de sus necesidades. El considera a esto como una parte vital del ministerio evangelizador que es también el énfasis de este libro.

El modelo de Neighbour es similar al de Engel. El último aparece en un texto sobre teoría de la comunicación cristiana. Al de Neighbour se lo encuentra en un manual que aporta los materiales para capacitar a los testigos cristianos en los aspectos prácticos de su misión, es decir, el "cómo hacerlo". El concepto de que los inconversos atraviesan diferentes niveles de concientización, entendimiento, e incorporación está perfectamente demostrado y es de suma importancia.

Hacia una Evangelización Personal con Significado

Los énfasis centrales de este capítulo apuntan a ciertas implicancias de importancia superlativa para la evangelización personal. No descubrirlas o hacer omisión de ellas significaría una continuación de las falsas presunciones y una repetición de viejos errores que tienen efectos potencialmente negativos.

Situándose en el Lugar en Que Están las Personas

Los testigos deben comenzar con las personas en el lugar en que ellas están situadas y no donde nosotros preferiríamos que estén. Muchas voces autorizadas están diciéndolo y debemos prestarles atención. Esto generalmente significará dedicarles tiempo para establecer una relación de confianza; mucho tiempo a veces, porque a menudo tenemos que ganarnos el derecho a formular aquellas preguntas que revelan el lugar donde las personas se encuentran. El no cristiano debe estar convencido del interés y preocupación genuinos y de la credibilidad del testigo. Debemos comprender que en la sociedad secular no siempre es lo apropiado comenzar con una presentación persuasiva del evangelio.

Requisitos para una Decisión Válida

Ninguno está preparado para ser confrontado con una decisión hasta tanto ocurran dos cosas: el creyente potencial tiene entendimiento de los aspectos y demandas básicos del evangelio, y el Espíritu Santo obviamente ha tocado o aun quebrantado a la persona hasta el punto en que ésta ha llegado a entender cuál es su problema para con Dios. El proceder de otra manera es adelantarse al Espíritu Santo y correr el riesgo de provocar reacciones negativas.

En el acto de compartir el evangelio, el comunicador debe dar a conocer sus demandas como así también sus bendiciones y beneficios. Los requerimientos del discipulado (Luc. 14:25-33) y el significado del señorío de Cristo deben ser claros y juntamente con la promesa de una vida con significado y una eternidad con Dios. El no creyente debe tener en cuenta tanto el costo como la ganancia (Luc. 14:28-30). Cuando es evidente que el Espíritu Santo y el comunicador han guiado al creyente potencial a un conocimiento suficiente y una convicción profunda, entonces el testigo le invita a él o a ella a tomar una decisión (compárese Hech. 2:38-40; 3:19; 16:31).

Testificando por Palabra y Obra

El cultivo de una relación con el no cristiano a menudo implicará ministerios o servicios que satisfagan necesidades que salen a la luz. El testimonio cristiano es uno de palabra y obra por parte de personas creíbles, y no podemos ignorar lo que de manera tan obvia fue el patrón del propio ministerio de Jesús y el de los apóstoles.

Concediendo el Tiempo Necesario

Una evangelización profundamente responsable por lo general requiere tiempo. Esto no quiere decir que la decisión no sea asunto de suma urgencia. Podemos hacer que nuestros entrevistados sepan de la urgencia del evangelio a la vez que respetamos sus necesidades en cuanto a tiempo. A esto se le llama urgencia responsable. El cambio de actitudes y creencias, el arrepentimiento profundo, y el entender el perdón incondicional a muchas personas les requiere tiempo. La evangelización llevada a cabo de esta manera parecerá más lenta; exigirá trabajo y servicio adicionales, pero será más fructífera y duradera. Si un esfuerzo tal contribuye a reducir el elevado número de aquellos que están perdidos para las iglesias después de tomar decisiones iniciales, valdrá la pena toda la energía que demande.

Acercando a las Personas al Punto de Decisión

Según opina Engel, si a través de nuestro testimonio hemos logrado tan sólo acercar a personas un poco más al punto de toma de decisión, esto puede considerarse un servicio significativo. El proceso que conduce a la conversión puede para algunos ser un proceso muy largo, y todo progreso es importante. Una atenta sensibilidad al liderazgo del Espíritu Santo determinará el momento oportuno para una delicada persuasión orientada hacia la decisión.

Completando la Tarea

El trabajo del testigo no se completa en el momento de la conversión. El trabajo de asistir y animar al creyente en su crecimiento y desarrollo es de suma importancia, comenzando con el ayudarle a evaluar su decisión.

Con demasiada frecuencia los comunicadores han dejado a los nuevos creyentes luchando solos, dando por sentado que una vez tomada la decisión su trabajo ha concluido. En un sentido, este descuido de la responsabilidad es tan en serio que podría compararse con la antigua práctica griega de la exposición en la que los bebés recién nacidos que no eran deseados eran dejados a la intemperie, a merced de los agentes naturales. Si sobrevivían a ese abandono y eran hallados por otros dispuestos a criarlos, la gente suponía que los dioses habían expresado su voluntad de que vivieran. La aplicación es obvia y seria. Dejar a los nuevos convertidos sin cuidado y alimento es exposición espiritual.

El tiempo que sigue inmediatamente a la decisión es crucial. En tanto que muchos convertidos experimentan gozo y tranquilidad, la investigación en el área de la comunicación ha revelado que también la disonancia puede seguir a las decisiones importantes. Philip G. Zimbargo, Ebbe B. Ebbeson y Cristina Marlach afirman que si una persona ha luchado intensamente para renunciar a sus modelos de conducta anteriores, la disonancia puede por cierto ser muy fuerte. El nuevo convertido necesita de la ayuda del comunicador para afianzar la decisión y ayudar a reducir la disonancia. La naturaleza crítica de este período posterior a la decisión está subrayada por el gran número de los que parecieran desaparecer muy pronto después de la dedicación inicial; un tema ya tratado en este capítulo.

La asimilación en una iglesia local es absolutamente esencial. La iglesia es parte de las buenas nuevas al ser la comunión y el compañerismo de la verdadera familia de Cristo (Mar. 3:34, 35). La adoración, alimentación, inspiración, instrucción y el crecimiento son fomentados por la iglesia en el poder del Espíritu Santo. Téngase en cuenta que el proceso es incesante. El creyente se ha hecho discípulo pero también continúa haciéndose discípulo. El crecimiento hasta el punto de poder asumir el papel de testigo debiera ser uno de los primeros objetivos del crecimiento cristiano. Los cristianos deben estar en condiciones de reproducirse.

Cosechando la Mies

Nada de lo dicho cambia la realidad de que aún encontramos a personas a las cuales el Espíritu Santo ha preparado para recibir una presentación del evangelio directa y sin rodeos y convertirse. Dios está obrando en este mundo, y encontraremos a personas en todos los niveles descritos por Engel y Neighbour. Hay algunos, por cierto, que están listos para creer, y no hay tiempo que perder a fin de ayudar a esas personas a convertirse a Cristo.

Este capítulo constituye un esfuerzo por señalar algunos abusos y errores de apreciación del pasado que han resultado en decisiones abortivas y grandes pérdidas de creyentes potenciales. Su propósito es señalar un proceso que los testigos deben respetar. El fracaso en entender estos principios ha provocado la pérdida de muchos potenciales amigos de la evangelización. La enseñanza de este material, juntamente con el referido a la conversión en el capítulo 3, debiera ayudar a corregir abusos y contribuir en forma substancial a la misión de testificar responsablemente.

7

Ganando a los Satisfechos

Ya ha quedado claro que la mayoría de los no cristianos no están ansiosos a la espera de nuestro mensaje. Muchos están plenamente satisfechos como están. Tales asertos no son especulaciones infundadas. Investigaciones cuidadosamente llevadas a cabo lo han revelado.

Los resultados de un trabajo de investigación que David A. Roozen publicó hace poco revelaron que el 32 por ciento de la población de los EE. UU. de A. no tenía relación con la iglesia. Consideró como sin relación con la iglesia a quienes asistían menos de una vez al año, y como relacionados con ella a todos los demás exceptuando a los que manifestaban una preferencia judía o por otra religión. Estos dos últimos casos fueron excluidos de su estudio.

Aun cuando Roozen efectivamente encontró un nivel de satisfacción mayor entre los relacionados con la iglesia que entre los no relacionados cuando uno suma las categorías de "muy contento" y "bastante contento" que él discriminó, los porcentajes totales no arrojan gran diferencia. Entre aquellos que no manifestaron una preferencia religiosa claramente definida, el total de los que dijeron que la vida para ellos era interesante superaba en un 5 por ciento al de los protestantes relacionados con la iglesia. Lo que sorprende es la relativa satisfacción y felicidad que manifestaron los no relacionados con la iglesia. Era evidente que la mayoría de ellos no se consideraban a sí mismos personas con mayores necesidades espirituales.

Resultados similares arrojó un estudio de la organización Gallup y el Princeton Religion Research Center, aunque en esta oportunidad la diferencia entre los relacionados con la iglesia y los no fue más marcada. La asistencia a los cultos, la dedicación profunda, y la vida espiritual eran factores positivos de gran importancia entre quienes los experimentaban. Lo que sucede es que aquellos que caían dentro de las otras calificaciones no se consideraban infelices o insatisfechos. La mayoría de las personas que no están relacionadas con la iglesia están satisfechas así como están y no sienten gran necesidad por aquello que el evangelio ofrece.

Dijo el obispo Stephen Neil: "Cuando hablamos de evangelización, a la que en realidad nos referimos es a la proyección de la iglesia, la cual se opera desde el interior del gueto cristiano hacia las orillas del gueto cristiano. Pero cómo salir de allí para penetrar en el mundo descristianizado eso sencillamente no lo sabemos." Ciertamente, el problema con que nos confrontamos en la actualidad es el de una evangelización entre las multitudes que no consideran que la iglesia tiene algo de valor para ofrecer. El presente capítulo constituye un intento por sugerir maneras en las cuales esto podría llevarse a cabo.

John T. Seamands, en su libro acerca de la comunicación del evangelio transculturalmente, nos recuerda que Harry Emerson Fosdick solía decir: "Cada hombre es una isla. Remas alrededor de él hasta que encuentras un lugar para desembarcar. Puede tomar minutos; puede tomar años." El pietista alemán Bengel señaló: "Ninguno... tiene una piel tan dura, que no tenga un lugar por donde pueda ser alcanzado."

Tal es el espíritu de este material. Representa a ese "remar alrededor" en el convencimiento de que las iglesias pueden hallar "un lugar para desembarcar". En la fe está escrito que esos "lugares" sensibles están allí, y que ellos pueden abrir el camino para alcanzar a los satisfechos.

Identificando a los Satisfechos

Modelados según el Carácter del Mundo

Se han llevado a cabo muchos intentos de analizar las influencias y fuerzas negativas que a las personas las separan de Dios. Se acusa a numerosos movimientos, filosofías y estilos de vida, de causar o participar en el inconsciente olvido de Dios por parte de la humanidad.

Por lo general el secularismo, el humanismo, el existencialismo ateo, la "religión" de la ciencia, el relativismo, el materialismo, la despersonalización, la alienación, el afán de la realización personal, y la "filosofía" del "primero yo" aparecen como los culpables. Me sorprende, sin embargo, que Louis Drummond tenga razón cuando sugiere que aun cuando todas estas fuerzas hayan ejercido cierta influencia sobre la persona promedio, "pocos han decidido su estilo de vida como resultado de una ponderación sistemática del mismo: simplemente lo viven como se presenta. La mayoría de las personas simplemente son pragmáticas. Si alguna idea o cosa funciona, la emplean sin pensarlo mucho. Como resultado el grueso de la gente vive una vida práctica, secular". David Watson señala que la mayoría de las personas son influenciadas por estas fuerzas de manera subconsciente y subliminal. La mayor parte de ellas toman su estilo de vida de lo que los rodea: sus amigos, asociaciones, los medios de comunicación, las normas y convenciones sociales vigentes, en síntesis, de la multitud de voces que reclaman ser escuchadas excepto, quizá, la voz de la iglesia. Esto es parte de la razón por la cual es tan maligno. Las personas están siendo mutiladas y desfiguradas por fuerzas y corrientes de las cuales en gran medida no están conscientes.

Los Subinstruidos a Quienes No Se Llega

Otro factor de creciente importancia frecuentemente pasado por alto es que aun en los países más desarrollados, el grueso de la población no constituye esa sociedad culta y erudita que el avance espacial y la sofisticación de la informática quisieran sugerir. Por ejemplo, en los EE. UU. de A., según los datos arrojados por un relevamiento efectuado por el Departamento de Comercio en 1982, el nivel educacional entre los adultos de veinticinco años o más es de medio año de estudio universitario. Apenas un 17 por ciento han cumplido cuatro o más años de estudios superior. En el mismo año, Wellborn Stanley, en una nota titulada: "El Porvenir: ¿Un País de Analfabetos?", escribía: "Un alarmante total de 23 millones de habitantes, es decir, uno de cada cinco adultos, carece de las capacidades de leer y escribir para responder a las demandas mínimas de la vida diaria. Otros 30 millones apenas si cuentan con las mínimas condiciones exigibles para desempeñarse como obreros productivos... Más de un tercio de los adultos no han completado sus estudios secundarios." En consecuencia, muchos de ellos carecen de capacitación laboral necesaria para acceder a buenos empleos y viven en condiciones de pobreza. Esto significa que, si tomamos en serio lo de alcanzar a los pobres, hay algunos ministerios/servicios muy evidente para llevar a cabo, y el mensaje debe ser transmitido en términos simples y comprensibles. Es posible que los líderes hayan estado excesivamente preocupados por adaptar el mensaje al "hombre moderno", refiriéndose por lo general a la persona erudita y fracasando en alcanzar aquel nivel en el que un número tan elevado de personas se encuentra hoy en día.

Los Ilustrados Descarriados

Un fenómeno interesante se ha producido entre aquellos que tienen un mayor nivel de educación. Han sido formados en el método científico. Esto significa que se formulan hipótesis, se desarrollan, se prueban, se reformulan y se comprueban para llegar así a establecer aquello que es verdad. Es una generación a la cual se le ha enseñado a investigar. En lo que se refiere al cristianismo, sin embargo, la mayoría parece haberlo rechazado sin molestarse en investigar sus demandas o someter a comprobación un solo aspecto de lo que proclama.

Lo que es aún peor, observa F. W. Barry, muchos tienen un concepto muy distorsionado de lo que es el cristianismo y han rechazado de manera muy poco "científica" lo que a ellos les parece que es.

La Tarea de la Comunidad Testificadora

Cambiando Actitudes

Si es que los "satisfechos" han de ser encaminados hacia Cristo, significa que sus actitudes deberán cambiar. Esto, por supuesto, sería el caso de cualquiera dispuesto a acercarse a Cristo, pero los "satisfechos" tienen poca o ninguna disposición favorable al cambio. Muchos no cristianos que comienzan a asistir a los cultos de la iglesia o que responden positivamente a nuestro testimonio tienen cierta disposición en ese sentido, y eso es importante, por más leve que sea.

Richard E. Petty y John T. Cacioppo definen a una actitud como "un sentimiento general y duradero ya sea positivo o negativo para con alguna persona, cosa o asunto". A las actitudes generales se las considera algo interno, y varían en intensidad e importancia. No pueden ser observadas en forma directa y por lo tanto deben inferirse a partir de las evidencias de la conducta. Según Petty y Cacioppo, las actitudes son "resúmenes de nuestras creencias". Ayudan a otros a "saber lo que pueden esperar de nosotros", y pueden "expresar algunos aspectos importantes de la personalidad de un individuo".

Algunos teóricos como Zimbardo, Ebbesen y Maslach, destacan tres componentes de las actitudes al estudiar el cambio de actitud: lo cognoscitivo, o sea aquello que uno piensa o cree; lo afectivo, lo que uno siente; y lo relativo a la conducta, o sea la manera en que uno procede. Por lo tanto, así conceptualizada, la actitud de una persona incluirá sus creencias, sentimientos y acciones.

Cuando pensamos en cambiarle la actitud a un no cristiano satisfecho de cómo está debemos pensar en términos de estas tres dimensiones; porque están relacionadas vitalmente entre sí. Dado que las actitudes son sentimientos "duraderos", un cambio tal podrá no producirse con facilidad. En algunos casos, por cierto, podrá resultar bastante difícil. No obstante, esa es la obra del Espíritu Santo utilizando instrumentos humanos, una realidad que es menester tener siempre presente no sea que la tarea llegue a parecer imposible o improbable.

Cambiando Creencias y Conductas

Es importante entender que todas las personas, los cristianos y los no cristianos, tienen creencias y presuposiciones con las cuales se manejan en la vida. Muchas de aquellas que se refieren a Dios y a la vida en general están distorsionadas. Por ejemplo, muchos creen que el dinero es todo y que la mayor parte de las cosas verdaderamente satisfactorias de la vida dependen de él. Otros creen que Dios, si es que existe, no es todo aquello que los cristianos dicen que es. Algunos piensan que las iglesias están para sacarle el dinero a la gente y que, en el fondo, los predicadores son como el *Elmer Gantry* de Sinclair Lewis, quizá con alguna honrosa excepción. Otros todavía, creen que la fe cristiana es únicamente para las "viejas" y los niños. Los que son fuertes, piensan ellos, tienen que caminar solos y arreglárselas sin ella. Hay muchas más, pero éstas pueden servir como ejemplo de la medida en que la dimensión cognoscitiva debe cambiar si las personas han de venir a Cristo. Los sentimientos y las intenciones que se traducen en conductas también deben ser afectadas juntamente con las creencias.

Lamentablemente, el cambio de conducta esperado no siempre sigue al cambio de creencias y sentimientos. Otros factores pueden interferir. Cuando yo era misionero en un país musulmán, los supuestos convertidos no siempre llegaban al bautismo, a ser miembros de la iglesia, o a servir a Jesús por causa de las presiones familiares o aun concretamente por temor a las consecuencias. Las presiones sociales u otros factores pueden frustrar las mejores expectativas y esfuerzos del testigo. Algunas veces funcionan en sentido opuesto también. Herbert W. Simons denomina "presiones situacionales" a los factores que o bien impiden o estimulan la conducta esperada luego del cambio de actitud. Puede haber un gran número de ellos y algunos son bastante poderosos.

Resistencia al Cambio

Cada persona tiene dentro de sí una innata resistencia al cambio. Goodwin Watson afirma que "Puede considerarse a todas las fuerzas que contribuyen a la estabilidad en la personalidad o en los sistemas sociales como resistentes al cambio." Todo aquel que haya trabajado con personas y haya propuesto cambios conocerá esta verdad en base a la experiencia propia. "Debido a que muchas personas interpretan a cualquier propuesta de cambio como malas noticias [observa Lyle Schaller], no es de sorprenderse que tiendan a expresar sentimientos hostiles no solamente para con la propuesta, sino también para con la persona responsable por la introducción de la propuesta." Aun cuando esto no resulta cierto en todos los casos, el principio de Schaller puede ayudarnos a entender algo de la resistencia que uno ha encontrado cuando el tema crucial es el cambio individual, y la persona involucrada generalmente está satisfecha así como está.

Donde la resistencia puede llegar a ser especialmente fuerte es en el caso de un testigo que se lanza "de cabeza" en un intento de ganar agresivamente a una persona satisfecha. En parte, esta respuesta puede entenderse a la luz de la teoría de la reacción psicológica formulada por Jack Brehm.

La teoría está relacionada con la amenaza a la libre elección. Cuando quiera que nuestra libertad de conducta sea restringida o aun amenazada, reaccionamos. Libre conducta es todo aquello que nos es posible realizar, incluyendo el cómo y cuándo hacerlo. La intensidad de la reacción habrá de variar con la importancia y la cantidad de libre conducta que se elimine o esté amenazada. Cuanto más importante y cuanto mayor en volumen sea lo que peligra, mayor la reacción. En lo posible, la persona así afectada tratará de recuperar la libertad perdida o amenazada. Brehm concluye que habrá un fuerte deseo de encarar esa reconquista y hasta quizá un intento concreto de hacerlo.

Una vez, cuando era un misionero fuera de mi país, el gobierno local dispuso que los ciudadanos y residentes no sintonizaran más ciertos informativos radiales extranjeros. Algunos de ellos yo nunca los había escuchado. No obstante, desde el momento en que mi libertad para hacerlo fue restringida, sentí una inmediata necesidad de saber lo que decían, de modo que escuchaba. A medida que los funcionarios del gobierno intensificaban su campaña, yo hasta prestaba atención a algunos noticiosos que nunca antes me había interesado ni siquiera en sintonizar. Muchos han experimentado situaciones similares, y me imagino lo que puede suceder cuando un testigo aborda a un no creyente "satisfecho" de manera tal que él o ella perciben que la libertad de elección está amenazada.

Por tanto, el testigo debe ser muy cauteloso al abordar a los "satisfechos". El ser "astutos como serpientes y sencillos como palomas" es fundamental (Mat. 10:16). Desde el punto de vista de las actitudes que juegan en la presentación, es necesario ser delicado y paciente, evidenciando genuino amor e interés. El presentar a la fe cristiana como una oportunidad nueva y trascendente generalmente será mejor que arrinconar al posible creyente de manera que él o ella vea solamente la pérdida de supuestas libertades.

Obviamente, no todos podemos ser psicólogos o expertos en comunicación o persuasión. Sin embargo, el entender algo acerca de las respuestas humanas clásicas, puede hacernos más sensibles a los sentimientos de las personas y ayudarnos a cooperar con el Espíritu Santo mientras él trabaja en y a través de los procesos humanos.

Reconsideración de Algunos Criterios Tradicionales

La Relación con los No Cristianos

No hace falta decir que si hemos de ganar a las personas no salvas debemos relacionarnos con ellas. Muchos creyentes por lo general se han aislado de aquellos que no son creyentes. A pesar de que este problema ha sido descrito y deplorado por escritores y líderes capaces, en algunos aspectos la reducción de los contactos y relaciones ha continuado. La proliferación de escuelas cristianas y las guías de empresarios cristianos que existen en algunos países son dos de los ejemplos más evidentes. Son bien conocidos los beneficios y las bendiciones de las escuelas cristianas, y es cierto que a todos les gusta formalizar negocios con comerciantes y empresarios honestos y de buena reputación; pero considerándolo estrictamente desde el punto de vista del contacto, cada una de estas reduce el número de asociaciones no cristianos que de otro modo se producirían.

Sin duda existe actualmente una mayor comprensión del problema que en tiempos pasados, peor también es cierto que hay por delante una gran tarea educativa. La relación con los inconversos debe ser intencional, y a los creyentes hay que enseñarles a hacerlo. Como dice Paul Little: "Si todo aquel que padece la enfermedad es puesto en cuarentena, la enfermedad no se propaga." Separación de iglesia y Estado no significa separación de iglesia y sociedad.

La iglesia de Corinto había padecido este mismo error de apreciación. Aparentemente, habían interpretado una carta anterior de Pablo como queriendo decir que no debían relacionarse con pecadores. Pablo les explicó que esa no era de ninguna manera lo que él quiso significar. Todo aislamiento debía ser para con los impenitentes que se llaman a sí mismos "hermanos" (y aun eso como un último recurso) pero no para con los no creyentes a quienes nuestra responsabilidad es ganar para Cristo (1 Cor. 5:9-11). No hace falta más que observar el ejemplo de Jesús quien llegó a ser conocido como "amigo de pecadores", y quien se relacionó con toda libertad con recaudadores de impuestos, prostitutas, y los marginados de la sociedad. El era un maestro en el relacionarse sin comprometer sus principios y valores, y en asociarse sin alterar su conducta o su carácter.

El Cultivo de los Inconversos

Con el avance de la pluralización y la secularización, el cultivo ha cobrado proporcionalmente nueva importancia. La credibilidad, como ya se enfatizara, es absolutamente fundamental. Los receptores del mensaje deben sentir que el "cultivador" es creíble. Esto se hace crucial por varias razones.

Desde pequeños, los niños aprenden a desconfiar de los desconocidos. No pueden aceptarles caramelos, atenciones, o que los lleven en automóvil. Los desconocidos que "andan merodeando" o que ostensiblemente adulan y tratan de hacer "amistad" con los niños deben ser denunciados de inmediato. Más adelante todos llegan a saber que por todas partes "hay muchas personas 'raras' que tienen religiones extrañas". Todo el mundo sabe que "nadie regala nada. Todo tiene un gancho en alguna parte". Agreguémosle a esto algo así como: "¡No te dejes llevar de las narices por cualquier idea que parezca interesante!", y el nivel de desconfianza alcanza un pico muy alto.

Todo esto hace que sea sumamente difícil para cualquier persona el recibir y aceptar un mensaje de parte de un desconocido. Más y más, las comunicaciones importantes deben provenir de alguien a quien se considere un mensajero creíble. Hay excepciones, por supuesto, y debemos responder a ellas, pero los esfuerzos volcados en el cultivo que da como resultado amistad y credibilidad representan un tiempo bien invertido. Todo esto es tanto más fundamental cuando tratamos de ayudar a los "satisfechos".

Sembrando la Semilla

Jesús dijo: "Si vosotros permanecéis en mi palabra, seréis verdaderamente mis discípulos; y conoceréis la verdad, y la verdad os hará libres" (Juan 8:31, 32). Si es que las personas han de experimentar la liberación de que habla el Nuevo Testamento deberán conocer la verdad, precisamente aquello que la mayoría de los "satisfechos" no conocen.

Mi primera responsabilidad pastoral fue en una comunidad agrícola. Los granjeros prestaban mucha atención al asunto de la siembra. Invertían mucho tiempo y dinero preparando la tierra antes de sembrar. Arar, pasar la rastra de discos y luego la rastra de dientes para deshacer y refinar la tierra, y esparcir el fertilizante eran por lo general los cuidadosos pasos que precedían a la siembra. Muchos de ellos también entendían que había momentos propicios para efectuar la misma, por lo que cada familia tenía su ejemplar de El Almanaque del Agricultor. Cada uno de estos cuidados extiende su sugerencia para una siembra sabia entre los que son difíciles de alcanzar.

A uno de aquellos que creen que están "satisfechos", quizá el testigo tenga que decirle: "Yo sé que usted no está interesado en este momento, y no quiero presionarle de ninguna manera, pero permítame relatarle brevemente lo que a mí me aconteció y cómo. Quizá un día, más cercano de lo que usted cree, esto le pueda ayudar y resulte más necesario de lo que ahora parece."

Encuentre alguna forma cuidadosa y respetuosa de sembrar la semilla, evitando la confrontación; es sorprendentemente poderosa para echar raíz y crecer, aun después de transcurrido mucho tiempo.

El Papel de la Culpa

Tradicionalmente, evangelizadores y testigos han utilizado a la culpabilidad como un poderoso motivador de cambio de actitud. Los clásicos pasajes bíblicos relativos al pecado, leídos o citados y dotados de poder por el Espíritu Santo han sido la artillería pesada en más de un encuentro que condujo a una sincera entrega a Cristo. Entre los participantes en una reunión de oración pídanse testimonios de salvación, y con toda seguridad varios hablarán del insoportable sentido de culpabilidad que les llevó a la búsqueda del perdón de Dios. La culpa seguirá siendo un detonante promovido por el Espíritu Santo para llevar a las personas hacia Cristo.

De lo que pocas veces tenemos conocimiento, sin embargo, es de la experiencia de aquellos que han reaccionado negativamente ante lo que puede haber sido un excesivo énfasis en la culpabilidad. Los psicólogos sociales hace ya un tiempo que están interesados en el papel de la culpa frente a la obediencia y la sumisión. Algunos de los experimentos que se han llevado a cabo podrán ayudarnos a ver algunas de las consecuencias del excesivo énfasis en esta área.

Investigadores como Freedman, Wallington y Bless;

Carlesmith y Gross, entre otros, han dado cuenta de experimentos en los cuales los sujetos fueron llevados a realizar (o creer que lo estaban haciendo) acciones levemente perniciosas contra otras personas. Por ejemplo, los sujetos en los experimentos citados fueron inducidos a decir una mentira, o a dejar caer en el piso todo un juego de tarjetas cuidadosamente ordenadas que un estudiante debía presentar en ese momento como su trabajo final de graduación, o a supuestamente aplicar descargas eléctricas a otra persona cuando daba respuestas incorrectas. Los sujetos que hicieron estas cosas, o que creyeron haberlas hecho, demostraron su sentimiento de culpa, a través de su disposición en ayudar a llevar a cabo alguna tarea un tanto desagradable o que requiriese dar de su tiempo para asistir a la víctima. La culpa, por lo tanto y como se esperaba, demostró ser un factor eficaz en asegurar la obediencia; pero se observaron dos efectos colaterales interesantes que pueden ser significativos para los testigos. Uno fue la tendencia de los sujetos cargados de culpa a evitar el encuentro con la víctima de su acción perniciosa. El otro efecto fue que algunos sujetos mostraron desprecio para con el cómplice que luego formuló el requerimiento en favor de la víctima. Uno de ellos dijo: "No me gustaba ese tipo. El sabía que me tenía en inferioridad de condiciones y se aprovechó de eso para pedirme que hiciera todas esas llamadas telefónicas para él." Otros experimentos han confirmado este descubrimiento. En otras palabras, existe una tendencia a evitar y sentir aversión por la persona causante de los sentimientos de culpa.

Las implicancias de esto para la evangelización son claras. Primero: si hay un énfasis desmedido en la culpa, puede provocar que el posible creyente evite al testigo. Lo que puede ser aun peor, puede llevarlo a evitar a Dios. Segundo: si hay una tendencia a sentir aversión, por la persona que causa el sentimiento de culpa, un énfasis tal puede destruir los puentes de confianza y amistad a menudo tan necesarios para un testimonio eficaz.

Cualquiera puede someter a comprobación estas ideas en su propia experiencia. Yo una vez me olvidé de un casamiento. Me sentí culpable. Afortunadamente, era una ceremonia informal, domiciliaria y no una de aquellas complejas en las que participa toda la iglesia; y se quedaron esperándome. Innecesario es decir cuánto hubiese preferido no tener que encontrarme luego con aquella pareja. Cuando lo hice, fueron sumamente bondadosos conmigo, pero el recordar aquella situación me confirma la verdad de este aserto respecto de la evitación.

Más de un pastor se ha sorprendido al descubrir que alguno siente hacia él una aversión violenta simplemente porque su testimonio y predicación avivaron el sentimiento de culpa en esa persona. En tanto que en cierta medida esto puede ser algo esperado, la presentación de Cristo de una manera más positiva debiera hacer que esto sea más bien la excepción que lo común.

Tercero: también es importante notar la falsa condescendencia del sujeto que expresó su aversión para con el cómplice. Esta de ningún modo es la clase de respuesta en conducta que un testigo cristiano espera. Sin embargo, según observa Griffin, la culpa puede producir una respuesta superficial hacia afuera en tanto que el hombre interior permanece impasible.

Cuarto: el excesivo énfasis en la culpabilidad puede tener efectos emocionales negativos. No pocas personas en la actualidad están alojadas en instituciones de atención mental a causa de una incapacidad para resolver su sentimiento de culpa. Esto no quiere decir que no podamos compartir el evangelio. Significa simplemente que lo más saludable es una presentación equilibrada de las nuevas buenas, dejándole el aspecto de la convicción de pecado al Espíritu Santo (Juan 16:7-11). El es el [único] que puede hacerlo, sin peligro y correctamente.

Por último: podemos en vano buscar un gran énfasis en la culpabilidad del individuo dentro del ministerio de Jesús. Ninguno podría acusarle de sobreenfatizar este aspecto.

Por cierto, el tomar conciencia de la propia culpabilidad es algo necesario, y en algunos casos podrá hacer falta un verdadero hincapié en ella. No obstante, estos descubrimientos debieran ayudar a los testigos a ser cautelosos con respecto a los énfasis innecesarios. En aquellos casos en que el pastor o el testigo sientan que es necesario centrar la atención de manera especial en la culpa, será sabio y prudente contemplar un correspondiente énfasis en el perdón que Dios ofrece y en la purificación que él lleva a cabo.

El Papel del Temor

Los testigos han utilizado el temor al juicio y el castigo eterno como un elemento vital para lograr el cambio de actitudes y llevar a las personas a la salvación. En tanto que, debido al incremento de la longevidad y las mejores posibilidades de salud, la muerte puede no ser ahora el factor primario de ansiedad para la mayoría, sigue siendo aún para las personas un potente motivador hacia la fe salvífica. Muchos testificarán que el temor al juicio fue la preocupación mayor que los llevó a Cristo. Otros, no obstante, parecieran no haber sido conmovidos por ningún tipo de temor.

Por cierto Jesús empleó el temor como un estímulo orientador hacia la salvación (Mat. 10:28; 6:30). Tan sólo por eso, nadie puede rechazar al temor como una motivación válida para ser utilizada por el Espíritu.

La simple observación nos dice que algunos mensajes de alto contenido atemorizante son eficaces. Corría el año 1983 y una ola de temor invadía la comunidad de homosexuales en los grandes centros urbanos, ante la rápida propagación de una enfermedad incurable a la que se denominó SIDA (Síndrome de Inmuno-deficiencia Adquirida). Al poco tiempo ya había provocado cambios de actitudes. Los medios de comunicación daban cuenta del cierre de casas de baños para homosexuales, menor asistencia a los bares frecuentados por ellos, y bastante menos promiscuidad. Aun la policía exigió y recibió equipos especiales para responder a requerimientos dentro de la comunidad homosexual.

En los últimos años, los psicólogos sociales han investigado sobre el temor como un medio para estimular a las personas a dejar de fumar, cepillar sus dientes, conducir con prudencia, usar cinturones de seguridad, construir refugios atómicos, evitar las enfermedades venéreas, y muchas otras cosas. Sin embargo, las conclusiones consistentes que no necesitan mayor corroboración, son escasas. Pueden plantearse preguntas acerca de la mayoría de los resultados hasta aquí, pero hay algunas cosas acerca de las cuales un cierto consenso está comenzando a formarse.

En tanto que el temor es reconocido como un poderoso agente motivador, el antiguo supuesto de que cuanto más alto el nivel de temor más persuasiva es la comunicación ya no es sostenido por muchos investigadores. Kenneth Higbee destaca que la relación entre temor y persuasión parece complicarse en base a la cantidad de variables tales como características de la personalidad, credibilidad de la fuente, el carácter válido y específico de las recomendaciones para aquellos a quienes intimidan, y algunas otras.

En general, según opinan Higbee y Simons, y en lo que se refiere a la persuasión, los mensajes con alto grado de amenaza parecerían ser más productivos que aquellos con bajo grado.

No obstante, y a pesar de ello, es claro que los mensajes de alto nivel intimidatorio no siempre dan resultado, y Griffin brega convincentemente por un nivel de atemorización más moderado como la manera de presentar el evangelio con mayor productividad. Autores como Griffin, Beck y Davis y Highbee afirman que hay evidencia de que, hasta un cierto nivel, el temor creciente realza la eficacia del mensaje en el cambio de actividades. Más allá de ese punto, intervienen otros factores como la evitación y la agresión los cuales hacen que mayor temor sea contraproducente.

Griffin ofrece tres razones de por qué esto tiene tanta aplicación al testimonio cristiano. Primero: existe la posibilidad de que si el nivel de intimidación es demasiado alto se instale una actitud de evitación. El mensaje y el mensajero simplemente quedan descartados como algo demasiado temible para ser siquiera considerado. Highbee, por su parte, considera que esto puede ser especialmente cierto en el caso de aquellos que no pueden resolver las amenazas y también las personas con bajo nivel de autoestima.

Segundo: el receptor podrá responder a la extrema amenaza concluyendo que la posibilidad de que ocurra es muy remota. Aparentemente, a las personas les resulta fácil hacer esto. "Después de todo", dicen, "muchos están en la misma situación, y pocos de ellos parecieran estar demasiado preocupados". La gente no se preocupa mucho por aquello que parece poco probable que acontezca.

Tercero: si la amenaza es tan severa, la solución podrá no parecer adecuada para remediarla. En otras palabras, el remedio debe ser tan potente como es de seria la situación.

Pocos son los testigos consistentes que no hayan oído a un creyente potencial decir: "Todo parece demasiado fácil." Lo que probablemente haya ocurrido es que la persona haya captado algo de la magnitud de su problema, y el evangelio en la manera en que fue presentado no pareció ser proporcional a la necesidad. Quizá, si se hubiera incluido la advertencia de Jesús respecto de considerar el costo, como así también sus temas relativos al tomar la cruz y la negación de sí mismo, habría parecido diferente.

No todos están de acuerdo con estas sugerencias, pero tales descubrimientos merecen una consideración seria. El temor seguirá siendo una parte del mensaje del evangelio, porque "¡Horrenda cosa es caer en manos del Dios vivo!" (Heb. 10:31), pero exactamente qué grado de atemorización puede mejor ser utilizado por el Espíritu Santo con la mayoría de las personas en el mundo actual es una pregunta digna de la más sentida preocupación. Al menos, estos descubrimientos debieran llevarnos a orar pidiendo guía cuidadosa al presentar el aspecto intimidatorio del mensaje.

Algunos Conceptos Más Nuevos

Cambiando la Conducta para Cambiar las Actitudes

Ya hemos visto cómo las actitudes que cambian pueden a menudo resultar en una conducta cambiada. Es también una realidad que un cambio en la conducta puede ayudar a cambiar actitudes.

Según Zimbardo, Ebberson y Maslach, atribuimos ciertas características a las personas a quienes vemos actuando de ciertas maneras. Por ejemplo, yo tengo un amigo a quien le gusta llegar al aeropuerto o a cualquier lugar que vaya mucho más temprano que lo necesario. Por esto, yo lo describo como una persona extremadamente puntual. Continuamente estamos haciendo juicios como éste. Basándonos en la conducta que observamos, asignamos a las personas características positivas o negativas y las consideramos a ellas de esa manera.

Lo que es importante ver es que de igual manera hacemos con nosotros mismos. Los autores recién mencionados afirman que, basados en lo que hacemos o como nos vemos a nosotros mismos proceder, nos atribuimos ciertas características a la vez que tendemos a considerarnos personas que no hacemos ese tipo de cosas. Por ejemplo, yo practico "aerobismo" regularmente, de modo que me considero una persona que practica una disciplina relacionada con mantener el cuerpo en buenas condiciones. No siempre hice eso. Acostumbraba comer demasiado y hacer demasiado poco ejercicio físico. Solamente comencé a considerarme una persona disciplinada en el ejercicio físico a partir del inicio de mi nueva conducta. Por supuesto que esto no tiene aplicación si existe una presión o compulsión para hablar o proceder en una manera determinada. Advierte Simons que una percepción de esta naturaleza únicamente ocurre donde la acción se lleva a cabo sin la intención de manipulación externa significativa.

Esto puede ser muy importante en la evangelización personal. Si nos fuera posible lograr que una persona adopte una conducta específica que sea característica de un cristiano, el no cristiano quizá comience a considerarse a sí mismo la clase de persona que haría precisamente ese tipo de cosa. Eso podría ser muy importante en el ayudar a producir el necesario cambio de actitud.

En la primera iglesia que pastoreé después de salir del seminario la congregación construyó un edificio educacional y los miembros realizaron gran parte del trabajo. Uno de los diáconos tenía un vecino, hombre crítico de la iglesia y de lenguaje rudo, a quien le gustaba el trabajo manual y que los sábados no sabía qué hacer con su tiempo. El diácono lo persuadió a venir un día para ayudarle a trabajar en la construcción. Al poco tiempo este hombre se hizo creyente y hoy es un diácono muy activo. Lo que ocurrió fue esto: una vez que hubo realizado un servicio para la iglesia, comenzó a considerarse una persona que haría ese tipo de cosas. Pronto realizó otra tarea también y más adelante asistió a un culto. Comenzó a cambiar su actitud hacia el templo, hacia los creyentes, y por último, hacia Cristo. Su cambio de actitud vino después de su cambio de conducta.

Las acciones caritativas de servicio en el nombre de Cristo en favor de los desafortunados podría ser un buen lugar para comenzar. Por ejemplo, un ropero o distribución de alimentos entre las personas de escasos recursos, tutoría de niños, ayudar a inmigrantes con el idioma o con sus trámites, participar en un número especial de canto o ayudar a los ancianos son actividades que algunos no cristianos estarían dispuestos a realizar.

Petty y Cacioppo nos hacen recordar que, teóricamente, si las personas están de acuerdo en realizar una tarea pequeña, entonces es más probable que estén dispuestas a llevar a cabo algo mucho más grande de lo que harían otros que no han hecho lo pequeño.

Lamentablemente, esto es de efecto inverso también. Si a una persona se le pide que haga algo así y no está dispuesta, entonces se considera a sí misma como alguien que no realizaría ese tipo de cosas; y su disposición negativa hacia las cosas espirituales podría reforzarse. Por esta razón es muy importante pedirles que hagan algo que es muy probable que estén de acuerdo en realizar.

No es necesario insistir en que tales respuestas han de ser voluntarias. Jamás debe ejercerse algún tipo de presión o manipulación. Una persona debe siempre tener la libertad de decir sí o no y seguir contando con la estima de quien formulara el requerimiento.

Descubriendo las Necesidades y Ministrándolas

Los "satisfechos" generalmente no se interesan por la fe cristiana a menos que piensen que puede satisfacer una necesidad personal que advierten. Como hemos visto en el capítulo anterior, debemos comenzar con las personas en la situación en que se encuentran, y esa es la situación en que se encuentran ellos.

Hay muchos que han escrito material que resulta útil en este sentido, como Keith Miller y George Hunter. El énfasis de una gran parte de este material está en que el testigo debe descubrir alguna necesidad o necesidades que tiene el no creyente y mostrarle cómo el evangelio es relevante para esa necesidad, como así también para las necesidades fundamentales de todo ser humano. Si es que el no creyente ha de ser atraído al evangelio, esa es la manera en que ha de venir.

Frecuentemente, esto incluye el atender necesidades advertidas que en realidad no son tan importantes como las necesidades fundamentales. Estas últimas tienen que ver con el arrepentimiento y la fe seguidos por el crecimiento y el servicio y el perderse a sí mismo en la vida vivida para Dios. Las necesidades advertidas pueden estar más en el área del alimento, el vestido, la ayuda con un adolescente ingobernable, la soledad, la lucha en el hogar, problemas morales en la familia, depresión y desesperanza. Las necesidades advertidas no deben ser tratadas livianamente (Stg. 1:15). Debemos satisfacerlas tanto como sea posible y luego pasar, como hizo Jesús, a las necesidades fundamentales.

Períodos de Respuesta

La primera persona a quien testifiqué luego de mi conversión me respondió así: "¿Quiere que le diga una cosa?, si usted me hubiera hablado ocho o nueve meses atrás, le habría escuchado de buena gana. En aquel tiempo yo me hacía preguntas acerca del cristianismo, y seguro que lo hubiera pensado seriamente, pero después encontré a un profesor en la universidad quien comenzó a enseñarme religiones comparadas. Ahora creo que todas las religiones tienen algo de bueno y que uno no debe ceñirse a una sola."

Nada de lo que yo decía despertaba en él interés alguno por el evangelio; me sentí desanimado. Nueve meses antes, yo mismo estaba necesitando ayuda y poco podía haberle ofrecido. En ese momento yo no supe interpretar lo que sucedía, pero entiendo ahora que mi amigo había atravesado lo que podríamos llamar un período de apertura y cuestionamiento. Lamentablemente, no hubo un creyente para ayudarle.

Estos tiempos de receptividad están bien determinados. Uno puede quizá, hasta cierto punto verlo en su propia vida, dependiendo de la edad que tenía al convertirse. Yo no era receptivo en absoluto a los dieciocho, pero a los veinte estaba tan preparado para oír el evangelio que no esperé hasta que un testigo me hallara. Salí a buscar a un cristiano que me pudiera ayudar a entregar mi vida a Cristo.

Donald McGavran dedica todo un capítulo de su libro *Undestanding Church Growth* a los diferentes grados de receptividad de individuos y grupos. El discute las causas y los efectos de esa fluctuación sobre las misiones. El autor considera esos tiempos receptivos como sumamente importantes para las estrategias en la evangelización.

El cree que estos tiempos de receptividad se mueven como la marea. Podrán permanecer más tiempo que una pleamar, pero a su tiempo retroceden, y no hay seguridad absoluta de que regresen otra vez. Algunas veces esto ocurre en los campos misioneros después de muchos años de resultados casi imperceptibles. Así sucede en las vidas de los individuos, y estas oportunidades hay que utilizarlas. Como dijo Pablo, debemos redimir el tiempo (Véase Col. 4:5).

Aún más recientemente, se ha realizado considerable investigación acerca del desarrollo de los adultos y las varias etapas que atraviesan o patrones que configuran. El trabajo más destacado es el de Daniel J. Levinson y sus colegas.

Aunque el estudio de Levinson se limitó a hombres de entre 18 y casi 50 años, él sugiere que haciendo lugar a ciertas diferencias biológicas y sociales, los períodos de desarrollo a través de los cuales pasan las mujeres pueden ser similares. Un estudio limitado ha señalado ya en esa dirección.

De mayor importancia para la evangelización son los años de transición que marcan el final de una etapa del ciclo de vida y el comienzo de otra. Estas son las transiciones de los "adultos jóvenes, 17-22 años"; la "media vida, 40-45 años"; y la "adultez avanzada, 60-65 años". Además, Levinson descubre una transición "de los treinta, 28-33 años" y una "de los cincuenta, 50-55 años", cada una de las cuales se produce en la mitad de sus etapas. En las transiciones de etapa a etapa lo "constitutivo de la vida de uno" sufre transformaciones, en tanto que en todas las cinco, puede producirse un intenso cuestionamiento respecto de la vida. Aun cuando las personas pueden convertirse a cualquier edad el entender estos períodos, la realidad de que se produce un serio cuestionamiento, y la clase de preguntas que se plantean debieran constituir una invalorable ayuda para el testigo. Después de todo, muchas de estas preguntas son aquellas a las cuales la fe cristiana proporciona una respuesta.

Varios factores ejercen su influencia sobre la intensidad y el significado de estos períodos para distintas personas, pero lo cierto es que los tiempos de transición y cambio, cuando las personas reflexionan, revalúan, reordenan sus prioridades, y asumen nuevos modelos de vida pueden ser oportunidades fructíferas para la evangelización. Southard dice: "La fe cristiana es una peregrinación y cobra su mayor sentido para las personas cuando éstas están listas para incursionar en los espacios de la vida."

Así es que, entonces, no renunciamos a aquellos que parecen satisfechos. En el caso de algunos, esperamos en oración que llegue el tiempo de apertura.

Tiempos de Crisis

El ministerio en situaciones de crisis es otra gran oportunidad que tiene el testigo sincero. Las crisis se presentan en las vidas de todas las personas. Como dijera Elifaz, el amigo de Job: "Pero el hombre nace para el sufrimiento, así como las chispas vuelan hacia arriba" (Job 5:7). Además, es durante estos tiempos de crisis que las presuposiciones por las cuales una persona ha vivido probablemente lleguen a parecer inadecuadas. Es un tiempo en el que muchas personas reconocen la necesidad de ayuda externa.

Cuando Robert Ferm estaba preparando su libro *The Psychology of Christian Conversion*, efectuó relevamientos, principalmente entre estudiantes cristianos secundarios y universitarios. Descubrió que el 40 por ciento de sus encuestados habían sufrido algún tipo de experiencia crítica previa a la conversión la cual les había llevado a pensar seriamente respecto de las cosas espirituales. Entre aquellos asuntos que constituyeron los mayores estímulos había problemas congénitos, enfermedad, un sermón que tocó profundamente, y la mala fortuna de un amigo.

Southard, por otra parte, publicó los resultados de un estudio llevado a cabo entre adultos convertidos, según surge de los testimonios presentados en el Estado de Texas. Dichos resultados sugerían que "la necesidad de un salvador se hizo más real cuando peligró la seguridad personal debido a cambios en la situación social o cuando la autoestima fue confrontada por un nuevo papel como esposo, padre o ejecutivo".

El testigo debe estar alerta a estos tiempos de grandes y pequeñas crisis. Desde el punto de vista espiritual éstas pueden ser bendiciones encubiertas que claramente revelan necesidades.

Aquí se requiere de un amor tierno y paciente y de la máxima sensibilidad. El cristiano no es importuno cuando se acerca e identifica con alguien en momentos de crisis o problemas. El mostrar comprensivamente que "cercano está Jehová a los quebrantados de corazón" (Sal. 34:18) y que él "sana a los quebrantados de corazón y venda sus heridas" (Sal. 147:3), o que Dios es "nuestro pronto auxilio en las tribulaciones" (Sal. 46:1), en combinación con un testimonio personal del cuidado y preocupación de Dios no es algo ofensivo.

Conozco un fiel diácono en la actualidad, quien, hace treinta años, aceptó a Jesús como Señor tan sólo dos días después de la inesperada muerte de su padre. Pensé, en aquel tiempo, que él estaría enojado con Dios. Sin embargo, el Espíritu Santo, utilizó el dolor para abrir su corazón a la fe y a la dedicación de su vida a Cristo. Un ministerio caracterizado por la actitud sensible y combinado con un testimonio lleno de comprensión puede ser uno de nuestros mejores medios para alcanzar a los "satisfechos".

Ofreciendo una Causa

Siempre me ha intrigado el capítulo sobre el hambre por una causa en el libro de James Jauncey: *Psychology for Successful Evangelism*. Afirma el autor que el ser humano tiene una necesidad básica de identificación con una causa importante, algún propósito al cual entregarse de lleno y dedicarle su vida.

Sostiene Jauncey que a través de gran parte de la historia la mayoría de las personas han tenido que gastar todas sus energías para procurar alimento, donde vivir, y satisfacer necesidades básicas. Ha sido únicamente en tiempos recientes que la prosperidad en el mundo occidental ha permitido a muchas personas poder dedicarse a otras actividades. Como consecuencia, la necesidad de abrazar una causa se ha hecho evidente a través de toda clase de campañas, marchas, protestas y manifestaciones.

El considera al cristianismo como la provisión de Dios para satisfacer a la perfección esta necesidad. No se trata simplemente de *una* causa, es *la* causa. No hay nada más adecuado para ofrecer a las personas un propósito al cual brindarse de lleno y una razón válida e interesante para vivir.

Si resulta cierto que la mayor ansiedad del hombre actual es el encontrar significado a la vida, entonces verdaderamente tenemos algo para ofrecer en la vida cristiana: el servicio en y para el reino empleando los dones y capacidades dados por Dios. Cuenta Jauncey que, en su juventud asistía a reuniones misioneras en las cuales los misioneros que regresaban para su período de licencia relataban sus testimonios y hablaban de las necesidades sin cubrir que existían en los campos de labor. Al extenderse la invitación para que personas se consagraran al servicio cristiano y a la satisfacción de esas necesidades, se sorprendía ante el número de no creyentes que se ofrecían. Con el correr del tiempo llegó a la conclusión de que eran personas necesitadas de una causa quienes veían en eso un gran propósito de vida al cual entregarse de lleno. No habían sido conmovidos por los esfuerzos evangelizadores de la iglesia, habían sido tocados profundamente por la oportunidad de identificarse con una gran causa.

Algunos podrán objetar que esto no sigue el orden debido y que las personas tienen que llegar a ser creyentes antes de tratar de servir a Cristo. Sin embargo, no hay reglas que determinen la manera en que uno deba ser atraído al evangelio. Cada persona es diferente, y es de esperar que se empleen de toda clase de llamamientos o incentivos para guiar a las personas al Señor.

Lo que estoy diciendo es que no debemos olvidarnos de los satisfechos porque esta sea la manera en que se sientan en este momento. Dios está obrando en su mundo. Las circunstancias de cada persona están cambiando todos los días. La persona que era inexpugnable ayer podrá ser mucho más receptiva hoy. Aquello mismo que no nos permite abandonar un campo misionero simplemente porque la tarea es dura es lo que no nos permite abandonar a los "satisfechos". Debemos trabajar constantemente con métodos antiguos y nuevos para comunicar la verdad y ganar a los perdidos.

8

Los Medios de Comunicación Masiva y la Evangelización Personal

4. Preponderancia de la Evangelización Llevada a
Cabo por la Iglesia Local
VI. Expectativas

El número de los medios de comunicación masiva es
grande y muchos de ellos se utilizan en la evangelización.
Libros, películas, revistas, folletos, periódicos seculares y
religiosos, radio y televisión caen bajo este epígrafe. Sin
embargo, la realidad es que en muchos países ya —y en otros
se está llegando aceleradamente— la evangelización televisiva,
y en menor medida la radial, eclipsan en grado tal a los demás,
que la discusión se limita mayormente a ese tipo de medios.

Algunos se preguntarán qué razón existe para que la
televisión siquiera sea mencionada dentro de un libro sobre
evangelización personal. Tal razón yace en que algunos de
aquellos que están ocupados en la televisión religiosa afirman,
consciente o inconscientemente, poder llevar adelante gran
parte de la tarea evangelizadora en favor de las iglesias locales.
Esta discusión debiera alertarnos sobre la necesidad de pesar
cuidadosamente algunas pretensiones en boga y, lo que es más
importante, ayudarnos a ver la naturaleza indispensable de la
evangelización personal llevada a cabo a través de la iglesia
local. Es de esperar que todo sueño infundado de encontrar un
método de evangelización mundial fácil, abreviado y
"relámpago" sea definitivamente descartado.

La iglesia eléctrica o iglesia electrónica es una expresión
que emplean preconizadores y opositores por igual, para
referirse a un sorprendente fenómeno de nuestro tiempo.
Jeffrey Hadden preparó un ensayo para la Consulta sobre la
Iglesia Electrónica, en el Concilio Nacional de Iglesias llevada a
cabo en Nueva York en 1980, en el cual acertadamente la
define como: "Toda comunicación electrónica que generalmente es percibida a la vez por emisoras y receptores como siendo
religiosa en su intención y en su contenido." Sin embargo,
cuando en su mayoría la gente oye el término, tienden a
pensar en un grupo de seis o diez personalidades de la
televisión religiosa internacional o nacional y su séquito y, en
menor grado, en algunas conocidas personalidades de la radio
y sus asociados. Esta última es la manera en que se lo utiliza en
este capítulo al hacer referencia a personajes y programas
cuyos nombres han pasado a ser expresiones corrientes.

Conviene aclarar que no todo aquello que se diga tiene
aplicación idéntica a toda situación. La variedad dentro de la
iglesia electrónica es tan grande, y está desarrollándose tan

velozmente que mucho tendrá que ser aplicado con discreción y cuidadoso discernimiento.

Los medios electrónicos ejercen sobre nosotros enorme influencia. En países como los EE. UU. de A. el noventa y ocho por ciento de los hogares tienen televisión, y hay muchísimas más radios que personas. Aun cuando las cifras varían, William Fore estimaba en 1979 y en esa misma nación, que la persona promedio de más de 18 años pasa 26,4 horas semanales delante de la pantalla y escucha 21,3 horas de radio a la semana. Esto suma un total de 47,7 horas, lo que equivale a dos días enteros con sus noches cada semana. Quiere decir entonces, que se dedica más tiempo a eso que a cualquier otra actividad menos el dormir, el cual ocupa un segundo puesto muy cercano. A modo de comparación, la lectura de libros, algo de no poca importancia y gravitación desde el punto de vista del discipulado cristiano, ocupa un mero espacio de doce minutos semanales.

Algo que ocupa una porción tan grande de nuestras vidas no puede evitar el ser una tremenda influencia. Una autoridad en la materia como lo es Hadden, ha señalado que representa el tercer gran paso en la revolución de las comunicaciones, siendo el primero de ellos la escritura y el segundo los caracteres móviles en la imprenta. No es de extrañarse que los expertos en comunicaciones afirmen que uno debe entender algo sobre estos medios si es que ha de entender la vida como es actualmente.

Este poder de los medios electrónicos no ha escapado de quienes están interesados en extender la fe cristiana. Coincidente con el avance de estos medios ha sido el uso que de ellos han hecho diferentes grupos cristianos y personalidades en forma individual. En los últimos años, especialmente a partir de la década de los 70, se ha visto un auge grandísimo en el uso de la televisión como un medio para la comunicación religiosa. Ya en 1978, The Wall Street Journal en su edición del 19 de mayo, destacaba que se había convertido en un negocio tan grande como para denominarlo "big business" [o sea un negocio altamente reditualbe que integra a grupos en tanto que su notorio poder e influencia se van extendiendo].

Una preocupación sobresaliente la constituye el determinar exactamente cuán efectivo sea este desarrollo revolucionario, en el área de la evangelización. ¿Es verdad que millones son ganados en el país y en el extranjero? ¿Constituye este, por fin, el medio principal para llevar a su concreción el

alcance mundial de los comisionamientos del Nuevo
Testamento como algunos parecen creer?

Grandes Pretensiones de la Iglesia Electrónica

El Medio de Dios para Alcanzar a Todo el Mundo

No son pocos los proponentes de la iglesia electrónica que
plantean algunas pretensiones grandiosas en cuanto a sus
ventajas relacionadas directa o indirectamente con la
evangelización. Ben Armstrong, director ejecutivo de una
organización norteamericana, formada por personas que usan
las ondas de radio y televisión para proclamar el evangelio y
enseñar la Biblia, afirma que aquello que él define como la
iglesia electrónica, alcanza a más personas semanalmente que
la totalidad de las iglesias locales juntas. Siempre de acuerdo
con sus cálculos, en tanto que el 42 por ciento de la población
asiste a un templo cada semana, el 47 por ciento ve u oye
algún programa religioso. Prosigue el citado director, diciendo:
"Entiendo que Dios ha levantado esta poderosa tecnología de
la radio y la televisión con el expreso propósito de alcanzar a
cada hombre, mujer, niño, o niña sobre la tierra con el aún
más poderoso mensaje del evangelio."

El Cumplimiento de las Profecías

Además, él ve en estos medios implicancias escatológicas.
Señala el pasaje según el cual el "evangelio del reino será
predicado en todo el mundo y para testimonio a todas las
razas, y luego vendrá el fin", y declara que "ciertamente, por
primera vez en la historia humana, estamos inmersos en el
pleno cumplimiento de las condiciones de Mateo 24:14".

Armstrong también da cuenta de un encuentro entre
David DuPlessis, conocido apologeta pentecostal, y Karl Barth
en el transcurso del cual este último preguntó: "Si usted está
tan seguro de que la Biblia predice el futuro, ¿entonces por
qué no están allí la radio y la T.V.?" DuPlessis respondió:
"¡Están!", y se remitió a Apocalipsis 14:6, un pasaje que dice:
"Vi a otro ángel que volaba en medio del cielo, que tenía el
evangelio eterno para predicarlo a los que habitan en la tierra:
a toda nación y raza y lengua y pueblo." Apocalipsis 14:8, 9
menciona otros dos ángeles, uno que anuncia la caída de
Babilonia y otro que advierte acerca de las consecuencias de
aceptar la marca de la bestia. Estos tres ángeles, piensa
Armstrong, pueden representar a tres satélites, cada uno capaz

de cubrir un tercio de la tierra, haciendo posible así la predicación del evangelio a cada nación en la tierra. Aunque los medios tecnológicos para realizar esto existen y aun cuando una interpretación tal de ese pasaje fuere plausible, me parece a mí que existirían algunas importantes razones políticas, sociológicas y religiosas para negar una posibilidad así.

Lo importante, sin embargo, es que muchos de aquellos que trabajan en el área de los medios electrónicos los preconizan como la gran esperanza de la proclamación del evangelio a nivel mundial y como un medio de ganar rápidamente a miles de personas, "de ganar al mundo entero para Cristo". Que muchos creyentes y líderes cristianos abrigan esta misma esperanza se hace evidente a través de la asombrosa facilidad con la que personajes carismáticos reúnen sumas inmensas apelando a este concepto.

Este de ninguna manera es el único incentivo. También hay promesas de oración poderosa para solucionar problemas personales o los de seres amados, ofrecimientos de libros, recuerdos, Biblias, prendedores, oportunidades de viajar con personalidades del programa, la posibilidad de milagros, y otras bendiciones personales. Sin embargo, el resultado final que legitimiza la mayor parte de los ofrecimiento e incentivos es aquello que puede llegar a realizarse en favor de otros a través del ministerio, especialmente en el aspecto evangelizador. Por varias razones, es óbvio que de ninguna manera pueden llegar a concretar lo que sugieren.

Poder Innegable

Con lo expresado anteriormente no queremos decir, por supuesto, que la televisión no sea un medio poderoso, porque sin duda alguna lo es. Desde el punto de vista religioso, la televisión ha dado muestras de ser poderosísima para edificar imperios con la participación de una personalidad carismática. Como una gran aspiradora electrónica, absorbe a gente común, estudiantes, catedráticos, y especialmente dinero para construir escuelas, escuelas de medicina y otras especializadas, oficinas centrales —en algunos casos completas con hotel, restaurantes, estudios de grabación y filmación, y hasta instalaciones para recreación y campamentos.

Más todavía, la televisión puede informar. Es un potente reforzador en el sentido de afianzar a las personas en lo que creen. Puede plantar semillas. Hasta puede persuadir, en cierta medida. Tampoco existe duda acerca del efecto con que algunas sociedades consideran a este medio. Ha pasado a ser la principal fuente de entretenimiento para la mayoría de las personas y, en realidad, la relación de trato ha superado el mero "afecto". Marie Winn, en su libro *The Plug-in Drug* [Enchufarse a la Droga], ve la televisión como "un narcótico del cual millones son dependientes. Sencillamente ya no pueden vivir sin ella".

Otros señalan que trasciende las barreras del analfabetismo, lo cual ya es considerado importante. Y, por cierto, también algunos de aquellos que no asisten a un templo son alcanzados, en especial los privados de libertad y los ancianos. Grandes personalidades cristianas pueden presentarse ante audiencias potencialmente numerosas para las que de otro modo permanecerían prácticamente desconocidos. Puede también ser un instrumento de cambio, especialmente cuando uno está predispuesto a ello, y puede influenciar o hacer variar actitudes cuando las personas están aún indecisas ante algo. Como ya dijéramos anteriormente, ha producido una revolución de proporciones dentro de las comunicaciones, y esto de ninguna manera puede desconocerse.

Podemos estar verdaderamente agradecidos por el poder de este medio y por todo el bien que está dentro de su alcance hacer. Verdaderamente, sería una pena que el evangelio no llegara a ser visto y oído a través de un medio así. Y especialmente por aquellos que fueron ayudados a tomar la decisión de entregarse a Cristo o que fueron fortalecidos en sus convicciones cristianas, no podemos sino alabar a Dios.

Lo que el cristiano debe reconocer, no obstante, es que, por más extraño que esto pueda parecer y que aun siendo tan eficaz, la televisión no es el gran instrumento para la evangelización que la gente generalmente cree que es. Hay un número cada vez mayor de voces moderadoras de las pretensiones acerca de los resultados evangelizadores que, hasta ahora apenas se han hecho conocer o que, en caso de haberse pronunciado, han sido desestimadas por el gran ejército de adherentes tanto dentro de las iglesias locales como fuera de ellas.

Contraproposiciones

Expertos en Comunicación Cristiana

Vigo Sogaard, especialista en comunicaciones en la Escuela Tollose, en Dinamarca, y coordinador en el área de capacitación del "Asia Christian Fellowship" ("Compañerismo

Cristiano de Asia") señala, escribiendo para World Evange-
lization (órgano del Comité de Lausana para la Evangelización
Mundial) que "La Teoría de la Comunicación... ahora está más
refinada y tiene aplicación a la comunicación cristiana." Agrega
luego sin retaceos: "Los medios de comunicación a menudo se
contemplan con admiración, como si fuesen capaces de
comunicar mensajes de por sí solos. La radio y la televisión...
no son eficaces para la toma de decisiones." Más adelante,
pero en relación con la afirmación última, Sogaad agrega: "La
evangelización debe tener su centro en la iglesia local y no en
una organización externa a ella. La punta de lanza de la iglesia
está allí donde sus miembros se confrontan con la sociedad, la
sociedad encarnada en sus vecinos, colegas, amigos y
familiares."

Sogaad no está solo en esta convicción. Oigamos lo que
dice Charles Swann, Director General de una emisora,
perteneciente al Seminario Teológico de la Unión, en
Richmond, Virgina:

"Los medios de comunicación masiva dentro de la
sociedad norteamericana probablemente sean ineficaces para
hacer cambiar de opinión a las personas. Unicamente resultan
eficaces para crear opinión, cuando hay ausencia de opinión
previamente formada. A mi parecer, el tema religioso es uno
sobre el cual no hay persona alguna en nuestro país que no
tenga ya una opinión formada."

Robert Don Hughes, profesor adjunto de Medios de
Comunicación Masiva en el Seminario Teológico Bautista del
Sur (EE. UU. de A.) expresa: "Los cristianos debemos utilizar
los medios [de comunicación masiva] para crear conciencia de
la existencia del evangelio en la audiencia. El llevar a cambiar
de parecer a los integrantes de esa audiencia —'ganarlos para
Cristo—' sigue a siendo una responsabilidad de cada cristiano
individualmente, a través de encuentros personales."

Otras Autoridades

Joseph Klapper, desde hace muchos años una autoridad
en el campo de las comunicaciones, escribió: "En general, la
comunicación masiva refuerza las actitudes, gustos,
predisposiciones, y tendencias de conducta ya existentes en los
integrantes de su audiencia, incluyendo las tendencias al
cambio. Pocas veces, o ninguna, es ella sola la creadora de una
metamorfosis." O notemos esta opinión más reciente y un
tanto diferente, de Emmert y Donaghy: "Los medios de
comunicación masiva podrán convencernos para elegir una

determinada marca de queso o un cierto desodorante, pero rara vez nos persuaden a votar por un candidato o a realizar una operación financiera importante." En otras palabras, los medios masivos podrán influenciar a las personas en relación con asuntos de menor importancia; pero, cuando se está frente a decisiones trascendentales tales como la dedicación de la vida a Cristo, hay otros elementos que deben entrar y que discutiremos más adelante.

Consideraciones

La Soberanía de la Audiencia.

Lo que dicen estos investigadores acerca de la debilidad de los medios masivos en cuanto a ejercer su influencia en decisiones trascendentes es cierto por varias razones. Primera, está la realidad obvia pero frecuentemente no contemplada, de que la audiencia es soberana. Esto quiere decir que la persona decide si ver o no y si escuchar o no un programa. No se está llevando a cabo evangelización alguna si a cierta hora, no importa cuántos programas cristianos se ofrezcan en ese mismo momento, una persona ha optado por observar entretenimientos seculares, lo cual aparentemente una gran mayoría hace.

No pocos han dado por sentado que simplemente al poner en el aire un programa televisivo cristiano, lograrán tener un gran número de espectadores. Esa es una presuposición totalmente falsa. Hay muchísimas personas que nunca sintonizarían un programa religioso, del mismo modo que jamás asistirían a un estadio para escuchar la predicación de algún gran evangelista.

Recepción, Retención y Percepción Selectivas

Esto nos lleva a una segunda razón explicatoria. La gente practica la recepción, la retención y la percepción selectivas. La investigación ha revelado algunos aspectos muy interesantes acerca de las actitudes de las personas y de las comunicaciones que reciben. Primero, a menudo tienden a leer, observar, o escuchar comunicaciones que simpaticen con sus puntos de vista o conceptos y evitan las de otra índole. Segundo, recuerdan por más tiempo aquellas comunicaciones que ofrecen respaldo a sus tesis y olvidan fácilmente sus antítesis. Por último, es común que las personas distorsionen o reinterpreten puntos de vista con los que no simpatizan, de modo tal que terminan utilizándolos para respaldar sus propias opiniones. Un ejemplo podrían ser las comunicaciones acerca de la monogamia. Según surge de los esporádicos informes periodísticos, todavía quedan algunos polígamos pertinaces. Algunas veces son descubiertos y detenidos. Estos, no sólo se contarían entre los que con menos probabilidad leerían interpretaciones de la Biblia que enseñan la monogamia, sino que serían quienes menos probabilidades tendrían de recordarlas. Aun podrán distorsionar y reinterpretar lo que sí leen de manera de usarlo para afirmar sus propios puntos de vista. Joseph T. Klapper lo resume de esta manera:

> Resulta obvio que si las personas tienden a exponerse principalmente a las comunicaciones masivas en armonía con sus puntos de vista e intereses ya resueltos y a evitar otro material, y si, además, tienden a olvidar todo otro material que ven, y si, en última instancia, tienden a distorsionar lo que recuerdan de ese otro material, entonces evidentemente la comunicación masiva tiene pocas probabilidades de cambiar sus puntos de vista. Es mucho, mucho más probable que afirme y refuerce sus puntos de vista existentes.

La palabra tienden es una de las importantes aquí. Anteriormente utilicé la expresión a menudo. Hice eso porque como podía sospecharse, hay algunas excepciones al dictamen de Klapper. Se ha descubierto que podrían existir razones por las que una persona observaría un programa que no coincida con los puntos de vista que ella sustenta. Por ejemplo, como sugieren Severin y Tankard, alguno podría hacerlo a fin de buscar información útil en razón de su interés en un tema en particular o aun para entretenerse escuchando a una persona con una concepción o concepciones opuestas. O supóngase que un no cristiano inveterado está pernoctando en una población donde sólo se recepcionan dos canales y ambos tienen un programa religioso. En el caso que el no cristiano quiera ver un programa de televisión, tendrá que ver algo contrario a sus puntos de vista.

Según Severin y Tankard,

> Los tres procesos selectivos podrían considerarse como si fuesen tres anillos defensivos, siendo el anillo exterior la exposición selectiva, en el centro la percepción selectiva y siendo la retención selectiva el

anillo más cercano al centro. La información indeseable puede a veces ser desviada en el anillo exterior. Una persona puede así evitar aquellas publicaciones y programas que pudieran contener información contraria. Si esto falla, la persona puede entonces ejercer una percepción selectiva decodificando el mensaje. Si esto falla, entonces la persona puede ejercer una retención selectiva, y sencillamente no retener la información que le es contraria.

No todos coinciden en cuanto a lo de la exposición selectiva. Ha sido puesta en tela de juicio y sometida a debate especialmente por autores como W. McGuire y D. Sears. Por esa razón, Severin y Tankard creen que algunos confiarían menos en la exposición selectiva que en la percepción y retención selectivas. Al mismo tiempo, se hace evidente que otros expertos como Katz, y Emmert y Donaghy la consideran válida a pesar de los cuestionamientos planteados y aplicable también, como proponen Engel y Griffin, en lo relativo a la evangelización a través de los medios de comunicación masiva.

Para el laico no familiarizado con las complejidades de la psicología social, esta lógica surgida del sentido común es al parecer bastante obvia. Muchos son conscientes de estar ejerciendo ellos mismos una exposición selectiva. También resulta obvio que hay excepciones. La iglesia electrónica tiene, por cierto, televidentes no cristianos y también algunas conversiones genuinas. A la vez, la mayor parte del mundo no creyente no la observa, y la exposición selectiva es un factor importante en su decisión.

Al.volcar estas ideas no hemos olvidado la obra del Espíritu Santo, ni a través de ellas lo limitamos de modo alguno. El es "libre como el viento", y evidencia de ello es el no cristiano televidente de la iglesia electrónica. El Espíritu Santo también trabaja a través de procesos naturales, y cuanto mejor los entendamos, mejor podremos cooperar con él.

Audiencia Limitada

A pesar de los grandiosos méritos autoadjudicados con respecto al número de su audiencia, las investigaciones revelan que la televisión de carácter religioso tiene una audiencia bastante limitada, particularmente a la luz de la realidad de que debe competir con la preponderante red de programas de entretenimiento.

Sin embargo, notemos que la investigación de Jeffrey Hadden y Charles Swann ha revelado la existencia de una diferencia abismal entre el número real de las teleaudiencias y el pretendido por los productores. Descubrieron que, según Arbitron, el número total de telespectadores de sesenta y ocho programas religiosos producidos para ser comercializados, que fueron retransmitidos a través de diferentes emisoras durante una semana promedio en 1980, fue de 20.500.000 personas.

Esta cifra era mucho menor que otra récord, pretendida para su programa solamente. Sin embargo, estos guarismos deben ser templados por otra consideración. Si un telespectador observó cinco programas seguidos un determinado domingo por la mañana, a éste se lo contó cinco veces. De aquí entonces, que el total de televidentes no signifique que concretamente haya habido 20.500.000 personas diferentes. El total real podría ser sustancialmente menor. Por otra parte, señalan también que los 4.200 sistemas de "videocable" que a la sazón funcionaban, con una audiencia de 15 millones de asociados, no fueron tenidos en cuenta. Esto sin duda aumentaría el número total de la audiencia general. Hadden y Swann concluyeron que estaba, muy probablemente, bastante acertado en cuanto al número de la teleaudiencia.

Los mismos investigadores encontraron que estos programas atraen a una porción desproporcionada de espectadores de extracción cristiana [como ser a los "sureños", en los EE. UU. de A.], y que virtualmente todos los programas producidos para ser comercializados tienen audiencias de las cuales de los dos tercios a las tres cuarta partes son personas de cincuenta años o más, a su vez, señalan los mismos autores, unos dos tercios son mujeres.

Comunicación Impersonal en una Sola Dirección

La propalación electrónica tiene todavía otro factor limitativo. A pesar de toda su utilidad, es principalmente una comunicación en una sola dirección. Por lo tanto, en virtud de su propia naturaleza, es impersonal y no fomenta relaciones personales. El orador no es conocido por sus oyentes, ni él llega a conocerlos a ellos.

Sin embargo, Hadden y Swann señalan perceptivamente que una combinación de aptitudes informales, familiaridad con los patrocinantes e integrantes del elenco, tener público presente, y correspondencia computarizada encabezando las cartas con el nombre de cada oyente hace que aquellas personas influenciables y dispuestas imaginen tener una relación cara a cara con el personaje. Sin embargo, no es más que una ilusión. Es absolutamente comunicación en una sola dirección aunque, aparentemente, más de uno está satisfecho con que así sea. Los científicos sociales y los expertos en opinión pública coinciden en que el discurso cara a cara es un instrumento pedagógico y de persuasión muchísimo más eficaz.

Mensajeros No Vulnerables

Cercanamente relacionado al asunto de la comunicación impersonal está la realidad de la no vulnerabilidad. Jesús era vulnerable. A menudo se afirma que Jesús pudo quizá haber hablado a un total de veinte o treinta mil personas a lo largo de toda su vida mientras que, a través de la televisión, sería posible superar ampliamente ese número en una sola presentación. No obstante, el contacto de Jesús con las personas era de una naturaleza muy distinta. El caminaba entre su audiencia. Su vida estaba abierta a la observación y evaluación de la gente. Estuvo expuesto a la crítica, al abuso, y finalmente a la muerte en manos de ellos. Tal era su vulnerabilidad. Por esto el mundo lo reconoce y reverencia como a ningún otro.

A través de la televisión habría estado bien seguro. Pero su imagen distaba mucho de esta otra, estéril, y en un tubo de rayos catódicos, la que aun a pesar de todo artificio técnico permanece al fin y al cabo lejana en el espacio, impersonal, e incapaz de establecer una relación.

Un Medio de Entretenimiento

Otra desventaja de la televisión es que, por su misma naturaleza es un medio de entretenimiento. Constantemente hay quienes repiten la frase de Marshall McLuhan: "El medio es el mensaje." El quiere decir, por supuesto, que el medio constituye en sí mismo un mensaje, y consciente o inconscientemente la gente en alguna manera cree eso respecto de la televisión. La gran mayoría de los espectadores encienden sus televisores en busca de entretenimiento, y esto quizá explique por qué aquellos programas con una mayor proporción de ese elemento a menudo tienen más éxito en la atracción de audiencias.

Los Líderes de Opinión

El defecto más significativo de todos tiene que ver con la formación de opinión y con el proceso de toma de decisión.

Ya han sido citadas autoridades en el tema, quienes no creen que los medios electrónicos de comunicación sean el mejor medio para llevar a decisiones trascendentes. La realidad de esto queda demostrada, en parte, por la investigación que revela el poder y la importancia de los líderes o influenciadores de opinión en cualquier grupo humano. La mayoría de las personas no son tan influenciadas por el mensaje que reciben de los medios como lo son por las actitudes para con la información que asumen los líderes de sus grupos de relación.

También, muchos se guían por la opinión de los influyentes porque perciben la gran distancia existente entre el transmisor de la información y ellos. No se sienten lo suficientemente semejantes a esa persona, por ejemplo, el predicador de la televisión, como para considerarlo creíble y de este modo aceptar su información. Después de todo, él es un desconocido para ellos. Es así como buscan en un líder de opinión de su grupo de relación, a un intérprete. Constatan la experiencia de una o dos personas como ellos.

El líder de opinión es por lo general una persona de elevado status, con amplia exposición de los medios de comunicación, con una participación social importante, capacidad innovadora, y una persona de conceptos actualizados. Autores como Rogers y Shoemaker, y Severin, y Tankard consideran que todo aquello acerca de lo cual el líder de opinión esté informado, así como las personas que fuera del grupo de relación él conozca y puedan proporcionar información, son factores importantes para el status de dicho líder.

Por esta razón los demás lo consultan. La gente supone que son creíbles, que son poseedores de un conocimiento y experiencia superiores y, a diferencia de aquel que intenta persuadir a través de los medios masivos, no están movidos por intereses. Cuanto más importante sea una cierta decisión, observa Engel, mayor es la probabilidad de que el líder de opinión sea consultado.

La aplicación que lo recién dicho tiene para la evangelización personal no puede pasarse por alto. Por esto el testigo laico capacitado debe necesariamente estar en la primera línea, atento y preparado. Los medios de comunicación masiva dan pie a muchas preguntas, pero el cristiano capacitado que ha llegado a ser influyente en los asuntos de la fe cristiana en virtud de su experiencia, conocimientos, relación con cristianos destacados, y credibilidad debe estar allí para expresar como vocero de Cristo la palabra adecuada.

Los líderes, tanto los de opinión como otros, están atentos a toda influencia de los medios que pudiera conducir a una decisión. Emmert y Donaghy consideran que cuando son asuntos importantes los que están en juego, son más frecuentes las ocasiones en las que los líderes de opinión han aportado su influencia que aquellas en que no.

Un interesante artículo de Margaret Yao en "The Wall Street Journal" nos ofrece, sin habérselo propuesto, una ilustración del papel que juegan las influencias personales:

> Judy Christianson, una enfermera de Cleveland, tuvo conocimiento de la existencia de la Iglesia del Pacto en la primavera pasada cuando oyó uno de sus espacios publicitarios radiales. Eso no le atrajo a la iglesia, pero despertó su curiosidad y comenzó a consultar con sus amigos.

> "Me encontré con personas a quienes conocía y respetaba, las cuales eran miembros", dice ella, "de modo que comencé a asistir." Este otoño pasado se hizo miembro. "Los avisos radiales no lo hacen solos —uno tiene que preguntar a otros y cerciorarse de que lo que dicen es cierto", comenta.

Esto es lo que los expertos en comunicaciones consideran una de las funciones primordiales de los medios de comunicación masiva. Genera preguntas y siembra ideas, pero el cifrar esperanzas de grandes números de conversiones a partir de su influencia únicamente, bien podrá significar pretender de esos medios lo que no pueden hacer. Y si esto es real en lo que hace a la decisión propiamente dicha, podrá ser más real aún en lo relativo a ayudar al convertido en llegar a ser miembro de la iglesia.

Testimonio Masivo Versus Testimonio Interpersonal

Uno de los libros más ampliamente citados en esta área es "Communication of Innovations" (Comunicación de Innovaciones) de Rogers y Shoemaker. Esta fuente resume de manera verdaderamente útil el relativo poder de los medios masivos en contraste con los canales interpersonales.

Los medios de comunicación masiva pueden:
1. Llegar rápidamente a una audiencia numerosa.
2. Impartir conocimiento y difundir información.

3. Llevar a cambios en actitudes no firmes.

Los canales interpersonales...:

1. Permiten un intercambio de ideas en dos direcciones. El receptor puede obtener, del individuo que es la fuente, aclaraciones o mayor información respecto de la innovación. Esta característica de los canales interpersonales algunas veces permite vencer las barreras psicológicas y sociales de la exposición, percepción y retención selectivas.

2. Persuaden a los individuos receptores a formar o cambiar actitudes firmes. Lo dicho aquí respecto de los canales interpersonales es de importancia capital para la evangelización personal y pone de manifiesto la naturaleza indispensable del testimonio interpersonal.

Aspectos Preocupantes

Ausencia de Compromiso Personal

Hay algunos aspectos sumamente preocupantes que se hacen oír respecto de la iglesia electrónica. Aun cuando algunos programas sí enfatizan el relacionarse e integrarse en una iglesia local, y aun cuando existen pruebas de que algunas personas han sido animadas a una mayor participación en ella (esto según un informe del Princeton Religion Research Center y la Organización Gallup, en 1981), hay fundadas sospechas de que muchos televidentes están contentos con involucrarse lo menos posible. He hablado cara a cara con algunos que aparentemente han decidido apoyar a la iglesia de la televisión, y no son pocos los pastores que dan cuenta de situaciones similares. Aun cuando esto puede ser mejor que nada en absoluto, una decisión de estas deja a las personas prácticamente sin un compromiso personal, salvo el envío de ofrendas. Lo más probable es que no sientan ni asuman responsabilidad alguna frente a la formación espiritual de los niños o de otros en su comunidad. Es posible que sus dones espirituales no se descubran y queden sin aprovecharse, salvo el don de ofrendar. Nunca experimentarán los momentos de regocijo en la comunión y compañerismo dentro de un cuerpo local, o los dolores del crecimiento al aprender y luchar por hacer trabajo espiritual junto a otros creyentes imperfectos. La convocatoria a formar parte de una verdadera comunidad y a participar en la vida del cuerpo pasará de largo sin verlos incluidos. Han elegido un camino fácil que carece de realización y uno que, dicho sea de paso, es desconocido en el Nuevo Testamento.

Relegación del Aspecto Profético

Debido a que los televidentes no siempre aceptarán mensajes que tengan una diferencia muy marcada con los puntos de vista que ya tienen, se plantea la necesidad de un mensaje más bien poco abarcativo, limitado a ciertos temas. Al televidente no hay que incomodarlo de manera muy seria ni demasiado a menudo, porque entonces busca otra cosa que produzca menos disonancia. Los asuntos de pecado en la sociedad, injusticia, pobreza y opresión son raros de oírse en contextos que revelan la culpabilidad del oyente y su necesidad de cambiar. Así es que, no se brindan las oportunidades para el crecimiento en estas áreas cruciales.

Lo común es ofrecer respuestas fáciles a problemas muy complejos, y se enfatiza la posibilidad de milagros rápidos para cualquier problema. Se ofrecen promesas de oración, algunas veces con una sutil sugerencia de sacerdocio. Sin embargo, el televidente que piensa un poco debe darse cuenta de que entre miles de cartas, el interés y atención personales están lejos de ser una realidad.

Rendición de Cuentas

No menor llega a ser la preocupación por las grandes sumas de dinero recaudadas. En tanto que algunos sí hacen declaración pública del empleo de fondos, otros abren interrogantes frente a su aparente falta de disposición para rendir cuentas públicamente.

Otra preocupación apunta a la cantidad de dinero que es necesario gastar a fin de reunir dinero. El mayordomo responsable debe cuestionar seriamente la medida en que esto sea una inversión sabia.

Preponderancia de la Evangelización Personal Llevada a Cabo por la Iglesia Local

En aquellos lugares donde estos medios son débiles es que la evangelización personal, encarada por la iglesia local y centrada en ella, puede ser fuerte. La audiencia sigue siendo soberana, pero el testigo personal que visita el hogar de un inconverso o quien le comparte su merienda tiene muchas más posibilidades de ser escuchado con seriedad. No es tan fácil "sacarse de encima" a la persona atenta que habla con genuino interés y preocupación y que ha hecho un esfuerzo por brindar la oportunidad de compartir.

Esto es comunicación personal, cara a cara. No se trata de dejar un mensaje y desaparecer. Así es posible ofrecer un servicio para aquellas necesidades que salen a la luz. Hay espacio para el diálogo. Se dan las condiciones para que el mensaje sea relevante frente al contexto y que pueda ser específico.

Los testigos personales son vulnerables. Están expuestos al insulto, al ridículo, al rechazo, o a la intimidación. Puede ser que los inviten a irse o que los echen; aunque algo así raramente sucede si el espíritu y la actitud del testigo son los apropiados. Son más los casos en que son aceptados o al menos tolerados, lo que les brinda la posibilidad de compartir su mensaje y expresar su preocupación e interés.

Generalmente, las personas ganadas de esta manera pueden ser encaminadas a la iglesia local y en ella a grupos apuntando a su crecimiento y desarrollo. Allí pueden experimentar lo que es la comunidad cristiana, el compañerismo espiritual, el descubrimiento de sus dones, el servicio cristiano, la vida con significado, y una comprensión más profunda de su responsabilidad en el mundo.

Las iglesias locales pueden proveer para un discipulado en el cual los asuntos complejos tengan explicación. Los grupos de oración pueden brindar apoyo y asistencia profundamente personales y motivados por un genuino interés. Los ofrendantes también pueden saber lo que se hace con su aporte y hasta quizá puedan opinar en cuanto a su destino. Es decir, la iglesia local puede ofrecer evangelización y seguimiento discipulador de características sumamente personalizadas y superiores.

Expectativas

Una cantidad de factores sugieren que en lo futuro podría mejorarse el aspecto evangelizador de la iglesia electrónica. Lo que es importante, parece existir una nueva conciencia en cuanto a que aquellos que hacen uso de los medios masivos debieran tener cierto entendimiento del campo de las comunicaciones. A medida que ese entendimiento crezca y a medida que sea mayor el número de personal capacitado que asuma responsabilidades, es de esperar que se produzcan los correspondientes cambios tendientes al utilizar la televisión para que haga lo que mejor puede hacer. En efecto, esto ya

estaba ocurriendo en 1982, cuando en los EE. UU. de
América la cadena cristiana de Pat Robertson comenzó a
ofrecer una variedad de programas que incluían informativos
presentados por una ex Miss Estados Unidos de América,
entretenimientos para niños, resúmenes de Wall Street, y una
telenovela cristiana. Ya que el arte escénico es apropiado para
la televisión, los teleteatros y otras producciones de arte
dramático podrían ser maneras eficaces de presentar el
evangelio de una manera amortiguada. La variedad de lo
ofrecido debiera también ayudar a captar una audiencia más
diversificada.

La incorporación de las principales denominaciones
debiera en medida aún mayor ayudar a relacionar a los
televidentes con las iglesias locales y aumentar considerablemente su potencial evangelizador. El seguimiento y la
realimentación podrían verse facilitados en gran medida.

La popularización de los sistemas de televisión por cable
abrirán el camino a la participación de muchas iglesias locales.
Las transmisiones televisivas que responden a iglesias locales
han demostrado su eficacia en el crecimiento de la iglesia y en
la evangelización debido a que las relaciones interpersonales
con los espectadores que responden se convierte en una
posibilidad real.

En el aspecto negativo, la siempre creciente competencia
por el dinero y por la audiencia puede también ser una realidad
apremiante a medida que nuevos predicadores jóvenes
incursionen en este campo. Algunos, como P. G. Horsefield,
creen que en los EE. UU. de A. el número de la audiencia
televisiva llegó al máximo en 1977-78 y que ya se ha
alcanzado un punto de saturación. Desde 1977-78 el total de
la audiencia televisiva no ha vuelto a alcanzar el nivel que tuvo
entonces, aunque la variación de estilos de programación
podrá tener éxito en atraer a nuevos espectadores.

El dinero que se mueve es otra historia. Al aumentar la
competencia puede haber algunas reducciones drásticas. Con
el correr del tiempo quizá veamos la decadencia de la atracción
de la iglesia electrónica y la menor disposición de parte de la
audiencia a responder solicitando lo que se ofrece.

Una cosa es cierta: pronto sabremos más acerca del
verdadero efecto de la iglesia electrónica. Se está realizando
mucha investigación actualmente, y futuros capítulos como este
tendrán muchos menos "quizá", "parece que" y, "posiblemente".

Cualquiera sea el caso, la realidad de que los medios

electrónicos no son en absoluto los eficaces en la evangelización como muchos suponen y la naturaleza ampliamente superior del contacto cara a cara por sobre el contacto impersonal, enfatizan una vez más, la tremenda influencia de la iglesia local. Es en el campo local que la evangelización que transforma vidas puede llevarse a cabo en el espíritu neotestamentario y en relación directa y vulnerable con la sociedad pagana. Allí las personas seculares están en su propio terreno para el encuentro. Todavía no se ha encontrado un substituto para la iglesia local, y esto es especialmente cierto en la evangelización.

No pocas veces se ha oído decir: "Ah, si solamente Jesús hubiera tenido a su disposición la televisión. Pensemos en las multitudes que él podría haber alcanzado."

Quienes lo hayan pensado seriamente quizá coincidan más con James Taylor quien dijo: "Yo pienso de la manera opuesta. Creo que si Jesús hubiera tenido la T.V., y si Pablo hubiese tenido una imprenta, el cristianismo probablemente no hubiese sobrevivido. Los cristianos de los primeros tiempos habrían estado tentados a dejarle el trabajo de evangelización a los expertos en comunicación. Más personas habrían conocido acerca del cristianismo. Pero muchas menos se habrían convertido."

Sin embargo, afortunadamente, la iglesia joven no tenía otra posibilidad. Confrontó al mundo en un encuentro cara a cara, personal, y vulnerable a pesar de los riesgos que entrañaba. A través de esa modalidad se convirtieron multitudes. Los cristianos de hoy somos los descendientes de ese éxito.

Podemos estar agradecidos por las cosas poderosas que los medios electrónicos pueden realizar. Es de esperar que aprendamos mucho acerca de cómo podemos emplearlos con más eficacia en la evangelización, pero los aspectos fundamentales de la tarea de evangelizar deben aún, en gran medida, ser llevados a cabo por testigos personales a través de la iglesia local.

9

Principios de Evangelización Personal Derivados del Sentido Común

Hay una cantidad de principios que evidentemente van mejor juntos en un capítulo especial. Necesariamente deben formar parte de todo curso intensivo de evangelización personal. A menudo, el saber qué es aquello que no debe hacerse es tan importante como el conocer cuáles son las acciones positivas adecuadas. Algunos de estos principios, por lo tanto, se expresan más claramente de manera negativa, otros de manera positiva. En su mayoría son representativos de

189

un saludable sentido común. El observarlos será de gran ayuda para la comunicación.

Aprendiendo a Escuchar

La Importancia de Escuchar

Es sorprendente que haya tantos libros sobre la manera de testificar que digan tan poco acerca del escuchar. Los expertos dicen en la actualidad que el escuchar correctamente puede llegar a ser mucho más importante para el éxito de cualquier emprendimiento, que prácticamente toda otra cosa que hagamos. La importancia de este arte está siendo reconocida mundialmente.

A través de una investigación reciente se ha podido establecer que los empresarios en la actualidad consideran al desarrollo de la capacidad de escuchar como el ingrediente más importante en el éxito de su empresa. Su importancia en el área de la psicología y el cuidado pastoral es bien conocida. Aun así, numerosos libros sobre evangelización personal parecen centrar su preocupación en la manera de transmitir el mensaje y contienen poco sobre el escuchar. Considero que este es un descuido mayúsculo.

Hay excusas y evasiones que no deben desviarnos. Las decisiones por cierto son importantes, pero hay aún un papel indispensable jugado por el escuchar, que no debe ignorarse. Con frecuencia será que primero debamos escuchar atentamente a fin de que seamos escuchados.

La Biblia no calla con respecto a esta actividad tan importante. Encontramos a Job rogando a sus amigos que le escuchen.

> ¡Oh que callarais del todo!
> Ello os sería contado por sabiduría.
> Escuchad, pues, mi razonamiento
> y estad atentos a los argumentos
> de mis labios (Job 13:5, 6).

Al igual que muchos en la actualidad los amigos de Job eran mucho más hábiles para hablar que para escuchar. Santiago exhorta: "Todo hombre sea pronto para oír, lento para hablar y lento para la ira" (Stg. 1:19). Muchas personas hacen exactamente lo contrario. Son lentas para oír, pero rápidas para hablar y mostrar su enojo.

Oír No Es Escuchar

Existe una gran diferencia entre oír y escuchar. Oír es simplemente, como dice James Khang, recibir "estímulos a través de canales auditivos". Esto ocurre de manera automática. Escuchar es muchísimo más complicado. Debe ser enseñado o estudiado. Lyman K. Steil, considerado una "autoridad en comunicación" por el semanario *"U.S.News and World Report"*, lo expresó de esta manera en una entrevista publicada en su edición del 26 de mayo de 1980: "Es más que el mero *oír* lo que otro está diciendo." También incluye "interpretar lo que se dice... evaluar, lo que implica ponderar la información... y responder" a lo que fue oído y evaluado. Lo trágico, según el mismo autor, es que el promedio de eficiencia con que las personas actúan así es de "solamente un 25 por ciento".

Las razones para esta ineficiencia no son difíciles de señalar. La más importante es que la mayoría de las personas reciben poca o ninguna capacitación en escuchar. Aun cuando está comenzando a ser tenida en cuenta en las escuelas, los énfasis dominantes están todavía en las capacidades para leer y escribir. La segunda razón es que a las personas les gusta ser el centro de atención y oírse a sí mismas hablar. Tienen dentro de ellas una necesidad que forma parte de su misma naturaleza, de ser escuchadas y fácilmente pasan por alto las necesidades de otros en su urgencia por satisfacer las propias. En tercer lugar, todos pensamos con más velocidad que aquella con que hablamos. Margaret Lane considera que las personas pronuncian entre 120 y 180 palabras por minuto, pero piensan a una velocidad cuatro veces superior. Pensamos en otras cosas mientras tratamos de escuchar. La mente divaga y pierde mucho de lo que se está diciendo. Cuarto, las personas oyen selectivamente. En muchas circunstancias estamos rodeados de tanto ruido que inconscientemente excluimos algunos sonidos y centramos la atención en otros. Por ejemplo, al hablar por teléfono estando la televisión encendida excluimos a la televisión y nos concentramos en las palabras de quien está en el otro lado de la línea. Podemos, no obstante, fácilmente permitir que otros sonidos nos distraigan. Por último, estamos programados para no escuchar atentamente. Hemos aprendido que la mayoría de las cosas habrán de repetirse. Hay un número sorprendente de personas que casi siempre responden "¿Eh?" o "¿Qué?" la primera vez que se les dice algo. Los maestros repiten las mismas consignas varias veces. Lo mismo sucede en la iglesia y en el trabajo. Como resultado, la eficiencia en el escuchar es baja.

El Escuchar y la Comunicación

Dennis Borg señala que cuando hay una falla en el escuchar, es porque no se tienen en cuenta dos principios fundamentales de la comunicación interpersonal. Uno de ellos es que la auténtica "comunicación es una calle de dos vías". Para que se lleve a cabo comunicación interpersonal debe existir la iniciación de una transmisión de ideas y una respuesta a la misma. Algunas autoridades como Brawn y Keller, van más allá al requerir una iniciación, una respuesta, y una respuesta a la respuesta. Además, las respuestas deben estar relacionadas una con la otra. En otras palabras, cuando no se escucha, no se está concretando comunicación significativa alguna entre personas. El segundo es que para la comunicación eficiente de nuevas ideas es necesario un cierto "nivel de confianza y entendimiento".

La mayoría de las personas simplemente no pueden aceptar un mensaje proveniente de un desconocido. Desde sus primeros años se les enseña a los niños a desconfiar de las personas a quienes no conocen. Un desconocido puede ser deshonesto, un criminal, o alguien potencialmente peligroso en otros aspectos. Confiamos más en aquellos a quienes conocemos y tenemos por honestos y fidedignos. La mejor manera de consolidar ese tipo de relación es escuchando.

Cuando escuchamos a otro atentamente es una expresión silenciosa de respeto. Al escuchar estamos diciendo: "Usted es merecedor de mi tiempo e interés." Es una desinteresada acción de compartir que demuestra preocupación y solicitud. Al mismo tiempo está satisfaciendo una necesidad básica que nos es común a todos: la necesidad de ser escuchados. Es una de las formas en que se expresa el amor cristiano. Conklin destaca muy significativamente que "de todas las acciones que pueden hacer que otro ser humano se sienta valorado y digno, ninguna hay más vital que el escuchar con maestría. Sin embargo, es lo que menos se tiene en cuenta".

Provee la clave para conocer al cristiano potencial que tenemos delante y para saber dónde comenzar a testificar. Ya hemos dicho que debemos comenzar allí donde las personas están, y la única manera de comprenderlas en sus circunstancias es formulando preguntas y escuchando sus respuestas. Es en esta manera de escuchar que descubrimos los caminos más naturales y pertinentes para compartir a Cristo.

Nuestro escuchar también ayuda a las personas a entenderse y a comunicarse consigo mismas. Drakeford señala que las personas pueden entender mejor sus propios pensamientos a través del expresárselos a otros. Es sacándolos a la luz que se clarifican y pueden ser corregidos.

Cuando una persona exterioriza sus creencias, argumentos y objeciones el testigo tiene la puerta abierta para declarar las verdades bíblicas, compartir la verdad y proporcionar respuestas. Es posible que el no cristiano esté poniendo a prueba sus puntos de vista por primera vez, por eso es algo sumamente importante de hacer.

El escuchar también determina la calidad de la respuesta del testigo. Un escuchar con maestría hace que el testigo dé lo mejor de sí. Las iglesias de raza negra de los Estados Unidos tienen una manera muy particular de hacer esto para con sus predicadores. Repiten lo que escuchan del predicador. La misma dinámica necesita producirse en el trato persona a persona.

Cómo Perfeccionar el Arte de Escuchar

Afortunadamente, el escuchar es una capacidad que se puede adquirir y perfeccionar. En razón de que escuchar es tan crucial para la adecuada relación que abrirá las puertas al testimonio, es importante considerar cuidadosamente las siguientes sugerencias para mejorar la acción de escuchar.

Primero: concéntrese profundamente en lo que está siendo dicho. Intencionalmente muestre que está siguiendo las palabras del que habla asintiendo ocasionalmente con la cabeza, empleando gestos, expresiones faciales, contacto visual, o posturas. Cuidado con la exageración, pero téngase presente que el adecuado empleo de estas respuestas ayudará al que está hablando a dar lo mejor de sí y ayudará también al que escucha a concentrarse en lo que se está diciendo.

Segundo: estimule a la otra persona a expresarse utilizando breves comentarios o preguntas. Expresiones como "Le entiendo." "Comprendo." "¿Está seguro?" "¿Le parece?" "¡No me diga!", dichas comprensivamente pueden ayudar a ambas partes en la comunicación.

Tercero: El que escucha debiera tratar de pensar hacia dónde está apuntando el que habla. El o ella podrá anticiparse a lo que será el resultado mientras va evaluando y pasando revista a lo que ya ha sido dicho.

Cuarto: Planee recordar puntos importantes para hacer anotaciones inmediatamente después de finalizado el encuentro, al estilo de lo que hace un consejero profesional. El asumir esa responsabilidad ayudará a agudizar la capacidad de escuchar.

Quinto: El estar atento para escuchar entre líneas, o sea captar aquellas otras cosas que no se dicen explícitamente, puede ser una práctica provechosa. Puede ser muy importante considerar aquello que *no se dice* juntamente con la modalidad y el tono de lo que se expresa.

Sexto: Observe el lenguaje corporal. Podrá o no reforzar el mensaje verbal. Prestar atención a la comunicación no verbal puede llegar a ser más importante que a la verbal. ¿Qué es lo que se hace con las manos? ¿Qué dicen la postura y la expresión facial? Preste especial atención a los ojos, junto con los gestos, tonos de voz e inflexiones.

Séptimo: Continúe brindándole al que habla la oportunidad de hacerlo. Formule una nueva pregunta, o solicite más información respecto de algo ya dicho. Resista la tentación de contar su propia historia hasta haber brindado a su interlocutor una plena posibilidad. Aquel que puede hacer esto, siempre es considerado un excelente conversador.

Aprender a escuchar hace más que formar testigos productivos. Traerá bendición a cada área de la vida de una persona.

Evitar las Discusiones

El testigo debe concienzudamente evitar caer en discusiones. Un cristiano bien preparado podrá a menudo ganar una discusión, pero rara vez ganará a la persona con la cual discute. Lo más importante a tener en cuenta es que la tarea de convencer corresponde al Espíritu Santo (Juan 16:8-11). El es el único que puede ganar a la vez la discusión y a la persona.

Esta contención resulta muchísimo más difícil de lo que parece. Imaginémonos a un joven alborozado, entusiasta y feliz en una fe recién descubierta. Sale a compartir su descubrimiento con un amigo de la infancia, pero lo encuentra hostil a la fe cristiana y lleno de excusas para justificar su actitud. No resulta fácil para alguien tan recientemente liberado de una manera de pensar, el resistir entrar en discusión contra lo que él ahora sabe que es tan insubstancial y falso. Tampoco le resulta siempre fácil de refrenarse, al pastor bien preparado. Este es un hombre con preparación secundaria y graduación en un seminario, lo que implica siete o más años de educación superior. Tiene amplia experiencia como pastor e intérprete de la Biblia. Se encuentra con un hombre sin instrucción que apenas si ha asistido alguna vez a una iglesia, pero que no obstante, afirma haber elaborado su propia religión y refuta con planteos y ejemplos innegables todo lo que sea cristiano. Hasta quizá haya una esposa e hijos sufriendo como consecuencia de sus caminos impíos, pero él está ciego a su problema, el cual es muy evidente a los demás. Es solamente el amor de Cristo lo que constriñe al pastor a tratar de compartir las buenas nuevas con un espíritu benigno y evitar cualquier mínima posibilidad de caer en la discusión. Por cierto, la tentación de "poner a esa persona en su lugar" es grande. Sin embargo, ese contenerse no es algo opcional, si es que la persona perdida ha de ser ganada.

En esos casos, por lo general es aconsejable estar atento a algo que se diga y con lo cual uno puede coincidir honestamente, al menos en parte, y comenzar desde allí. Está comprobado que a nadie le agrada ser contradicho ni perder en una discusión. Cuando eso sucede generalmente sirve para potenciar la actitud defensiva y endurecer a la persona en su posición asumida. Al mismo tiempo, la discusión ha eliminado la posibilidad de establecer esa relación de confiabilidad tan a menudo necesaria para la comunicación eficaz. Una sabiduría así debe desarrollarse y practicarse. Ya lo dijo Jesús: "He aquí, yo os envío como a ovejas en medio de lobos. Sed, pues, astutos como serpientes y sencillos como palomas" (Mat. 10:16).

Eliminar las Actitudes Juzgadoras

Un tercer principio es el de evitar cuidadosamente las actitudes juzgadoras. A las personas no se las gana demostrando rechazo por su conducta o condenando su manera de proceder.

En una época donde el empleo de narcóticos y las adicciones son materia de todos los días, donde el sexo y la obscenidad se expresan tan abiertamente, y donde la violencia y las actitudes inhumanas se practican tan pública y descaradamente, los cristianos sin duda alguna han de encontrarse con situaciones sumamente chocantes. Siempre es necesario tener presente que fue justamente a tales personas que Cristo vino a cambiar. Hay muchas situaciones chocantes en las Escrituras. Dos mujeres se habían comido a un niño y estaban discutiendo sobre el comerse a otro (2 Rey. 6:28, 29). Padres habían sacrificado sus hijos a ídolos paganos (2 Rey. 16:3; Isa. 57:5). Una mujer fue descubierta en el acto mismo de adulterio (Juan 8:1-11). Ciertos hombres estaban lucrando con una joven esclava trastornada (Hech. 16:16), y un hombre mantenía relaciones íntimas con su madrastra (1 Cor. 5:1). Esto por mencionar sólo algunos casos.

Jesús no se escandalizó ante las injustas extorsiones de Leví, los cinco maridos de la samaritana, las actividades revolucionarias de Simón el Zelote, o la mal habida fortuna de Zaqueo. El simplemente llamó a esas personas a que vinieran a él. Es más, advirtió acerca de juzgar condenatoriamente a las personas (Mat. 7:1). Aun cuando Pablo sí dijo ciertas cosas relativas a la responsabilidad cristiana de juzgar la conducta de otros cristianos que no andaban conforme las Escrituras enseñan, fue explícita su advertencia contra el juzgar a quienes están afuera (1 Cor. 5:9-12).

Un testigo cristiano de ninguna manera debe escandalizarse frente a lo bajo que los seres humanos pueden llegar a caer ni debe dejar de asombrarse por las alturas a que Cristo puede elevar a los caídos.

Aunque en los últimos años se han logrado algunos progresos en lo que hace a la actitud cristiana comprensiva, todavía quedan muchos cristianos que están frenados por un legalismo atrofiante. No solamente los frena en su apertura a la gente; les priva de relaciones enriquecedoras con muchos cristianos. La Biblia por cierto habla acerca de ciertas cosas como claramente incorrectas. Por ejemplo, fornicación, robo, asesinato, egoísmo, avaricia, injusticia y el hacer caso omiso de las necesidades de los hambrientos y los que sufren jamás pueden estar bien. Por otra parte, hay asuntos que no están claramente explicitados en las Escrituras y sobre los cuales los cristianos no siempre están de acuerdo. Aquí debe dejarse espacio para las diferencias de interpretación. Hay áreas en las cuales cada uno debe estar "plenamente convencido en su propia mente" (Rom. 14:5) y en las que el interés del cristiano está en ya "no... [juzgarse] más los unos a los otros, sino... [determinarse] no poner tropiezo, impedimento u obstáculo al hermano" (Rom. 14:13).

En el caso de los inconversos, cuando los cristianos cerrados y legalistas intentan cambiarles sus conductas antes que su actitud y relación para con Cristo haya sido transformada, es tan absurdo e imposible como pretender colocar el carro adelante y el caballo atrás. Puede de tal modo hacer perder el interés a la persona perdida que el contacto futuro se torna sumamente difícil y hasta imposible.

Paul Little ha señalado cuán fácil es condenar a otros inintencionalmente. Supóngase que un no cristiano le invita a tomar una bebida alcohólica o a participar en alguna otra actividad que usted ha excluido de sus prácticas en su deseo de agradar a Cristo. Si usted responde "No, yo no bebo" o "Eso es algo que como cristiano yo no hago", en realidad ha condenado su intención y quizá le ha llevado a pensar que su denegación es una parte inherente del mensaje del evangelio. Little sugiere muy sabiamente que en lugar de decir "no" en el espíritu recién comentado, uno reconozca la generosidad y gentileza de la invitación que le han extendido y sugiera una alternativa. Por ejemplo, "Sí, gracias; lo acompaño con una gaseosa" o "No tengo deseos de ver una película pornográfica, pero me encantaría ir a un concierto." Son estas sugerencias valiosas para aquellos testigos que están tratando de consolidar una relación de confianza y evitar toda insinuación de condenación.

Observar las Reglas de Cortesía

La cortesía cristiana siempre es pertinente. Aunque estas que siguen sean cuestiones simples, pueden ser los factores determinantes en la aceptación o no aceptación por parte del cristiano en potencia.

Comience por obtener el nombre correcto de la persona y recordarlo. A la gente le agrada el sonido de su propio nombre cuando se pronuncian correctamente. Es simple cortesía al mismo tiempo que buena psicología.

Es buena idea el pedir permiso para formular preguntas personales, aunque quizá no siempre, como sugieren algunos. "¿Puedo hacerle una pregunta más bien personal?", sería la manera de abordar un tema evitando un posible choque o tensión. Por otra parte, es lo correcto.

Uno debe ser cuidadoso de respetar el espacio privado de otro. Muchos hemos tenido la incómoda experiencia de conversar con alguien que se para demasiado cerca. El retroceder repetidamente un paso de nada sirve si la otra persona continúa acercándose. Tal descortesía, aunque inconsciente, generalmente anula la comunicación eficaz.

Los que visitan hogares deben ser especialmente atentos y cariñosos con los niños, por razones obvias. Cuando los niños provocan una situación en la que se hace difícil para que se lo escuche, uno de los visitantes debe asumir la responsabilidad de entretenerlos de modo que el otro pueda hablar.

Es importante que los visitantes se aseguren de no estar entorpeciendo planes anteriores de las personas visitadas. De ser así, hágase la visita más adelante. Aun cuando no existieren planes previos, los visitantes no debieran permanecer demasiado tiempo a menos que les sea requerido por los de la casa.

Simples expresiones de cortesía como el tener cuidado de no interrumpir a otros cuando están hablando, asegurarse de tener los zapatos limpios antes de entrar en una casa, y expresar gratitud por la visita pueden hacer mucho para facilitar la comunicación.

El televisor es el eterno problema que enfrentan los visitadores de hogares. Si los potenciales cristianos están mirando un programa favorito o una presentación especial en la que se hace evidente que están interesados, podrá ser conveniente regresar más tarde o en otra oportunidad. Si ellos extienden una invitación, obsérvelo con ellos y hable cuando éste haya terminado. Pocos "hinchas" futbolísticos apasionados son ganados mientras se está televisando un encuentro importante, pero, también, muchos de ellos podrían ser espantados de la iglesia por visitantes poco sabios.

Evitar la Manipulación

Emory A. Griffin dice que se comete manipulación toda vez que se condiciona la libre elección de una persona. Everett L. Shotstrom define a un manipulador como "una persona que explota, usa y/o controla a otros y a sí mismo como objetos en ciertas maneras contraproducentes". Agrega el mismo autor que en cierta medida todas las personas manipulan a otras. Debido a que es algo tan común, el testigo debe ser consciente de su naturaleza y estar alerta ante la posibilidad de que se produzca.

Hay muchas maneras en que un evangelizador personal puede manipular a otros. Si el interés principal llega a ser el de agregar uno más a la estadística, algo acerca de lo cual pueda el testigo jactarse, entonces la motivación toda se ha tornado manipuladora. Si solamente se comparte un aspecto del evangelio, es decir, el aspecto fácil que suena más agradable al candidato, o si la verdad tiene concesiones, o está adornada de manera alguna para evitar que la persona se espante, o si el creyente potencial está fascinado por el mensajero y no por el mensaje, entonces es posible que exista manipulación. Esta puede también ocurrir en los esfuerzos evangelísticos masivos, de otras maneras, y aun dentro de la iglesia. El exagerado emocionalismo puede a veces llevar a las personas a un punto que no es precisamente aquel a donde el Espíritu Santo las guiaría. Las personas deben siempre mantener su libertad de decir que no.

Por otra parte, ya se ha señalado que manipular a otros no es tan fácil como algunos suponen. James Engel sostiene el punto de vista según el cual cada uno está equipado con filtros provistos por Dios los cuales protegen al individuo contra las influencias no deseadas y posibilitan a las personas a resistir cambios de creencias que no son interpretados como satisfaciendo necesidades sentidas. No obstante, en el sentido arriba descrito, la manipulación siempre es un peligro latente.

Pablo definió sucintamente sus principios operativos en 2 Corintios 4:1, 2. Es ese tipo de pasaje que el testigo sincero hará bien en memorizar. "Por lo cual, teniendo nosotros este ministerio según la misericordia que hemos recibido, no desmayamos. Antes bien renunciamos a lo oculto y vergonzoso, no andando procediendo con astucia, ni adulterando la palabra de Dios, sino por la manifestación de la verdad recomendándonos a toda conciencia humana delante de Dios."

Emplear la Biblia Sabiamente

La Biblia es la espada del Espíritu, y es invalorable en la tarea de compartir la fe. Sin embargo, no siempre se la emplea sabiamente.

Una Biblia de gran tamaño puede fácilmente asustar y poner a una persona nueva a la defensiva. Un pequeño Nuevo Testamento para bolsillo o cartera puede ser más apropiado. No vaya a un encuentro portando toda la artillería pesada. Si va en automóvil, déjela allí. En caso de ser necesario puede ir a buscarla más tarde.

Utilice versiones actualizadas, de lenguaje moderno. La Biblia no es un libro de fácil lectura, y el empleo de textos cargados de una terminología arcaica agrega innecesaria dificultad al asunto.

A menudo encontramos que las personas seculares llegan a comprender pasajes breves únicamente tras cuidadosa explicación. Los pasajes largos por lo general son totalmente improductivos. La mente del entrevistado se distrae y se pierde con mucha facilidad el énfasis central de la conversación. Es mejor citar o leer pasajes claros, sin utilizar la referencia.

Uno no puede dar por sentado que las personas conocen algo acerca del contenido de la Biblia. Las estadísticas indican lo contrario. Aun afirmaciones simples respecto de la Biblia pueden requerir algo de información del trasfondo. Es mejor no emplear frases como "Seguramente usted sabrá que" o "Como usted sabe." Por otra parte, un testigo no debe hablarle a una persona con aire de superioridad ni haciendo alarde de sus conocimientos.

Casi siempre es una buena idea el dejar algo para que el interesado lea. Nuevos Testamentos con pasos de lecturas sugeridas, con guías para encontrar pasajes adecuados para diferentes circunstancias, o con preguntas a las cuales es necesario buscar un pasaje como respuesta han demostrado su utilidad. Generalmente pueden adquirirse a bajo costo, y algunas iglesias hasta podrían proveerlos a sus miembros testigos. Las personas no siempre manifiestan lo que están sintiendo. Aquel que se muestra distante puede estar llorando por dentro. El orgullo puede ser una barrera infranqueable. El dejar un Nuevo Testamento con instrucciones para búsquedas y con guías útiles puede dar mayor efecto a los esfuerzos del testigo.

No Caer en la Crítica Ni el Chisme

Otro principio más es el de hacer uso de cierto cuidado al elegir los temas de conversación. Debe constituirse en una regla inquebrantable el jamás criticar a otra iglesia, persona, o pastor. La advertencia que hace Pablo a Tito, "que no hablen mal de nadie" (Tito 3:12) es muy buena. Transgredir este principio siempre resulta contraproducente.

También es una buena idea el no ensalzar a otros miembros de la iglesia cuyos nombres surjan en el transcurso de la conversación. Aun cuando usted pudiera poner las manos en el fuego por ellos, no se sabe cuál ha sido la relación o experiencia de su entrevistado con tales personas. El alabar a personas acerca de las cuales su candidato tiene sentimientos negativos es reforzar sus sospechas de hipocresía en cuanto a la iglesia y todos sus miembros. La misma cautela debe tenerse respecto a la iglesia. Toda expresión acerca de ella debe ser positiva, pero es necesario entender que hay por lo general una larga historia detrás de cada iglesia, y nunca es posible conocer todas las cosas positivas y las negativas que son de dominio público.

De más está decir que los testigos nunca deben llevar chismes de otras visitas realizadas. Aquello que ha acontecido en otros encuentros con otras personas no debe comentarse.

Evitar Desconcertar e Incomodar al Candidato

Quienes visitan hogares deben evitar las impresiones negativas anteriores al contacto en sí. Detenerse a orar frente a la casa en cuestión a plena vista de sus ocupantes y vecinos, aun cuando esto se haga sentados en el interior de un automóvil, puede tener efectos muy negativos sobre los resultados de la visita. Ore, por supuesto, pero hágalo antes de salir del templo o de su casa. Esta y otras sugerencias valiosas son presentadas por D. James Kennedy.

Los visitantes deben identificarse correctamente ellos mismos y a su iglesia como primer paso al ser atendidos. Una placa o distintivo con el nombre de la iglesia y el del visitante ayuda a despejar las sospechas. El llevar un portafolios o revistas y folletos en las manos puede crear una imagen proselitista o aun de secta.

Nunca debe provocarse innecesariamente una situación embarazosa para el creyente potencial. Si hemos de ganar a las personas, debemos ser muy respetuosos de sus sentimientos. El tratar temas espirituales hace a muchos sentirse muy incómodos. Lamentablemente, esto resulta cierto también de muchos cristianos. Por lo tanto, es de suma importancia tratar con la mayoría de los interesados en privado.

Para muchos, el mostrar interés o necesidad espiritual es señal de debilidad. Denuncia una cierta incompetencia, una negación de la imagen del "todo suficiente", un ideal forjado por los novelistas y productores cinematográficos. Las conversaciones sobre temas espirituales son tabú en la rueda de amigos para algunos, y el abordar el tema de un modo no privado puede solamente traer como resultado enojo y hostilidad.

Por estas razones, el testigo debe ser muy cuidadoso en cualquier situación. Debe estar dispuesto a regresar en un momento más oportuno o esperar la ocasión propicia. Estas precauciones podrán ser especialmente importantes en el caso del hombre no convertido cuya esposa es creyente. Con frecuencia la fe de la esposa ha sido causa de tensión en el hogar. La iglesia se ha constituido en "el enemigo", y los amigos cristianos de la esposa son una parte del ejército que se ha empeñado en "darle caza" y llevarlo prisionero al altar. Si los testigos tratan de ganarlo mientras la esposa puede estar escuchando, lo más probable es que ellos sean considerados como los aliados de ella formados en batalla contra él.

Es cierto que hay excepciones, y la privacidad no siempre es estrictamente necesaria. Alguien podrá testificarle a un matrimonio juntos, siendo ambos no salvos, o aun a toda una familia entera de inconversos. Por lo general es prudente tratar con los niños en presencia de uno o ambos padres. Esto puede llegar a ser una manera muy natural de compartir a Cristo con los padres también. De todos modos, los padres deben ser interiorizados de las decisiones a que arriben los niños.

Las situaciones de tal modo varían que únicamente el sentido común, la sabia apreciación de las circunstancias, y el ser sensible al Espíritu Santo podrán señalar el curso de acción más prudente en cada caso. En todos ellos, no obstante, será una máxima permanente el evitar tanto como sea posible las situaciones embarazosas.

Una actitud genuinamente cálida y cordial confirmada por un rostro sonriente siempre resulta apropiada, y un toque de humor prudente es una gran ayuda. Si su entrevistado puede sonreír con usted y más aún si logran reír juntos por algo, usted ha salvado grandes distancias en el camino hacia el afianzar una relación comunicativa.

Mantener Latente la Buena Disposición

Debe advertirse a los testigos excesivamente entusiastas acerca del peligro de adelantarse al Espíritu Santo. Ya hemos señalado que las decisiones a menudo requieren tiempo. La influencia transformadora tiene que llevar a cabo su proceso. Cuidado con usurpar la función del Espíritu Santo y "pasarse de largo" con un creyente potencial aún no preparado. Debe permanecer la buena disposición para con aquel que efectúa la próxima visita. Podría ser usted. Esto significa que la relación debe encararse con mucho amor y oración, y una permanente sensibilidad para con las respuestas y los sentimientos de la persona entrevistada.

La Importancia del Aspecto Personal

Otro principio importante es que un buen aseo y presentación personal bien valen el esfuerzo. Ya no se discute si es que el estar aseado y ordenado afectan o no la impresión que se causa. La abundante investigación ha dejado bien claro que sí afecta. En el testimonio personal, la primera impresión puede ser muy significativa. Eso solo, podría determinar si es que uno llegará a ser escuchado o no. También puede determinar el grado de aceptación que recibirá el testigo por parte del entrevistado.

John T. Molloy, autor del libro *Vestir para Triunfar*, recibe de las empresas suculentos honorarios solamente por indicar a sus ejecutivos la correcta manera de vestir. Las investigaciones de Molloy revelaron que una de las razones por las que muchos ejecutivos adquirían equipos IBM era la calidad moral de la empresa transmitida aparentemente por el código de la vestimenta de sus vendedores. La camisa blanca jugaba un papel destacado en el crear esa imagen. Su famoso experimento con los impermeables *beige* y negros revelaron que la presentación de una persona es en gran medida determinante de la aceptación que se le concede y de los logros alcanzados. Otros experimentos demostraron que las personas bien vestidas tienen mayores probabilidades de cobrar satisfactoriamente sus cheques y que la indumentaria adecuada aumenta significativamente las probabilidades de obtener un empleo. Los predicadores no constituyen la excepción.

La investigación de Molloy reveló asimismo que a los ministros cristianos que visten en concordancia con su papel se les adjudica mayor autoridad que a quienes no lo hacen así. En tanto que diferentes grupos resultan de distinta manera afectados por ciertos estilos de vestimenta, desde el punto de vista empresario ciertas cosas como los moños en lugar de corbatas, las camisas rojas, rosadas, o violáceas, y las mangas cortas son tabú. Hedwig Jemison también observa que una cuidadosa elección de la corbata, los zapatos lustrados y el cabello bien peinado parecen ser sumamente importantes. Debido a que está comprobado cuánto estas cosas influyen sobre la manera en que algunas personas reaccionan frente a otras, ¿puede acaso el siervo cristiano sentir por su aspecto y presentación personal una preocupación menor que la de un empresario?

Por supuesto, la vestimenta variará según la ocasión. La manera de vestirse para efectuar visitas hogareñas con toda certeza será diferente de la que resulta apropiada para un ministerio llevado a cabo en playas veraniegas. En algunos casos debe prevalecer el sentido común, pero el testigo serio observará cuidadosamente las circunstancias y eliminará todo aquello que corra el riesgo de causar una mala impresión o de crear barreras.

En algunas ocasiones, cristianos sinceros tienen en poco otros aspectos de una cuidadosa presentación personal. Pelos largos sobresaliendo de las cavidades nasales pueden resultar sumamente desagradables a la vista y crear rechazo. Hay cristianos que a pesar de estar en todo muy ordenados, utilizan anteojos sucios y grasientos. Corbatas, y camisas o blusas sucias y con manchas, como así también botones faltantes o desprendidos no tienen la virtud de inspirar confianza.

El mal aliento y los olores corporales no tienen excusa alguna en esta época de jabones, cremas y desodorantes. El no cristiano que deba soportar a este tipo de testigos podrá inclinarse a asociar al cristianismo con este estilo o falta de estilo de vestido y aseo personal. Una vez establecidas, estas asociaciones son difíciles de erradicar.

Siendo un niño en los tiempos de la Gran Depresión, las instalaciones de la iglesia a la que asistía eran muy pobres. El salón era feo, antiguo, precario e incómodo. Contrastando, la escuela de enfrente, a la cual yo también asistía, tenía un auditorio hermoso. En mis pensamientos infantiles la escuela era mucho más importante que el templo porque su auditorio era tanto mejor. Pasó mucho tiempo hasta que yo dejara de asociar a la fe cristiana con edificios deslucidos, pisos crujientes, y salas heladas. Resulta sumamente fácil para los no creyentes el asociar al cristianismo con la desprolija presentación personal y los hábitos de vestir de algunos de sus adherentes.

Es imposible estar a cubierto de toda contingencia que pudiera presentarse, pero este capítulo contiene muchas sugerencias prácticas relacionadas con situaciones reales. Nuestra misión es servir al cristiano potencial a costa de cualquier inconveniente que sobre nosotros pudiera recaer. El testigo sincero estará atento ante toda posible acción, práctica, o hábito que pudiera entorpecer su testimonio. Los servidores del Rey de reyes deben siempre esmerarse por presentarse de la mejor manera en cualquier circunstancia.

10

Haciendo Frente a las Excusas Clásicas

10. "Voy a Hacerme Cristiano Algún Día, Pero No Ahora"

Las excusas comenzaron allá en el huerto de Edén. Después que Adán hubo comido del fruto del árbol prohibido, Dios le preguntó:

—¿Acaso has comido del árbol del que te mandé que no comieses?

La respuesta de Adán, cargada de culpabilidad fue:

—La mujer que me diste por compañera, ella me dio del árbol, y yo comí.

Dios entonces interrogó a Eva:

—¿Por qué has hecho esto?

Ella respondió:

—La serpiente me engañó, y yo comí.

La excusa de Adán fue la acción de su esposa, y la de Eva fue el carácter engañador de Satanás.

Moisés no tuvo dificultad en encontrar excusas para no descender a Egipto como Dios le ordenaba (Exo. 4:1-13). Aarón tuvo una rápida excusa cuando Moisés descendió de la montaña y encontró al pueblo en flagrante inmoralidad (Exo. 32:24).

Cuando Dios ordenó a Gedeón liderar a los israelitas en su liberación de manos de los madianitas, prontamente presentó una excusa relacionada con la debilidad de su clan y de su escasa influencia dentro de su familia (Jue. 6:15). Para Jeremías, su juventud parecía una razón suficiente para rechazar el llamamiento de Dios (Jer 1:6).

Jesús encontró excusas (Mat. 8:21; Luc. 9:59-62; Juan 4:20) y relató una parábola que revelaba la pronta disposición de las personas para elaborarlas (Luc. 14:15-24). Muy similar fue la experiencia de Pablo (Hech. 24:25), y así ha sido la suerte de los cristianos desde aquellos tiempos hasta aquí. Por ende no debemos sorprendernos al encontrar que muchos no cristianos se manejan con ellas, o cuando de pronto las descubrimos en nosotros mismos mientras luchamos por conformar la plena voluntad de Dios. Lo real es que a partir de la conversión hay un cambio, de la dinámica de producir excusas para no creer a la de racionalizar las motivaciones para no obedecer.

Carácter de las Excusas

Una Racionalización de la Incredulidad

Las excusas de los no cristianos pueden responder a varios

tipos. En primer lugar están aquellas que sirven para racionalizar la incredulidad. Son los ladrillos que conforman el muro que los hombres edifican entre ellos mismos y Dios para justificar su paganismo y disfrutar de su pecado. "Conozco a uno que dice ser cristiano, y si eso es un cristiano, yo no quiero serlo"; o, "En la iglesia donde mis padres eran miembros cuando yo era niño, se lo pasaban peleando." Estos son ejemplos de excusas que para muchos cumplen ese propósito.

Una Desviación Intencional

Las excusas podrán servirle a un entrevistado un tanto hostil para cambiar intencionalmente el curso de la conversación; ser un esfuerzo deliberado para obstaculizar o confundir al testigo. El entrevistado podrá pensar que cierta objeción es insalvable y debido a que el testigo no podrá ofrecer una respuesta razonable, él o ella no tienen obligación de seguir escuchando. "Nadie sabe de dónde salió la esposa de Caín"; o, "No se puede probar que Dios realmente exista", podrían ser ejemplos de este tipo.

La Búsqueda de una Tregua

La excusa puede ser precisamente eso. Es probable que el evangelizador sea excesivamente agresivo o que esté "presionando" demasiado. La excusa entra en juego como un intento, consciente o no, de aliviar la presión. Dos ejemplos de este caso serían: "Creo que tendría que estudiar un poco de religión antes de tomar cualquier decisión"; o, "Quizá me convierta en cristiano algún día, pero en este momento lo descarto."

El Planteo de Dudas

Podrá ser el planteo de una duda honesta, algo que verdaderamente constituye un severo escollo para una persona pensadora. Por ejemplo: "Yo no creo que podría vivir una vida cristiana"; o, "No entiendo cómo la muerte de un hombre puede servir para expiar el pecado de todos los hombres."

Un Clamor por Ayuda

La excusa también podrá aparecer en la forma de un pedido de ayuda. Puede tratarse de alguien que realmente quiere creer pero tiene un problema personal que le causa verdadera preocupación. En tal caso se trata en realidad de una pregunta tanto como una excusa. "Estoy divorciado/a y me he casado nuevamente, y no creo que Dios me acepte"; o, "Si me hago cristiano es probable que deba dejar mi empleo."

Algunas veces podrá ser apropiado el considerar a estas expresiones como impedimentos u obstáculos más bien que excusas. Lo que quiera que sean, cada una constituye un problema para el testigo, por lo que será necesario manejarlas con la mayor capacidad posible.

Principios Generales Aplicables a las Respuestas

Considerarlas Seriamente

El clásico manual del "ganador de almas" aconseja al testigo reconocer la excusa, responder a ella lo más brevemente posible, y volver en seguida al tema principal. Muchos señalan que esto es lo que Jesús hizo con la mujer junto al pozo (Juan 4:5-42). Sin duda, hay casos en los cuales eso es lo más indicado. No obstante, la mujer de Sicar tenía un buen trasfondo de relación con lo religioso bastante parecido al de los judíos, y su excusa (4:20) bien puede haber sido parte de su intento por evitar el confrontarse con Dios. Cuando hoy en día ese resulta ser el caso, el volver al tema bien puede ser el paso apropiado. Por otra parte, hay muchos hoy que no tienen ese trasfondo de preparación. Algunos literalmente no tienen conocimiento de nada, lo que hace que nuestra respuesta a la excusa u obstáculo necesariamente deba ser muy distinta.

Cualquiera sea la excusa, nunca debe restársele importancia. Aunque al testigo pueda parecerle superfluo, el planteo del entrevistado podrá ser totalmente sincero, por lo que puede significar un serio impedimento para la decisión.

En algunos casos el testigo podrá pedirle al entrevistado que le permita retener su respuesta hasta terminar de explorar cierta idea o pensamiento. También podrá haber ocasiones en las que será necesaria la búsqueda de una respuesta al planteo y luego retornar al tema que se estaba tratando.

Un Punto de Partida para la Proclamación del Evangelio

No sólo que muchos conocen poco y nada sobre el cristianismo sino que también aquello que sí conocen puede estar muy distorsionado. Mayormente, la orientación en cuanto a la manera de hacer frente a situaciones problemáticas está basada en el antiguo supuesto de que las personas tienen el conocimiento suficiente como para tomar una decisión y sólo necesitan persuasión.

La experiencia nos ha revelado la absoluta inconsistencia de esto. Muchos tienen apenas una vaga noción de la existencia de Dios, y aun esa puede estar empañada. Por esta razón cuando aparecen las excusas, en lugar de responder a ellas en forma rápida y abandonar el tema, puede ser mucho más provechoso emplear estas circunstancias como oportunidades para anunciar y explicar el evangelio. Esto podemos hacerlo respondiendo a las excusas de la manera más relevante que podamos a partir de las Escrituras y luego relacionarlas con nuestra proclamación y explicación. En otras palabras, lo que en muchos casos hace falta a la luz del proceso de toma de decisión, es encarar el asunto de una manera totalmente distinta. Muchos de aquellos que anteponen excusas necesitan entender mejor el evangelio y sus demandas.

He aquí una de las ventajas exclusivas del encuentro personal. Las preguntas y los problemas pueden tratarse cara a cara de manera intensa y decisiva, algo que no está dentro de las posibilidades de otras formas de evangelización. Esta ventaja indispensable a menudo se malogra por tratar las excusas con métodos apresurados y desacertados.

Coincidir y Explayarse

Pocas veces resulta productivo rebatir las excusas. Mucho mejor es encontrar algo dentro de las afirmaciones del entrevistado con lo cual se pueda coincidir o aprobar, al menos parcialmente. Por supuesto, esto debe ser honesto; y el estar de acuerdo, aun de manera parcial, no siempre resulta posible. Sin embargo, aun cuando un testigo deba discrepar puede hacerlo indirectamente. Por ejemplo, puede decir: "¿Pensó alguna vez en esto?" O, "Me gusta lo que el apóstol Pablo dice al respecto"; y entonces presentar lo que Pablo dijo. Nunca debe decirse secamente: "De ninguna manera puedo estar de acuerdo con eso", o, "La Biblia dice que eso no es así."

Allí donde uno encuentra al menos una mínima coincidencia, existe un punto a partir del cual el testigo puede explayarse sobre esa verdad según las Escrituras. Así, el evangelio puede ser presentado de manera indirecta y el que se refugia tras sus propias excusas podrá descubrir por sí mismo que el evangelio descalifica la objeción sin nuestra ayuda.

Los Síntomas y la Enfermedad

Frecuentemente, una excusa es la exteriorización de un prejuicio o creencia no cristiana. "Para ser un cristiano tendría que dejar muchas cosas" sería una excusa que refleja la creencia que el auténtico disfrute y satisfacción están en un estilo de vida no cristiano, y que poca es la gratificación a encontrar en el ámbito cristiano. Una expresión como: "A la iglesia sólo le interesa el dinero" podrá reflejar la creencia de que la felicidad radica en la posesión de bienes materiales y que la iglesia trata de robar eso a las personas, aun cuando los no creyentes quizá no lo expresen en exactamente esos términos. La respuesta del testigo dependerá de lo que la excusa revele.

Los médicos tratan tanto los síntomas como la enfermedad, aunque por lo general es más importante tratar esta última. En algunas ocasiones sólo es posible tratar los síntomas, como ser el caso del resfrío común. En otras, como ser el pie de atleta, tanto el síntoma como el mal se tratan simultáneamente. Al menos, así parece ser desde la óptica del no profesional. A veces los síntomas sólo tienen importancia relativa, como en el caso del color amarillento que acompaña a la ictericia, pero el tratamiento de la enfermedad sí es sumamente importante. Tengo la convicción de que lo mismo sucede con las excusas. El sentido común frecuentemente dictará el rumbo apropiado. Algunas veces el testigo tratará la sintomatología, algunas tratará tanto los síntomas como la enfermedad, y en algunos casos atenderá únicamente a la enfermedad en sí.

Las Excusas Más Frecuentes

"Hay Demasiados Hipócritas en la Iglesia"

Esta, bien puede ser la más frecuente de todas. Hay diferentes maneras de verbalizarla. Alguien podrá decir: "Algunos miembros de la iglesia me trataron mal, o me defraudaron", o "Donde yo trabajo hay varios cristianos; no quisiera ser como ninguno de ellos", o podrán señalar a cierto "cristiano" renombrado que apareció involucrado en algún escándalo.

Ejemplo de un enfoque productivo podría ser decir: "Por supuesto que usted tiene razón. Hay hipócritas en la iglesia. Eso es algo por lo cual Jesús mismo estaba seriamente preocupado." A partir de allí muestre cómo el Señor es suficiente para hacerse cargo de los hipócritas.

En Mateo 7:21-23, Jesús dijo: "No todo el que me dice 'Señor, Señor' entrará en el reino de los cielos, sino el que hace la voluntad de mi Padre que está en los cielos. Muchos me dirán en aquel día: ¡Señor, Señor! ¿No profetizamos en tu nombre? ¿En tu nombre no echamos demonios? ¿Y en tu nombre no hicimos muchas obras poderosas?' Entonces yo les declararé: 'Nunca os he conocido. ¡Apartaos de mí, obradores de maldad!'"

El capítulo 23 de Mateo está dirigido en su casi totalidad a los escribas y fariseos, a quienes Jesús llama "hipócritas" (v. 13), "guías ciegos" (v. 16), "necios y ciegos" (v. 17). Se dirigió a ellos como "¡Serpientes! ¡Generación de víboras!" y les preguntó: "¿Cómo escaparéis de la condenación del infierno?" (v. 33). Aquí encontramos algunas de las expresiones más acabadas del Nuevo Testamento dirigidas sin rodeos a aquellos que pretenden ser lo que no son, y las mismas salen de la boca del propio Jesús.

El Libro de Hechos (5:1-11) registra un caso de hipocresía en la iglesia de los primeros tiempos. Ananías y su esposa Safira vendieron una propiedad. Entregaron lo que ellos pretendieron hacer aparecer como el precio total de la venta para que fuese repartido entre los pobres, pero retuvieron una parte para su uso personal. El gran disgusto de Dios por tal conducta se evidenció en el hecho de que los dos murieron como consecuencia de su deshonestidad. Aunque Dios no siempre obra tan duramente con los hombres en la actualidad, su actitud hacia un engaño así es, no obstante, muy clara. Dado que el Señor es aquel que "sacará a la luz las cosas ocultas de las tinieblas y hará evidentes las intenciones de los corazones" (1 Co. 4:5), podemos estar seguros de que cualquier hipocresía no le es secreto, y que él habrá de juzgarla en justicia y rectitud. Podemos confiadamente dejar toda inconsistencia de este tipo en sus manos.

Al mismo tiempo, la Biblia declara que "cada uno de nosotros rendirá cuenta a Dios de sí mismo" (Rom. 14:12). Por más molesta que resulte la hipocresía en otros, no podemos dejar que ella sea un obstáculo para cuidar nosotros de nuestro propio bienestar espiritual. Aun cuando hay un cierto grado de hipocresía en cada uno, la hipocresía desvergonzada simplemente debe ayudarnos a ver que una vez que nos convertimos en creyentes debemos apuntar a una vida de total consagración. A cualquier precio debemos evitar constituirnos en precisamente aquello que tanto nos desagrada ver en otros.

Hay algo más que puede decirse con respecto a las personas que presentan esta excusa. Solamente con haber señalado el problema, se da por entendido que ellos reconocen que el confesar a Cristo significa vivir una vida transformada. Su preocupación ante la hipocresía pone de manifiesto que reconocen la incoherencia del profesar creer pero vivir como un no creyente. Destaque positivamente en él/ella su percepción de la naturaleza íntima del creer y su comprensión de lo que significa, y señale que la Biblia dice: "De modo que si alguno está en Cristo, nueva criatura es; las cosas viejas pasaron; he aquí todas son hechas nuevas" (2 Cor. 5:17). No obstante, nosotros no producimos este cambio en nuestras propias fuerzas, sino por el poder de Dios quien habita en nosotros.

Repasemos lo que he sugerido. Evite el rechazar o contradecir lo expresado por el entrevistado. Concuerde, si es posible, con algo que él o ella digan. Reconozca el mérito de su percepción al detectar la incoherencia de la hipocresía y su comprensión de que el auténtico cristianismo reclama mucho más. Utilice la Escritura para mostrar que Dios sabe todo acerca de nosotros; que él juzgará rectamente ese pecado en otros o en nosotros; que cada uno dará cuenta de sí; y que la vida cristiana es por cierto un nuevo tipo de existencia. De esta manera le es posible al testigo evitar las discusiones, se abre el camino para otra etapa de proclamación, y se optimiza la relación requerida para una comunicación eficaz. En tanto que este método requiere de más tiempo, es más acabado y productivo en términos de resultados duraderos. Las excusas proveen la oportunidad de responder a preguntas y de explicar verdades espirituales que pueden consolidar la comprensión necesaria para una entrega personal a Dios en fe.

"A la Iglesia Sólo Le Interesa el Dinero"

Una vez más podemos, cautelosamente, coincidir en forma parcial. Aun cuando no sería prudente discutir con un candidato detalles de las críticas que se levantan con respecto al proceder de otros, en los tiempos que corren no faltan fundamentos para tales acusaciones. Hadden y Swann llaman la atención a la manera en que algunas personalidades de la televisión emplean una parte desproporcionada de su tiempo pidiendo dinero y otras ejercen considerable presión sobre sus oyentes a través de la correspondencia computarizada, sin mayor consideración para con quienes sintonizan sus programas y para con aquellos que responden bajo la presión de sus propias necesidades. Algunas organizaciones cristianas han procurado fondos de entre empresarios no cristianos y padres no creyentes de niños que asisten a la escuela dominical. Esto no quiere decir que no sea necesario procurar recursos o que los cristianos no deban ser animados a dar de su dinero.

Pretende destacar que la conducta desaprensiva y desatinada de algunos ha provocado amplia confusión en muchos.

Una de las maneras en que sería posible encarar el problema es la siguiente: "Mire Señor..., creo que en alguna medida lo que usted está diciendo es cierto. Es lamentable que en algunos casos haya líderes cristianos que empleen métodos poco sabios de procurar recursos para su trabajo. Pero permítame decirle esto de mi parte y, creo que con toda sinceridad, de parte de mi iglesia también. Nuestro interés está absolutamente en usted como persona y no en el dinero que usted pudiera o no tener.

"Por cierto, las personas estaban en el centro mismo de la atención de Jesús. Aun cuando él estaba preocupado respecto de la relación entre las personas y los bienes materiales, su principal preocupación se resume en una de sus más conocidas expresiones: 'Más bien, buscad primeramente el reino de Dios y su justicia, y todas estas cosas os serán añadidas' (Mat. 6:33). Son las personas mismas quienes, la mayoría de las veces, invierten el orden. Buscan las 'cosas', es decir, los bienes materiales, y dejan al reino para lo último o no lo buscan en absoluto. Para Jesús, el reino era siempre primero y principal en importancia. También nos advirtió que 'la vida de uno no consiste en la abundancia de los bienes que posee' (Luc. 12:15), aunque la mayoría parezca creer que sí. En otra oportunidad, cuando tuvo hambre, dijo: 'No sólo de pan vivirá el hombre, sino de toda palabra que sale de la boca de Dios' (Mat. 4:4). Aun sintiendo físicamente el hambre, habló del carácter indispensable de la verdad de Dios. Creo que usted tiene razón cuando señala que hay otras cosas en las cuales debe hacerse hincapié antes que en el dinero.

"Por otra parte, Jesús estaba preocupado porque las personas no usaran mal las cosas materiales ni fuesen mal usados por ellas. Se hace sumamente fácil el dejarse gobernar por el dinero en lugar de gobernarse en el uso de él. Hay una cantidad de advertencias acerca de esto en las Escrituras. 'Nadie puede servir a dos señores; porque aborrecerá al uno y amará al otro, o se dedicará a uno y menospreciará al otro. No podéis servir a Dios y a las riquezas' (Mat. 6:24). Pablo advirtió: 'El amor al dinero es raíz de todos los males; el cual codiciando algunos, fueron descarriados de la fe y se traspasaron a sí mismos con muchos dolores' (1 Cor. 6:10). De modo que podemos ver algunas de las enseñanzas del Nuevo Testamento con respecto a las cosas materiales. La Biblia tiene mucho para enseñarnos acerca del uso y abuso de las 'cosas'.

"Lo que usted expresa me hace recordar otro pasaje de la Biblia, y es un pasaje importante. Al hablar acerca de lo que se da de los bienes materiales, Pablo sentó un principio importante: 'Cada uno dé como propuso en su corazón, no con tristeza ni por obligación; porque Dios ama al dador alegre' (2 Cor. 9:7). Uno debe dar aquello que puede dar alegremente. Por ninguna razón se justifica la obligación de dar y nadie debe hacerlo de mala gana, cada uno debe dar según su propia decisión. Aunque en nuestra iglesia tratamos de enseñar fielmente todo lo que la Biblia dice acerca del dar, reconocemos el valor de este importante principio, y confío en que cualquier presión o insistencia indebida está superada. El primer objetivo es siempre el ayudar a las personas a establecer una relación salvadora con Cristo."

Nuevamente he sugerido mucho más de lo que normalmente uno utilizaría, pero sirve para ejemplificar una manera de encarar el problema. El testigo puede coincidir en cierta manera, arrojar luz sobre el asunto según la perspectiva bíblica y, basándose en las Escrituras, volver a la importancia de una relación recíproca con Cristo.

Dependiendo de las circunstancias, otra manera de encarar el tema sería el demostrar que aunque las iglesias piden dinero, son estrictamente organizaciones sin fines de lucro. Aun cuando reconocemos que hubo excepciones erradas, el propósito para las iglesias era que fuesen las "organizaciones" más desinteresadas del mundo. La iglesia es misión. Su salud misma se mide en función de su interés y preocupación por los demás. Alrededor del mundo las iglesias han levantado hospitales, escuelas, orfanatos, leproserías, y otras instituciones de caridad. Han corregido innumerables situaciones inhumanas, leyes cruentas, supersticiones paganas y estructuras injustas. Han enseñado a millones a leer y escribir su propio idioma, han introducido la práctica de la higiene, cavado pozos de agua, enseñado agricultura, sembrado esperanzas y expectativas y, lo que es más importante de todo, han guiado a miles al conocimiento de Jesús como Señor y Salvador. Por cierto que han pedido dinero, y seguirán haciéndolo, pero con el objeto de servir a la humanidad como ninguna otra entidad lo ha hecho o lo hará. Ninguno de nosotros lamentamos que se recaude y emplee dinero para esos fines.

"Creo Que Tendría Que Renunciar a Muchas Cosas"

Este constituye un obstáculo enorme para muchos. En efecto, la mayor parte de las personas a quienes testificamos están, en cierta medida, "enamoradas" del mundo actual. Esa es la realidad. El supuesto básico con que se manejan es que la verdadera satisfacción se halla en la persecusión de las metas clásicas de quienes se mueven en el mundo secular. Aquellas personas que sinceramente responden de esa manera por lo general necesitan un tiempo hasta que el evangelio haga su obra. Sigamos nuevamente el modelo dado en la sección anterior: ya sea coincidencia o reconocimiento, uso de las Escrituras para explicar y proclamar, y de allí en más la presentación del evangelio.

"Me parece muy bien que usted se dé cuenta de que la vida cristiana tiene su precio, y que inevitablemente trae aparejado un cambio. Usted ha señalado algo muy importante, lo que a la vez me indica que ha pensado seriamente en el evangelio.

"Es cierto que Jesús hizo algunas demandas verdaderamente revolucionarias. El advirtió que el amor y la lealtad a él debían estar por encima aun de las relaciones de familia (Luc. 14:26). Sus seguidores son aquellos que se niegan a sí mismos y toman su cruz cada día (Luc. 9:23). La lealtad a Cristo ha de ser más importante que las 'cosas', porque él dijo: 'Cualquiera que no renuncia a todas las cosas que posee, no puede ser mi discípulo' (Luc. 14:33). De modo que la naturaleza exigente del evangelio se hace clara como el agua. No me sorprende que usted esté pensando en esto, porque aquellos que son sinceros no pueden obrar de otro modo.

"Por otra parte, ¿pensó usted en la ganancia? Jesús ofrece algunas cosas invalorables que el mundo no puede dar. Prometió paz de una clase que solamente él podría proporcionar (Juan 14:27). La Biblia promete perdón y una conciencia limpia (Hech. 10:43; 1 Ped. 3:21) además de un propósito nuevo y total para la vida (2 Cor. 5:15). Jesús dijo que él había venido para hacer posible una vida más abundante aquí y ahora (Juan 10:10) y vida eterna en el más allá (Juan 3:16). Pablo dijo que la plena realización de la vida se hallaba únicamente en Cristo (Col. 2:10).

"Cuando Pablo comparó su vida anterior con lo que había encontrado en Cristo dijo: 'Pero todas las cosas que para mí eran ganancia, las he considerado pérdida...en comparación con lo incomparable que es conocer a Cristo Jesús mi Señor. Por su causa lo he perdido todo y lo tengo por basura, a fin de ganar a Cristo' (Fil. 3:7, 8). Pablo no perdió ni renunció a nada que no haya sido reemplazado con creces por algo mucho mejor. Dios no es un aguafiestas cósmico al estilo de lo que muchos equivocadamente piensan. Una de las cosas que trae consigo el evangelio es gozo genuino; gozo sin remordimiento, culpa, o pesar; y es algo que dura por siempre. Usted encontrará que eso que era una realidad para Pablo también será una realidad para usted.

"En el tiempo en que yo vivía en el centro-oeste de los EE. UU. de A., teníamos un árbol de una variedad de carrasca en el terreno de la iglesia. Lo singular de esta planta es que aunque sus hojas se tornan de color marrón al llegar el otoño, no caen hasta la primavera, cuando el avance de la nueva foliación las desaloja. Así es la vida cristiana. Las cosas que Cristo produce desplazan a las anteriores. Sencillamente, ya no hay lugar para ellas. No se trata de lo que hay que abandonar. ¡Es que hay tantas cosas mejores de entre las cuales elegir!"

"No Siento Aquello Que Me Parece Debiera Sentir"

Esta clase de expresión por lo general la encontramos cuando a una persona se la invita a aceptar a Cristo. Puede significar por lo menos dos cosas. Primero: es posible que exprese la preocupación de una persona próxima a tomar una decisión para la cual no está debidamente preparada. Percibe esto y lo expresa en términos de una ausencia de sentimientos. Quizá el sentimiento de convicción de pecado no es lo suficientemente profundo, en cuyo caso se hace necesaria mayor proclamación, posiblemente reforzando el aspecto del pecado y sus consecuencias. Segundo: podrá estar reflejando el trasfondo. Si la relación de la persona ha sido con iglesias con un estilo altamente emotivo o si algún amigo cristiano le ha compartido detalles de una conversión profundamente conmovedora, esa persona podrá sentir que es la clase de experiencia que él o ella debe tener.

A menudo es de ayuda el explicar que tales experiencias pueden ser influenciadas por factores tales como la edad, la experiencia previa y la conformación de la personalidad. Utilícese el material del capítulo tres relativo a la naturaleza de la conversión y ayúdese al cristiano en potencia a entender que no hay dos experiencias exactamente iguales.

La Biblia dice poco respecto de los sentimientos de una persona antes de su conversión aparte de que debe existir una convicción de pecado (Hech. 16:30). Hechos 2:37 dice: "... se compungieron de corazón". Por otra parte, sí dice algo acerca de los sentimientos posteriores a la conversión. De los pobladores de Samaria que prestaron atención a Felipe y vieron las señales que hacía, se dice: "De modo que había gran regocijo en aquella ciudad" (Hech. 8:8); y leemos que el etíope eunuco ganado por el mismo hombre "seguía su camino gozoso" (Hech. 10:39). Desde el punto de vista bíblico, con anterioridad a la conversión debe existir convicción de pecado y un sentido de necesidad. Después de la conversión puede existir un sentir de liberación, gratitud y gozo. Lo que llegue a experimentar una persona podrá deberse en gran parte a factores peculiares a ese individuo.

"Siendo Niño Me Obligaban a Ir al Templo"

Es sorprendente el número de personas que expresan esto tanto como una razón para nunca asistir como una excusa para su resistencia a escuchar las buenas nuevas. Una respuesta así huele a inmadurez. En la mayoría de los casos, sería motivo de risa si no fuese porque generalmente se lo dice muy seriamente y con cierta hostilidad tanto para con los padres ausentes como para con el testigo involucrado.

Aquellos que visitan los hogares de los niños que asisten a la escuela dominical o que son transportados por la iglesia a distintas actividades, se confrontan con otra versión de esta excusa. "Cuando era chico me 'embucharon' religión. Yo no quiero obligar a mis hijos a nada. Cuando tengan edad suficiente podrán decidir por ellos mismos."

No es infrecuente el encontrar en personas el sentir de que han sido tratadas incorrectamente por sus padres. Todos los padres cometen errores, y algunos concretamente los maltratan al punto de ocasionar daños permanentes de una u otra clase. Pocos, sin embargo, han causado daño a sus hijos por insistir en que concurran a los cultos de la iglesia. En muchos casos una sonrisa amplia y un toque de humor darán su apoyo a una buena respuesta para esta excusa: "Creo que entiendo lo que usted quiere decir. Es cierto que los padres obligan a sus hijos a hacer cosas que no les gusta. Mis padres me obligaban a tomar medicamentos, ordenar mi habitación, cortar el césped, lavar los platos y bañarme. A veces tenían que obligarme a ir a la escuela, y en ciertos momentos, hasta forzarme a comer. Cuando uno se detiene a pensar en esto, se da cuenta de que ahora le hacemos todo esto a nuestros propios hijos. ¿No es curioso que todo nuestro rechazo se concentre en el tema de la iglesia, cuando uno se da cuenta de que, con raras excepciones todas esas cosas se hicieron para nuestro bien?" (¡No olvide la sonrisa amplia!)

Pablo, en Filipenses 3:13: "olvidando lo que queda atrás y extendiéndose a lo que queda delante". Dice él: "Prosigo a la meta hacia el premio del supremo llamamiento de Dios en Cristo Jesús. Así que, todos los que hemos alcanzado la madurez pensemos de este modo" (Fil. 3:13, 14). Uno de los sermones más conocidos de Jorge Truett está basado en este texto. En él, menciona algunas cosas que deben olvidarse. Las heridas de la vida ocupan un lugar destacado en su lista. Todo aquello que de alguna manera nos estorba o inutiliza debe ser olvidado, tanto como sea posible.

El testigo también podrá decir: "Estoy plenamente seguro de que a pesar de sus sentimientos acerca de aquellos tiempos de su niñez, el haber asistido a esas clases y cultos de adoración es algo valioso para usted. Allí aprendió cosas que quienes no han asistido no saben. Usted llegó a conocer de las profundas verdades de la fe cristiana tanto a través de lo que se habló como de lo que usted cantó. Seguramente usted memorizó algunas partes de las Escrituras. A través de ellas usted ha podido apreciar algunas de las grandes verdades del evangelio: por ejemplo, que Jesús es el Hijo de Dios, el Salvador del mundo; que el hombre tiene un serio problema al cual denominamos pecado; y que hay un camino de perdón que posibilita el acceso a una nueva forma de vida que satisface y ofrece un sentido de plena realización. Estoy convencido de que esa experiencia le va a ser muy útil al pensar seriamente en las cosas espirituales."

Las últimas frases de este ejemplo podrán ampliarse de acuerdo con lo que dicten las circunstancias, y el testigo estará atento al momento propicio para concatenar la presentación del evangelio.

Con respecto a los padres que se ufanan de no influenciar a sus hijos en las cuestiones espirituales, es necesario ayudarles a descubrir que existen muchas otras fuerzas que están buscando desviar a los jóvenes hacia caminos no espirituales. Drogas, alcohol, experiencias sexuales, y el crimen hacen presa de los jóvenes en una edad temprana. El grupo de relación, la televisión, el cine, las novelas, y la conducta de sus "ídolos populares" son todos aspectos influyentes que podrán estimularles a probar alguna o varias de estas posibilidades. Si a un niño se lo deja solo a merced de esas influencias, hay un alto porcentaje de probabilidades que de alguna manera se involucre y las experimente. Muchos padres llegan a reconocer que los niños necesitan ayuda en estas áreas y aceptan gustosos todo aquello que la iglesia pueda hacer. Otros entienden que los niños deben saber, por lo menos, que existe otro punto de vista.

"La Iglesia No Es Necesaria. Puedo Ser Cristiano sin Ella"

Si esta es nada más que una manera de distraer la atención, entonces es probable que la sugerencia tradicional de tratarla lo más brevemente posible y seguir adelante sea lo más apropiado. Esto rara vez constituye un problema una vez que la persona está verdaderamente convertida. Sería posible sugerir: "No se complique con una decisión pensando en la iglesia hasta resolver su relación con Cristo. Hablemos de él por ahora." Otra sugerencia sería: "La decisión crucial que plantea el evangelio no es con respecto a la iglesia sino primeramente con respecto a Cristo y su salvación, luego las otras relaciones (con los hombres y con la iglesia) ocuparán su debido lugar" (Mat. 6:33; Mar. 8:34; Juan 3:3). Pásese así con naturalidad a presentar a Cristo como Salvador y Señor.

Si un testigo interpreta que la excusa está denunciando un error de apreciación de lo que es ser miembro de una iglesia, entonces es muy probable que una descripción del modelo de la iglesia joven, según la encontramos en Hechos, sirva para disipar la niebla al mismo tiempo que proporciona la oportunidad para mayor proclamación. En un sentido técnico, podremos coincidir con ellos, no obstante, la idea de ser un cristiano y guardar distancia de la iglesia es ajena al Nuevo Testamento. El modelo de Hechos es arrepentimiento, bautismo y pasar a formar parte del compañerismo (Hech. 2:37-47). Aun cuando en el v. 47 no se utilice el término iglesia, el mismo sí aparece en algunos manuscritos antiguos y es evidente que Lucas se refería a ella.

Debe ayudarse al creyente potencial a entender que la iglesia siempre será imperfecta, pero a pesar de eso útil y valiosa para Dios, a la vez que necesaria para los hombres. Dios puede utilizar cosas imperfectas tal como podemos hacerlo nosotros. Mi automóvil está lejos de ser perfecto. Siempre tiene algo que podría estar en malas condiciones, sin embargo, me es útil para trasladarme de un lado a otro. Mi casa no es una casa perfecta. Algo siempre hay, que está reclamando atención, sin embargo me proporciona refugio. La iglesia de Dios necesita perfeccionarse en muchos aspectos muy obvios, pero le es útil a él como el cuerpo de Cristo.

"Cristo amó a la iglesia y se entregó a sí mismo por ella" (Ef. 5:25). No es posible rechazar inteligentemente lo que fue tan precioso e importante para el Señor. La iglesia es la portadora del evangelio. A ella le fue dada la comisión de llevar las buenas nuevas a toda persona en el mundo. Es a través de la iglesia, el cuerpo de Cristo, que Jesús continúa su ministerio.

Cada creyente es un miembro de ese cuerpo para adorar, aprender y servir en el mundo.

La iglesia no sólo es el plan de Dios para satisfacer las necesidades del mundo, pero también está para ministrar a las necesidades de aquellos que están dentro. Somos seres sociales con necesidades sociales. La iglesia es el nuevo pueblo de Dios el cual nos proporciona una experiencia de comunidad que satisface. Este compañerismo tiene el propósito de satisfacer algunos de nuestros anhelos más profundos. Es esencial nuestra salud y crecimiento espirituales. Es imposible servir y conocer a Cristo como Señor sin ser parte integral e inseparable de su iglesia.

Podrá ser que una persona que ofrece esta excusa haya tenido una experiencia desafortunada con una iglesia. Circunstancias tan simples como el haberse sentido incomodado por un maestro de escuela dominical, el no haber sido invitado a un paseo o quedar afuera en el reparto de regalos en un programa navideño, o la mala experiencia de un familiar o amigo pueden transformarse en una excusa detrás de la cual algunas personas se escudan durante años. A veces puede ser muy útil el invitar a la persona a que hable sobre la experiencia. Por ejemplo: "Me da usted la impresión de haber tenido alguna experiencia poco feliz con la iglesia. ¿Por qué no me cuenta lo que sucedió?" Eso puede ser suficiente para ayudar a la persona a exteriorizar su hostilidad, aliviarse, y crear un espíritu más receptivo.

"Estoy Muy Ocupado"

Esta excusa se plantea de muchas maneras. "Viajo mucho." "Trabajo muchas horas." "Aunque llegara a convertirme en cristiano no tendría tiempo para dedicarle a la iglesia." "El domingo es el único día que tengo para descansar y para mi familia." Todas estas (y otras) son expresiones de la persona que cree no disponer de tiempo suficiente para los asuntos espirituales.

Cualquiera puede compadecerse de quien sufre las presiones del tiempo. Esa es precisamente la naturaleza de la vida urbana. Muchos de quienes presentan esta excusa verdaderamente trabajan fuerte. Son ambiciosos por progresar y proveer ampliamente para sus amados. Son muchas las organizaciones y causas que pugnan por adueñarse de su tiempo libre. Esto no podemos decir que esté del todo mal, y podemos felicitarlos sinceramente por su preocupación filial, su deseo de ser algo y alguien, y por su participación en la comunidad y las organizaciones sociales.

Por otra parte, los seres amados necesitan mucho más que cosas materiales. En realidad, la palabra de Jesús acerca de la gran prioridad: "Buscad primeramente el reino de Dios y su justicia", es útil aquí como lo es para otras excusas (Mt. 6:33). Siempre es una cuestión de prioridades. Hay cosas que todos nosotros no tenemos tiempo para realizar; elegimos aquellas que nos parecen más importantes y a ellas les dedicamos nuestro tiempo. También es cierto que nuestras prioridades cambian, y podemos expresar la sincera esperanza que las prioridades de nuestro entrevistado cambien en lo que se refiere a los asuntos espirituales.

Hay muchos pasajes bíblicos que hacen hincapié en la prioridad de lo espiritual. En el Antiguo Testamento encontramos al salmista diciendo:

El principio de la sabiduría es el temor de Jehová.
Buen entendimiento tienen todos los que practican sus mandamientos (Sal. 111:10).

Luego encontramos al autor de Proverbios diciendo:

Sabiduría ante todo; Adquiere sabiduría;
Y sobre todas posesiones, adquiere inteligencia.
(Prov. 4:7)

Estas expresiones tienen sus raíces en la correcta relación con Dios.

Pablo exhortó a Timoteo: "Emplea el tiempo y las energías en la tarea de ejercitarte espiritualmente" (1 Tim. 4:7, La Biblia al Día) pero la recomendación era para todos, dado que le dijo también: "Esto manda y enseña" (4:11). La carta a los colosenses está destinada específicamente a cristianos en cuanto a que Pablo les recomienda que "andad sabiamente... redimiendo el tiempo" (4:5), pero nuevamente, es un principio aplicable a cada persona. Pablo está queriendo significar que nuestras oportunidades tienen límite. Si no echamos mano de ellas las perdemos. Debemos ser buenos mayordomos de los tiempos y oportunidades que tenemos a nuestra disposición. Muchas personas están perdiendo sus oportunidades espirituales al asignarles una prioridad muy baja.

La Biblia al Día, en su versión inglesa, tiene una paráfrasis sorprendente de Eclesiastés 7:2: "Más vale gastar el tiempo en funerales que en festivales. Porque la muerte te espera, y bueno es pensar mientras te queda tiempo." La realidad es que toda persona tiene tiempo para las cosas espirituales y debiera dedicarles ese tiempo ahora. Es sólo una cuestión de prioridad.

"Es Que Hay Tantos Grupos Diferentes"

El testigo puede comenzar su respuesta reconociendo el valor del planteo. Una vez más, es la pregunta que se esperaría de alguien que piensa, y pone de manifiesto que la persona tiene cierta conciencia de que una relación vital con Cristo debiera contribuir a la unidad más que a la diversidad. Por cierto que podemos coincidir en cuanto a lo deseable de la unidad.

Con toda naturalidad podemos admitir que la división en denominaciones no es lo ideal. Es parte de la imperfección humana con la que debemos convivir hasta aquel momento en que Dios nos libere de la presencia del mal. Dios no fue el causante de la fragmentación. Por otra parte, es una situación mucho mejor que la imperante en otros tiempos cuando por razones de política las personas estaban obligadas a sostener y pertenecer a iglesias con las cuales discrepaban plenamente convencidos.

También es importante destacar que hay más unidad entre las iglesias de lo que la gente en general ve. Hay muchos aspectos sobre los cuales el entendimiento es amplio entre las denominaciones más importantes. Por ejemplo, muchos coincidirían respecto de la verdad central de Juan 3:16, Romanos 3:23, Romanos 5:8, y 2 Corintios 5:19. Al explicar la coincidencia de la enseñanza central de cada uno de éstos, el testigo tiene delante la oportunidad de llevar a cabo más proclamación y explicación del evangelio mientras responde a la objeción del entrevistado. Estas áreas de coincidencia global también explican por qué tantas iglesias pueden cooperar en asuntos tan importantes como campañas evangelísticas unidas cubriendo la ciudad completa, o en cuestiones del campo moral.

Otra verdad innegable es que cada cristiano sincero del pasado, presente, o futuro es una parte del cuerpo de Cristo: la iglesia universal. A pesar de las divisiones terrenales, todos los creyentes genuinamente convertidos compartirán la eternidad en el reino de los cielos.

Tal diversidad es el resultado de nuestra libertad de elección. Cada persona puede elegir la iglesia que mejor le ayude a expresar su creencia y adorar conforme a los dictados de su conciencia. Mientras es posible que tal diversidad no sea lo mejor desde muchos puntos de vista, y aun cuando la unidad es un ideal válido por el cual luchar, pocos renunciarían a la misma a cambio de un arreglo que les robara la libertad. Es realmente un magnífico privilegio por el cual muchos han estado dispuestos a morir.

"Yo Creo Que Jesús Era un Hombre Bueno y un Buen Ejemplo, Pero No Era el Hijo de Dios"

Este cliché repetido con tanta frecuencia y la mala interpretación generalizada que denuncia es en realidad una de las excusas más fáciles de contestar. A todas luces se contradice a sí misma. El testigo puede comenzar coincidiendo en que por cierto Jesús era una buena persona y un buen ejemplo y destacando el hecho de que el entrevistado lo reconozca.

El creyente potencial puede entonces ser guiado a considerar algunas de las pretensiones de Jesús respecto de sí mismo. La mujer de Samaria dijo: "Sé que ha de venir el Mesías, llamado el Cristo; cuando él venga, nos declarará todas las cosas." Jesús le respondió: "Yo soy, el que habla contigo" (Juan 4:25, 26). A los judíos que querían molestarlo porque él sanó en el día sábado les dijo: "Mi Padre hasta ahora trabaja; y yo trabajo" (Juan 5:17). Juan entonces agrega: "Por esto los judíos aún más procuraban matarle, porque no sólo quebrantaba el día de reposo, sino que también decía que Dios era su propio Padre, haciéndose igual a Dios" (Juan 5:18). A Felipe le dijo: "El que me ha visto a mí, ha visto al Padre" (Juan 14:9). A los judíos dijo: "Yo y el Padre uno somos" (Juan 10:30). Y hay muchas otras expresiones muy similares a estas donde con toda claridad Jesús declaró ser más que simplemente un hombre o aun un hombre bueno.

Lo que el entrevistado debe ver es que o bien Jesús era todo lo que pretendía ser, o no era un buen hombre ni un ejemplo moral. Si él no era el Cristo como Pedro lo declarara (Mat. 16:16), entonces él era el más grande impostor de todos los tiempos. Si él no era Dios encarnado como Pablo dijo (2 Cor. 5:19), entonces él llevó engañosamente a una falsa esperanza y seguridad a más personas de las que cualquiera jamás haya llevado. Es imposible que él sea un buen hombre y no sea a la vez todo aquello que afirmó ser.

Dado que el Evangelio de Juan se escribió para que la gente "[crea] que Jesús es el Cristo, el Hijo de Dios, y para que creyendo [tenga] vida en su nombre" (20:31), sería bueno animar a tales personas a leer y meditar este Evangelio cuidadosamente. Si se logra que lo hagan con una razonable apertura mental, es sumamente probable que lleguen a una sólida creencia en Jesús como Salvador y Señor.

"Voy a Hacerme Cristiano Algún Día, Pero No Ahora"

Las personas que anteponen esta excusa a menudo tienen una disposición favorable para con la fe cristiana. Quizá tengan familiares o amigos creyentes y aun ocasionalmente asistan a los cultos de la iglesia o escuela dominical. Muchos de ellos realmente tienen la intención de confesar a Cristo, pero no están dispuestos a renunciar a las prácticas pecaminosas de las que al momento disfrutan y que saben muy bien se interponen en el camino.

Podemos comenzar elogiando sus intenciones y tratando de señalarles la sabiduría de transformar el "algún día" en hoy. En tanto que no debemos ejercer indebida presión, tenemos la obligación de compartir pasajes pertinentes de la Biblia que tratan con esta clase de actitud. Tales personas se están jugando su futuro. Están "apostando" a que pueden seguir haciendo como les plazca y disfrutando del pecado, y que Dios no permitirá que alguna cosa desagradable les acontezca. Dios por cierto es paciente y maravillosamente misericordioso. Por otra parte, cuando Pablo hizo un repaso de la historia de Israel (1 Cor. 10), se refirió a tiempos de rebeldía en los que, a pesar de su anterior conocimiento y experiencia con Dios, persistieron en desear lo malo, y la desgracia les sobrevino. Pablo escribió: "Estas cosas sucedieron como ejemplos para nosotros, para que no codiciemos cosas malas, como ellos codiciaron" (1 Cor. 10:6). Estas eran personas que sabían lo que Dios esperaba pero que se negaban a cumplirlo. Nunca es una actitud sabia la de continuar viviendo en una relación tan negativa con Dios (compárese Sal. 95:7, 8, 11).

Personas así van consolidando su problema con cada día que pasa. Aumentan su pecado al no hacer lo que saben que es lo correcto (Stg. 4:17). El oír la verdad aumenta la responsabilidad de cumplirla. Oír la verdad y no llevarla a la práctica agrega al peso del juicio (Luc. 12:47, 48).

Algunos piensan: Lo voy a hacer mañana, pero las Escrituras advierten: "No te jactes del día de mañana, porque no sabes qué dará de sí el día" (Prov. 27:1). Santiago también advierte a quienes con arrogancia hacen planes para lo futuro sin tener en cuenta a Dios de un modo primordial: "¡Vamos ahora! los que decís: Hoy y mañana iremos a tal ciudad, y estaremos allá un año y traficaremos y ganaremos; Cuando no sabéis lo que será mañana" (4:13, 14). La vida es transitoria. Nadie tiene la certeza de vivir el día siguiente. "¿Qué es vuestra vida? Ciertamente es neblina que se aparece por un poco de tiempo, y luego se desvanece" (4:14). Las oportunidades de la vida son breves y se pasan rápidamente. El que desperdicia el tiempo en dilaciones corre el riesgo de perderlas completamente.

No es únicamente acerca del carácter breve de la vida que la Biblia advierte. También está el tema del regreso de Cristo. Debido a que esa es una permanente posibilidad, Mateo exhorta: "Velad, pues, porque no sabéis a qué hora ha de venir vuestro Señor... Por tanto, también vosotros estad preparados; porque el Hijo del Hombre vendrá a la hora que no pensáis" (Mat. 24:42, 44).

Lo trágico es que estos dilatadores o indecisos no alcanzan a ver que se están robando y perjudicando a sí mismos. El pecado deja cicatrices. Cada día de autosuficiencia y desobediencia multiplica y agranda las cicatrices. Cada día de rebeldía les está estafando de ser todo lo que podrían ser dentro del marco de la voluntad de Dios. Son perdedores, y el mundo sufriente que necesita de su testimonio y servicio también pierde.

La ceguera del pecado les hace pensar a las personas que ellas pueden planear sus vidas mejor que Dios. Eso nunca es así. Es en el centro de la voluntad de Dios y en ninguna otra parte, que los seres humanos encuentran su plena realización (Col. 2:9, 10).

Hay infinidad de excusas, por supuesto. Estas sirven meramente como ejemplos de las más comunes y sugieren maneras de actuar frente a ellas. Una buena sugerencia es la de que cada testigo lleve una pequeña libreta. Cada nueva excusa que se encuentra debiera ser anotada, y luego se buscarán los pasajes de las Escrituras y las ilustraciones apropiadas para su uso futuro. De este modo, el testigo se perfeccionará en el responder de manera útil y edificante, a la vez que podrá enseñar a otros a hacerlo igualmente.

11

Las Preguntas Más Difíciles

3. El Espíritu en Que Se Dialoga y Se Comparte a Cristo

Algunos de los obstáculos que surgen van más allá de las meras excusas. Las que siguen son algunas de las preguntas más difíciles. Algunas implican verdaderos problemas teológicos. La mayoría de estas preguntas se repiten sistemáticamente; y en algunos casos no existen respuestas totales. Por ejemplo, a través de los siglos los más grandes pensadores y estudiosos han luchado con el tema del sufrimiento sin que existan aún respuestas definitivas.

En algunas ocasiones, resulta útil señalar que Pablo, refiriéndose a Dios, dijo: "¡Cuán insondables son sus juicios e inescrutables sus caminos!" (Rom. 11:33). Ciertamente, sus pensamientos son más altos que nuestros pensamientos (Isa. 55:8, 9). Nuestros esfuerzos a menudo representan a lo finito tratando infructuosamente de sondear lo infinito. No es de extrañar que seamos incapaces de comprender todo plenamente. Sin embargo, por lo general podemos aportar respuestas que sean lo suficientemente útiles como para superar el obstáculo y abrir el camino para continuar testificando.

Nuestra respuesta debe necesariamente corresponder a la profundidad y preocupación que caracterice a la pregunta. En la mayoría de los casos, el lector hallará en las sugerencias para respuestas que ofrecemos a continuación, muchísimo más material del que se utilizaría en cada caso individual. Será necesario usarlo selectivamente.

Aquellos Que Nunca Oyeron

"¿Cuál será el destino de aquellos que nunca tuvieron la oportunidad de saber de Cristo?" Todo aquel que haya testificado con seriedad y profundidad en estos últimos años muy probablemente se ha encontrado con esta pregunta. Para las personas que piensan es un planteo importante. El clima actual de preocupación por la justicia, la igualdad de oportunidades, y los derechos humanos acentúa la urgencia de la inquietud. La posibilidad que Dios haya sido injusto al ofrecer el evangelio a unos y no a otros puede ser un verdadero obstáculo para que algunos consideren seriamente la persona y obra del Salvador. Aun los cristianos, incluidos algunos líderes y hasta pastores, están un tanto perturbados frente a esta pregunta y no están seguros de cómo responder a ella. Quienes piensan en la obra misionera en tierras lejanas casi siempre luchan con la misma cuestión.

Muchos no cristianos que formulan esta pregunta seguramente son conscientes de que el cristianismo plantea demandas de exclusividad. Campañas de evangelización con lemas como "Cristo, la Unica Esperanza", "Sólo Hay Un Camino", y otros, han hecho pública la aseveración de Jesús en Juan 14:6: "Yo soy el camino, la verdad y la vida; nadie viene al Padre, sino por mí." Esta ha sido tradicionalmente la posición de la iglesia y es importante mantenerla, haciendo buen uso de los momentos en que es posible explicar por qué. Responder a esta pregunta, entonces, ofrece una excelente oportunidad para ampliar la proclamación y explicar algo acerca de la responsabilidad misionera que recae sobre todo creyente. A la vez, es una buena contribución a la advertencia sobre el ofrecer "gracia barata".

La Imparcialidad de Dios

Lo primero que es necesario afirmar es que Dios es absolutamente justo. Esto es parte de su naturaleza santa. "Jehová de los ejércitos será exaltado en el juicio y el Dios Santo será santificado con justicia" (Isa. 5:16). Dios también es amor perfecto: "Porque el amor es de Dios... porque Dios es amor" (1 Jn. 4:7, 8). La perfecta santidad y el perfecto amor siempre actúan imparcialmente. Cuando Abraham intercedía por los justos en Sodoma preguntó: "El juez de toda la tierra, ¿no ha de hacer lo que es justo?" (Gén. 18:25). Y no fue defraudado. Descubrió que Dios era a la vez recto y misericordioso. Eliú, el amigo de Job, habló sabiduría cuando dijo: "Sí, por cierto, Dios no hará injusticia; y el Omnipotente no pervertirá el derecho" (Job 34:12).

El Anhelo Sincero de Dios

Más aún, no está dentro del propósito de Dios que alguna persona se pierda. "El Señor no retarda su promesa, según algunos la tienen por tardanza, sino que es paciente para con nosotros, no queriendo que ninguno perezca, sino que todos procedan al arrepentimiento" (2 Ped. 3:9). Cuando Pablo le escribió a Timoteo, habló de "... Dios nuestro Salvador, el cual quiere que todos los hombres sean salvos y vengan al conocimiento de la verdad" (1 Tim. 2:3, 4). La orden de Dios para Ezequiel era decirle a Israel: "... No quiero la muerte del impío, sino que se vuelva el impío de su camino, y que viva" (Eze. 33:11).

Para muchos, esta respuesta será suficiente. Es posible que el Espíritu Santo les haya llevado a un punto donde la seguridad de que Dios es justo e imparcial y que desea la salvación de todos es precisamente lo que necesitan para dar el próximo paso de entregarse a Cristo. Otros querrán saber más y necesitarán una explicación más amplia.

Lamentablemente, la Biblia no trata de manera específica el destino de aquellos que no tienen la oportunidad de oír. Debemos admitir que hay mucho que no sabemos. Aun los comentaristas más conservadores rechazan todo dogmatismo en este asunto.

La Responsabilidad de Aquellos Que No Han Oído

Para quienes deseen indagar con más profundidad, hay varias sugerencias. A menudo se señala que las personas que no tienen oportunidad de saber de Cristo no serán condenadas por no haber creído en él. No serán responsables de lo que no pudieron saber. Su condenación será la consecuencia del fracaso de actuar responsablemente a la luz de lo que han conocido.

Pablo explicó en Romanos 2:12-15 que algo de los requerimientos morales de Dios está escrito dentro del corazón humano. En consecuencia, cada uno tiene algún tipo de norma moral, y los dictados de la conciencia son evidencia de ello. Para los no judíos, es decir los que antaño no conocieron la ley ni a Jehová Dios de Israel, y para los que a partir de Cristo no conocieron absolutamente nada de su persona y obra pareciera ser que la revelación de la conciencia es aquella luz que los hace responsables. Podría interpretarse entonces que la razón para su condenación estaría en la violación de esa pauta. Los judíos, por otra parte, tenían la ley escrita y eran responsables de actuar a la luz de ese conocimiento. Si alguna persona pudiera responder en conducta a la medida de su iluminación, el resultado sería la justificación. No obstante, en virtud de que todos cometen pecado y fracasan en vivir de acuerdo con la luz del conocimiento que puedan tener, está confirmado que todos están perdidos.

Así mismo, la Biblia habla de grados de castigo en base a lo que una persona entienda respecto de la voluntad del Señor (Luc. 12:42-48). Cuanto más sepa y entienda un individuo acerca de la voluntad de Dios, mayor es su responsabilidad. Este principio lo encontramos enunciado así: "... Porque a todo aquel a quien se haya dado mucho, mucho se le demandará; y al que mucho se le haya confiado, más se le pedirá" (Luc. 12:48).

En el capítulo 1 de Romanos, Pablo estaba hablando del mundo gentil. Dejó bien claro que Dios había dado una revelación de sí mismo en la naturaleza. El universo creado revela su poder y deidad en grado tal que ninguna persona puede tener excusa alguna para no conocer. El Salmo 19 confirma la misma verdad.

Paul Little sugiere a la luz de esto y basándose en Mateo 7:7-11 y Jeremías 29:13, que si un hombre responde a la luz que tiene y busca a Dios, Dios le dará una oportunidad de oír la verdad acerca de Jesucristo. Sin embargo, si usted quiere adoptar este punto de vista, debe hacerlo siendo consciente de que el pasaje de Mateo está ubicado en un contexto donde Jesús está animando a sus seguidores a orar. Esto se hace especialmente claro en el pasaje paralelo en Lucas, donde estos versículos aparecen inmediatamente a continuación del Padre Nuestro y la exhortación a la insistencia, y exactamente antes de la ilustración de Jesús sobre la manera en que aun los padres terrenales se alegran de responder proveyendo lo que sus hijos les piden. Si es que el "buscar" puede en este contexto tener ese significado más amplio que Jesús no le dio, está para ser discutido.

Lo mismo se aplica al pasaje de Jeremías. Está dirigido a los exiliados en Babilonia. Son un grupo tristemente apóstata, el pueblo del pacto de Dios, sufriendo los efectos de un severísimo juicio. Aun así, por la gracia de Dios son un pueblo con un futuro, y llegará el día en que orarán y Dios los oirá. Lo buscarán, y lo hallarán cuando lo busquen de todo corazón. Esta es la promesa de Dios al pueblo de su pacto, que está alejado, pero que ha tenido sacerdotes, jueces, profetas y una larga trayectoria de experiencia espiritual. En este contexto no tiene una proyección universal. Si es que puede asignársele tan libremente el alcance más amplio, nuevamente está sujeto a discusión, aun cuando sí está en armonía con la naturaleza de Dios, caracterizada por su gracia y amor.

Hay, no obstante, otros pasajes referidos a quienes le buscan, a los cuales sin mayores dificultades se les podría asignar un sentido más amplio. Por ejemplo: "Sin fe es imposible agradar a Dios, porque es necesario que el que se acerca a Dios crea que le hay, y que es galardonador de los que le buscan" (Heb. 11:6).

Otras Sugerencias

Otro escritor, en este caso Barry Wood, hace referencia al caso del eunuco de Hechos 8 a quien Dios le envió a Felipe y dice: "He aquí un gran principio bíblico: ninguno que realmente desee ser encontrado ha de quedar perdido sin Cristo... Dios acercará a un Felipe a la vida de todo aquel que le busque."

Cierto es que Dios envió un pregonero de la verdad al eunuco. Lo mismo hizo por Cornelio (Hech. 10). La pregunta es: ¿puede darse por sentado esto como un principio aplicable a todos tomando como fundamento el que Dios lo haya hecho por dos hombres en la etapa fundacional de la iglesia?

Otra sugerencia está relacionada con la interpretación de 1 Pedro 4:6. Dale Moody considera que en este pasaje tan discutido la predicación está dirigida a los muertos que no tuvieron oportunidad de oír el evangelio antes que partieran de esta vida. Señala, que no sería esta una segunda oportunidad, porque en realidad no habían tenido una primera antes. De esta manera, sostiene el mismo autor, ellos podrían ser juzgados en igualdad de condiciones con aquellos que sí oyeron el evangelio durante sus vidas. Si acaso fuera esta la interpretación correcta de este pasaje controversial, sería de incalculable beneficio para quienes murieron con anterioridad a la resurrección de Cristo.

Otra posibilidad es una que encontramos presentada de maneras variadas y se relaciona con la salvación de Abraham. A la luz de Romanos 4:3, no debería significar problema para nadie el hablar de Abraham como salvo. Lo mismo se aplicaría a Moisés, David y otros. Pero, ¿de qué manera fueron salvos? La respuesta es que fueron salvos a través de Cristo quien habría de venir. Por cierto, ellos en parte tuvieron discernimiento de su venida, aún cuando no conocieron su nombre o de qué manera vendría. Otros santos fieles del Antiguo Testamento entendieron menos aun. No obstante, cuando reconocieron que eran pecadores y ejercitaron la fe en Dios, fueron aceptados y perdonados. Es cierto que también traían una ofrenda por el pecado, pero la ofrenda era únicamente un símbolo y una figura de lo que había de venir. Era el arrepentimiento y la fe lo que traía como resultado el perdón (Sal. 51). Que aunque desconocido Cristo era activo en los tiempos del Antiguo Testamento, está claro según varios pasajes del Nuevo Testamento (1 Cor. 10:4; 1 Ped. 1:11; Juan 8:56).

Si los santos del Antiguo Testamento fueron salvos a través del arrepentimiento y la fe, aunque en muchos casos entendieron poco o nada del Cristo que había de venir, ¿no podría ser igual el caso de cualquier otra persona en cuyo corazón obrara el Espíritu de Dios? En virtud de la revelación que Dios ha hecho de sí mismo en la naturaleza (Rom. 1:19, 20) y de sus reclamos morales escritos en el corazón (Rom. 2:12-15), ¿no sería posible que una persona así se arrepienta sinceramente de su pecado y se entregue incondicionalmente a la misericordia de este Dios y sea salva? Esta salvación sería únicamente a través de Cristo, aunque aquellos que respondieran no conocerían su nombre. No sería una salvación por obras, porque las Escrituras están llenas de expresiones que niegan absolutamente cualquier posibilidad así.

Este punto de vista está respaldado por el hecho de que aun antes de que Dios diera su promesa a Abraham, él se había dado a conocer a ciertas otras personas. Por lo que sabemos, hizo esto sin la mediación de un mensajero y no existiendo Escrituras. Por ejemplo, tenemos a Melquisedec y a Balaam. En el caso de Melquisedec, Moody comenta: "Si esta relación con Dios no era real, por cierto es muy extraño que tanto el Antiguo como el Nuevo Testamentos lo hagan un modelo aprobado del Mesías" (Sal. 110; Heb. 7:1-17).

Jesús había dicho: "Antes que Abraham fuese, yo soy" (Jn. 8:58). Moody concluye que así como Aquel que era preexistente se dio a conocer antes del tiempo de Abraham y después, aunque no por su nombre, es razonable pensar que el Cristo que sigue existiendo puede hacer lo mismo en el día de hoy. Esta creencia era sostenida por algunos de los primeros padres de la iglesia, entre los cuales y en primer lugar se encontraba Justino Mártir.

También algunos autores como Rutenber y Anderson señalan que, en ciertas ocasiones, misioneros han informado de la respuesta inmediata por parte de algunos que ya conocen al Dios que ellos predican y que responden instantáneamente a las demandas y privilegios del evangelio. La magnitud de esta actividad es imposible de conocer, pero Rutenber sugiere que es un fenómeno poco frecuente.

Si esta propuesta es válida, como parecen pensar numerosos eruditos, de ninguna manera descalificaría el imperativo misionero. En el caso que hubiera quienes se arrepintieran de su pecado y se ampararan en la misericordia de Dios, esos mismos estarían necesitando desesperadamente confirmación, seguridad, enseñanza, crecimiento, y un mensaje para a su vez compartir. Las grandes multitudes impenitentes necesitarían de la totalidad del mensaje misionero.

Lamentablemente, no hay pasajes concretos y directos al tema que den autoridad clara a estas sugerencias, por más atrayentes que sean. Aunque parecieran corresponder a un Dios misericordioso, no podemos estar absolutamente seguros de ninguna de ellas. La esperanza que ofrecen parece muy pequeña frente a los billones de perdidos. Al menos, no hay noticias de que haya muchos que estén siendo salvados por otro medio que no sea la proclamación. Son, a mi entender, posibilidades sujetas a discusión. Las respuestas finales las tiene Dios.

Certeza

Una cosa es cierta, y es que la iglesia tiene un evangelio que debe ser compartido con todo el mundo. La proclamación del evangelio es el plan de Dios para rescatar a las personas hoy, y este es el único medio seguro a través del cual los perdidos pueden llegar a salvarse. Los que sí pueden tener la certeza de estar perdidos son aquellos que tienen la bendita oportunidad de oír pero no quieren. El solo hecho de haber oído el evangelio aumenta la responsabilidad de responder que tiene el receptor. Porque "... a todo aquel a quien se haya dado mucho, mucho se le demandara" (Luc. 12:48). "El que tiene oídos para oír, oiga" (Mar. 4:9).

Las Cosas Malas Que Acontecen

Este, claro, es el antiguo problema del mal, y la pregunta asume formas diferentes. Quizá sea para muchos hoy en día el escollo más grande para el creer. Aunque el problema no es más profuso de lo que siempre ha sido, podrá parecer que sí porque la comunicación instantánea y los medios de difusión modernos hacen que todo lo calamitoso que acontece en el mundo sea de amplio dominio público.

Un Problema Desconcertante

El testigo podría comenzar señalando que esta es una cuestión que toda persona pensadora plantearía. Se puede coincidir respecto de la naturaleza compleja del problema y sugerir que ese interés que demuestran en el asunto pone de manifiesto una loable sensibilidad frente a lo que en este mundo se presenta como arbitrario o injusto.

Debemos admitir que no tenemos una respuesta que lo

contemple todo satisfactoriamente. Grandes pensadores han luchado con el problema desde tiempos remotos. Dios no ha revelado todo lo que nosotros quisiéramos conocer. Por otra parte, sí tenemos cierta comprensión del problema, y podemos expresar nuestra profunda convicción de que las respuestas cristianas son coherentes y han ayudado a multitudes a través de los años.

El antiguo argumento utilizado para culpar a Dios reza así: "El mal en el mundo demuestra que Dios no es del todo bueno, o que no es todopoderoso. Si él es totalmente bueno, le debe faltar poder para evitar la ocurrencia del mal; o si él es todopoderoso, no es lo suficientemente bueno como para detenerlo." Muchos, con habilidad, han hecho propia esta objeción justificándose así de considerar seriamente las demandas bíblicas.

Dicho de una manera más directa y tomando lo que expresa T. W. Manson, Dios es a la vez todo bondad y todopoderoso, pero el mal es el precio de la libertad. Dios creó a las personas dándoles poder de elección. No estaba obligado a hacerlo. El pudo haber creado a los seres humanos como autómatas sin facultad para elegir y que invariablemente se desenvolverían dentro de la voluntad de Dios. Sin embargo, tales personas no serían seres morales. Gordon Lewis lo plantea de este modo: "Ni siquiera la omnipotencia misma podía crear un ser moral sin la alternativa de la obediencia tanto como la desobediencia. La omnipotencia puede hacer todo lo que se propone y como se lo proponga, pero no puede hacer cosas imposibles y contradictorias como crear una voluntad que no puede ejercer su voluntad."

El relato de la caída, en Génesis, registra el mal uso de esa libertad y el pecado que ha corrompido la existencia humana desde aquel entonces. Tanto Génesis 3:14-19 como Romanos 8:19-22 manifiestan que el cosmos también sufrió serios desórdenes. El mundo está constituido de modo tal que el mal de uno afecta a muchos otros que no tuvieron parte en el accionar específico o en la conducta de esa persona. Los desastres naturales son las manifestaciones de un cosmos corrupto. La naturaleza distorsionada tanto de las personas como del cosmos son realidades que descartan toda parcialidad.

Un Dios Que Se Ocupa y Preocupa

Más que culpar a Dios, es importante ver cuánto él se interesa por las personas. Jesús vino a mostrarle al mundo cómo era Dios, y le encontramos absolutamente preocupado por la desgraciada condición de la humanidad. El se identificó de manera inequívoca con los sufrientes, los pobres, y los oprimidos. Puso de manifiesto su preocupación en medio del dolor y derramó lágrimas de genuina compasión. La prueba irrefutable de su amor fue la cruz, y la garantía de su compromiso permanente, la resurrección. Esto es lo que ninguno puede darse el lujo de ignorar.

No es eso todo lo que puede decirse respecto del problema del mal. Es sumamente importante entender que un verdadero beneficio puede resultar de las situaciones más adversas (Rom. 5:3, 4; Stg. 1:2-5). El sufrimiento y muerte de Cristo mismo son el ejemplo más importante, pero los hay en el plano puramente humano. El encarcelamiento de Juan Bunyan produjo *El Progreso del Peregrino*. La ceguera de Fanny Crosby dio como fruto una himnología especial caracterizada por una percepción profunda de la persona y obra de Cristo.

El Aspecto Positivo

Las circunstancias adversas a menudo llevan a las personas a buscar a Dios. Es únicamente cuando sus recursos están agotados que están dispuestas a probar los de él. La experiencia es un gran maestro. Es frecuentemente a partir del sufrimiento que las personas aprenden la manera de confiar en Dios y de servir a otros (2 Cor. 1:3, 4).

Algunas veces Dios utiliza circunstancias adversas a manera de corrección amorosa. Como un padre humano que ama, él disciplina a los suyos para el beneficio de ellos (Heb. 12:5-11). Dios a menudo permitió que circunstancias no felices afectaran a Israel para que ellos aprendieran a seguirle.

En el análisis final, el problema del mal debiera dar mayor realce a la fuerza atractiva de Cristo. No es posible cambiar la realidad de que el mal está en operación en el mundo. Cristo, sin embargo, ha provisto una forma de enfrentarlo victoriosamente y, al final de los tiempos, de ser retirados de su medio. Aquellos que están sinceramente preocupados por este asunto no pueden hacer a un lado livianamente las demandas de Cristo.

Dudas sobre la Credibilidad de la Biblia

"Yo no creo en la Biblia." Quienes así se expresan por lo general caen en una de dos categorías. Algunos simplemente están repitiendo lo que han oído decir a otros. Su punto de vista no responde a una conclusión personal sino más bien es una razón que les permite evitar la confrontación con Dios. Ya hemos visto que las personas frecuentemente tienden a rechazar mensajes que contradicen sus conductas o creencias. Muchos no cristianos, en lo más profundo de su ser desearían poder estar seguros de que la Biblia no es verdad, porque sospechan que ella condena su forma de vida y les exige cambiar. El otro grupo está formado por aquellos que han estudiado secularmente algo de la Biblia, en la escuela o la universidad, posiblemente desde un punto de vista totalmente crítico. Quizá el estudio haya incluido religiones comparadas o la Biblia como material literario sin enfoque alguno sobre el propósito central de las Escrituras. Lo más probable es que las enseñanzas sobre el pecado, el perdón y la nueva vida en Cristo hayan recibido muy poca o ninguna atención seria.

La Necesidad de Compartir a Cristo

Cualquiera sea el caso, si sus puntos de vista han de cambiar, necesitan oír las declaraciones de Dios, porque "... la fe es por el oír, y el oír por la palabra de Dios" (Rom. 10:17). Si nosotros no encontramos una manera de compartir la verdad, podemos dar por sentado que ellos no están en condiciones de cambiar sus opiniones.

Muchos testigos se sienten casi vencidos al encontrar una persona que dice no creer en la Biblia. Tienden a pensar que no tiene sentido ir a contar algo que el entrevistado afirma no creer. Sin embargo, este no es en absoluto el caso, tal como Paul J. Foust lo ilustra tan claramente en su libro *Nacidos para Multiplicarse.*

Es medianoche, se abre la ventana de su dormitorio, y entra un enmascarado. Usted tiene una pistola en el cajón de su mesa de luz. Abre el cajón, saca el arma, le apunta al intruso y le dice: "¡Alto ahí! ¡Vuelva a salir por donde entró!" Supongamos que él le responde: "¡Yo no creo en las armas de fuego!" ¿Cree usted que por esa expresión de él usted no tiene más alternativa que volver la pistola al cajón? Precisamente no, porque hay una manera de demostrarle al ladrón que las armas funcionan. Usted no tiene más que apretar el gatillo, ¡y vea cómo él cree en las armas de fuego! (Foust reconoce a James Kennedy como la fuente de esta ilustración).

La aplicación es obvia. Los testigos deben encontrar una manera de compartir el evangelio en el poder del Espíritu Santo de modo que el no creyente llegue a la experiencia de fe. Es necesario que no se amedrenten y utilicen su "arma", ¡porque funciona!

A medida que los primeros testigos comenzaban a incursionar en los medios gentiles, Pablo y otros predicaban a aquellos que no tenían fe en el Antiguo Testamento (la única Biblia que tenían) ni en el mensaje del evangelio. No todos los que oían el mensaje creían, pero muchos sí. La incredulidad no detuvo a los testigos: al fin y al cabo, era a los incrédulos a quienes estaba dirigido su mensaje.

Un curso de Acción Posible

Si el entrevistado ha cursado algunos estudios de los que mencionáramos anteriormente, el testigo podrá pasar a pedirle permiso para compartir su propio testimonio. Luego pida su asentimiento para compartir algo de la Biblia que muy probablemente recibió poco énfasis en la universidad. Y eso es, precisamente, el plan de Dios para redimir a la humanidad. Uno no debe ir más lejos de lo que el Espíritu guíe, pero es siempre el evangelio el que es el "... poder de Dios para salvación a todo aquel que cree" (Ro. 1:16), y debe ser, por lo tanto, compartido tan plenamente como sea posible hacerlo.

El testigo podrá proceder de manera similar que con aquellos que mencionáramos anteriormente, quienes usan su no creencia en la Biblia como una excusa para disimular su "analfabetismo" espiritual. Uno puede, por supuesto, manifestar su comprensión por su incredulidad y reconocer su derecho a sentir lo que sienten. Por otra parte, el testigo hará bien en señalar que no hay ninguno que en realidad descalifique todo, o que no crea en nada de lo que dice la Biblia. Hay mucho en ella que todos pueden aceptar. Eclesiastés 1:5 dice: "Sale el sol, y se pone el sol" (lo cual es cierto en un sentido popular); en el v. 7 dice: "Los ríos todos van al mar, y el mar no se llena." El salmista dice que el mar es grande y ancho y que está lleno de peces sin número, animales grandes y pequeños (Sal. 104:25), y el escritor de los Proverbios afirma que "... la hormiga... prepara en el verano su comida, y recoge en el tiempo de la siega su mantenimiento" (Prov. 6:6-8). El salmista dice que "... las aves del cielo... cantan entre las ramas" (Sal. 104:12), y que anidan en los árboles (Sal. 104:17). El testigo podría entonces consultar al entrevistado sobre cuál aspecto de la Biblia en particular encuentra dificultad para creer, y luego ofrecer mostrarle el tema central de ella que ha sido aceptado por tantos a lo largo de cientos de años.

Por lo general se da el caso que las personas que presentan esta objeción en realidad han leído muy poco de la Biblia. Señale que la verdad bíblica impregna muchas de las expresiones del arte y la música del mundo como así mismo a mucha literatura. William Barclay es uno, entre otros que se ha expresado de manera similar; dijo: "Cualesquiera sean las creencias religiosas de una persona, y aun cuando no las tuviere, ningún hombre puede pretender ser enteramente instruido a menos que haya leído este monumento a la prosa en su idioma." Un desafío de esta naturaleza podrá ser suficiente para iniciarlos en la lectura del Evangelio de Juan.

Hay varios factores que coadyuvan. El testigo sincero debe crecer en su sensibilidad para con los perdidos y estar preparado para abordar el testimonio desde distintas posiciones. No obstante, en última instancia, el que produce la convicción de pecado es el Espíritu Santo. Sólo él es quien logra la decisión.

Cuando Se Considera a la Buena Vida Moral Como Suficiente

Errores comunes

Esta postura es importante de tratar porque hay tantos que, de manera consciente o inconsciente, asumen alguna de sus variantes. Por lo general es la posición de quien le dice a uno: "Yo tengo mi propia religión." Es la "fe" de la persona que dice: "Yo me guío por los Diez Mandamientos", o "Yo vivo una vida mucho mejor que otros a quienes conozco."

El testigo puede coincidir en que una vida moral es importante. Uno puede coincidir en que el poner lo mejor de sí y el cumplir los Diez Mandamientos tiene su mérito, pero no en el sentido en que el entrevistado podrá creer. En algún momento, las personas que así piensan necesitan ver que la genuina moralidad cristiana surge de la experiencia del nuevo nacimiento, y que debe ser el resultado de la salvación en lugar de un medio para lograrla.

Podrá señalarse que esta clase de religión sirve siempre y cuando uno viva una vida perfecta. Solamente así puede ser suficiente. En Gálatas, Pablo estaba dirigiéndose a ciertas personas que habían comenzado a depender del cumplimiento de la ley de Moisés para la salvación. La circuncisión constituía la declaración de esa intención y el inicio de un esfuerzo por cumplir la totalidad de la ley judía. Es a ellos que Pablo dice algo demoledor: "Y otra vez testifico a todo hombre que se circuncida, que está obligado a guardar toda la ley" (Gál. 5:3). El guardar la totalidad de la ley era un método de salvación sujeto a que uno pudiese guardar la totalidad de la ley. "Porque cualquiera que guardare toda la ley, pero ofendiere en un punto, se hace culpable de todos" (Stg. 2:10). Aquellos que se adhieren a tal filosofía de vida por lo general no tienen ni la menor idea de que se requiere total perfección.

La Biblia declara que esta perfección es absolutamente inasequible y advierte que "por las obras de la ley nadie será justificado" (Gál. 2:16). En la terminología moderna esto quiere decir que ninguno se salva haciendo lo que está bien o viviendo según ciertas normas preestablecidas. Cuando las personas comienzan a darse cuenta de que pecamos por omisión tanto como por comisión y que el pecado tiene una gran dimensión colectiva en la cual todos somos transgresores, el elevado concepto de su propia moralidad comienza a palidecer.

La Vida Como en el Platillo de una Balanza

Un número sorprendente de personas tienden a creer en su destino espiritual en términos de los platillos de una antigua balanza de pesas. Se imaginan poniendo sus buenas acciones en uno de los platillos y las malas acciones en el otro. En tanto estén convencidas de que el lado bueno pesa más que el malo, se sienten razonablemente seguras. Es posible que comparen del mismo modo su propia conducta moral frente a la de la mayoría de las personas que las rodean. En tanto se sientan más justas o con una moralidad más elevada que la mayoría de los demás, se tranquilizan con una sensación de superioridad y seguridad.

La falacia en su razonamiento es que la pesa patrón no son sus buenas acciones o la conducta moral de su vecino. El patrón lo son nada menos que las perfectas demandas de Dios, ejemplificadas en la persona y vida de Jesús. El es la perfección de Dios. Cuando se establece esa comparación, cobran sentido para nosotros las palabras de Daniel al malvado rey Belsasar: "Pesado has sido en balanza y fuiste hallado falto" (Dan. 5:27).

Nicodemo es el caso clásico de este tipo de persona. Era culto, respetado, moral y religioso, pero Jesús le indicó sin rodeos que estas características no eran lo que salvaba. "A menos que uno nazca de nuevo no puede ver el reino de Dios" (Juan 3:3). Si la moral humana o las buenas acciones pudieran resultar en salvación, este hombre reunía las condiciones; pero como dijo Pablo: "por gracia sois salvos por medio de la fe; y esto no de vosotros, pues es don de Dios; no por obras, para que nadie se gloríe" (Ef. 2:8, 9).

Ausencia de Méritos en la Justificación Propia

Hemos visto ya cuán extensivamente Jesús empleó narraciones e ilustraciones para reforzar sus enseñanzas específicas. Una de sus parábolas responde directamente al tema del epígrafe (Luc. 18:1-14). Lucas reveló en el versículo 9 el propósito del relato. Era para aquellos "que confiaban en sí mismos como justos, y menospreciaban a los otros". Jesús contó aquí acerca de dos hombres que estaban en franco contraste el uno con el otro. Uno era un fariseo, miembro de la más estricta de las sectas judías; el otro era un publicano, un despreciado cobrador de impuestos. La vida toda del fariseo giraba en torno a la ley mosaica. Dedicaba mucho tiempo a la observancia religiosa. Al orar, le daba gracias a Dios porque no era como otros hombres. Aun mencionó pecados de ellos que él no cometía. Cercano a él estaba el publicano, notoriamente corrupto y, en lo que se refiere a la conducta moral personal, el extremo opuesto al fariseo. Era culpable de todos los pecados señalados por el fariseo y, lo que era peor, su medio de vida lo constituían la extorsión y la deshonestidad. Hacía tiempo ya, que se había vendido a la avaricia y voracidad y era lisa y llanamente odiado por sus conterráneos.

Contrastando notablemente con la naturaleza auto-justificadora de la oración del fariseo estaba la humilde confesión de pecado de este hombre y su clamor por misericordia. Desestimando la diferencia abismal entre sus conductas morales desde un punto de vista humano, Jesús dijo que fue el humilde publicano quien resultó justificado.

Lo que es necesario entender es que cualquiera sea el valor que las personas le asignen a la conducta moral humana, Dios ve aun a la expresión más esforzada y acabada de ella como siendo demasiado imperfecta para su reino. Unicamente la justicia de Cristo imputada al creyente por vía de la fe será suficiente.

Dudas Respecto de la Vida Después de la Muerte

Este obstáculo es similar al de la no creencia en la Biblia. Si es que ha de operarse algún cambio debemos encontrar una manera de compartir la verdad bíblica. Por lo general las personas que plantean esta clase de dudas conocen muy poco de las Escrituras aparte de tener un vago concepto del cielo y el infierno, a los cuales de todos modos han rechazado. Tampoco están familiarizados con las evidencias de la resurrección. A menudo su posición es poco más que el calco de lo que algún otro ha dicho, y hasta posiblemente sea producto del descubrimiento de que tal creencia causa mucho menos ansiedad que la de pensar en rendir cuentas a un Dios santo.

La Naturaleza de la "Comprobación"

El testigo puede agradecer la franqueza y la disposición de la persona entrevistada de hablar acerca de sus creencias actuales. Podrá señalar que muchos de aquellos que no creen han adoptado este punto de vista porque la vida después de la muerte no está sujeta a comprobación en el sentido en que empleamos comúnmente el término. Debido a que es un tema tan medular de la fe cristiana, el testigo hará bien en pedir permiso para compartir la evidencia.

Podrá ser conveniente explicar que en tanto que no es posible una comprobación de laboratorio, hay no obstante muchas cosas que creemos en base a la evidencia. Algunas veces la evidencia es tan rotunda y el grado de probabilidad tan alto que se torna irracional el no creer. El cristiano considera a la evidencia de la existencia de vida después de la muerte como siendo de esa naturaleza.

Evidencias en la Historia

Digno es de señalar, como destaca F. W. Barry, que al mirar hacia atrás en la historia de la "creencia de la supervivencia", dentro de sus múltiples variantes, "es casi universal. Tabúes y costumbres tribales a menudo han sido dictadas por ella; alrededor de la misma se han desarrollado sofisticadas civilizaciones, como la del antiguo Egipto. Se ha entendido que la universalidad misma de esta creencia constituye cierta evidencia de su realidad."

La Moderna Reviviscencia

Aun cuando esto no guarda mayor importancia para los cristianos, vivimos en la era de la reviviscencia. Hay muchas personas en la actualidad que experimentaron la muerte clínica y han sido revividos. Cientos de estas personas han sido entrevistadas, y aun cuando su experiencia fue sumamente breve y por lo tanto no concluyente respecto a lo que pudiera ser el destino final, las mismas sí parecen haber disfrutado de las experiencias posteriores a la muerte. Esto, claro está, no "comprueba" el cristianismo. Son evidencias de la existencia de vida después de la muerte que podrán ser de ayuda a personas seculares que dudan respecto de esta afirmación de la fe cristiana.

La Evidencia Bíblica

El cristianismo afirma sin tapujos tener una respuesta a esta cuestión. Más aún, la existencia misma del cristianismo estriba en esta verdad. Es como Pablo lo expresara: "Y si Cristo no resucitó, vana es entonces nuestra predicación, vana es también vuestra fe" (1 Cor. 15:14). Los cristianos de los primeros tiempos estaban absolutamente convencidos de que Jesús había resucitado y que el Espíritu Santo de él vivía dentro de ellos.

¿Cuál era la evidencia que los convencía? Ante todo, hubo muchos testigos oculares. Lucas dijo que Jesús llevó a cabo entre los apóstoles un poderoso ministerio con posterioridad a su resurrección. "A quienes también, después de haber padecido, se presentó vivo con muchas pruebas indubitables, apareciéndoseles durante cuarenta días y hablándoles acerca del reino de Dios" (Hech. 1:3). También hubo otros testigos oculares. Pablo los mencionó en 1 Corintios 15. Además de los apóstoles, él reveló que Jesús "apareció a más de quinientos hermanos a la vez", muchos de los cuales aún vivían en el tiempo en que Pablo escribía. También "apareció a Jacobo, después a todos los apóstoles" y finalmente, a Pablo mismo (15:6-8).

Hay tres razones principales por las cuales estos son testigos a quienes se puede y debe creer. Por un lado, ellos profesaban esta creencia y la propagaban a riesgo de sus vidas. Si la resurrección no era algo cierto, no tenían nada para ganar y sí todo por perder. En segundo lugar, en el tiempo en que algunos de ellos (Pedro, Juan y Pablo) comenzaron a dejar registros de esta gran verdad en Evangelios y cartas, había otros testigos oculares que podrían haber corregido algún aspecto de su testimonio que no se ajustara a la verdad. Estos otros, también, estaban arriesgando sus vidas al creer y compartir esta verdad.

Sumado a esto, estaba la tumba vacía. Significó una gran confusión para los enemigos de Jesús que habían sellado la tumba y apostado una guardia (Mat. 27:65, 66). Se les hizo necesario recurrir a subterfugios en un intento de explicar lo sucedido (Mat. 28:12, 13).

Lo más importante de todo eran las vidas transformadas

de las personas, en aquel entonces y ahora. Un ejemplo es Pedro. Con anterioridad a la resurrección él negó a su Señor tres veces. Su cobardía le hizo temblar frente al dedo acusador de una pequeña criada. Totalmente derrotado, lloró amargamente y finalmente se volvió a su pesca. A partir de su descubrimiento del Señor resucitado y después del ministerio de cuarenta días, encontramos a Pedro predicando valientemente a pesar de las amenazas de los líderes judíos y regocijándose de ser tenido por digno de sufrir por su fe.

El poder transformador del Señor resucitado se observa aun más claramente en el caso de Pablo. Aquel que pueda imaginarse al líder de un grupo que explotaba los derechos de la raza negra convirtiéndose de la noche a la mañana en el campeón de los derechos civiles de ellos, podrá percibir algo de la naturaleza profunda y total del cambio operado en Pablo. Un día lo vemos estudiando a los pies de Gamaliel, liderando el movimiento judío de oposición a "el camino". Luego lo encontramos caído en el polvo del camino a Damasco, rindiéndose al Señor a quien se oponía y en poco tiempo predicando fervientemente la misma fe que menospreció. El catalizador de semejante cambio fue su descubrimiento del Señor resucitado. Lo que es aún más relevante a la situación presente es la realidad innegable que cada iglesia que predica el evangelio tiene miembros transformados que acreditan al mismo descubrimiento el cambio operado en sus vidas.

Esta es evidencia irrefutable. Los cristianos creen que, cuando se la considera con una disposición de apertura, tiene demasiado peso como para desecharla.

Otras Religiones

La Pregunta, y la Respuesta Pretendida

Con mucha frecuencia, las personas que reciben nuestro testimonio quieren saber cuál es nuestra actitud frente a otras religiones. El cristianismo, ¿es tan exclusivista como ellos sospechan, o en alguna manera puede dejar espacio para anexar otras expresiones de fe dentro de la amplitud de su acogida? El intercambio, viajes, y trabajo internacionales; la expansión del conocimiento y la toma de conciencia de la existencia de otros países a través de los medios de comunicación; la inundación de nuestras universidades con estudiantes extranjeros; y el creciente pluralismo religioso en las familias han contribuido todos a la nueva urgencia de estas preguntas.

Muchos, al plantear su inquietud, quisieran oír por respuesta que todas las religiones son buenas, que todas nos conducen al mismo Dios, y que toda persona sincera, religiosa puede estar segura y confiada. Nuestra respuesta, no obstante, debe estar en concordancia con las Escrituras, y debe agradar a Dios y no a los hombres. Al mismo tiempo, debe reflejar un espíritu de humildad y sensibilidad propios de Cristo respecto de los sentimientos y de la herencia cultural y religiosa de otras personas. Es únicamente dentro de ese marco que la singularidad de las buenas nuevas puede asegurarse una adecuada atención.

El Cristianismo en la Confrontación con Otras Religiones

La cuestión fundamental radica en cuáles son las directivas que encontramos en las Escrituras. Aquí no hay desencanto. Los comisionamientos en el Nuevo Testamento ordenan llevar el mensaje a todo el mundo. El evangelio está bien entendido que es para todos los hombres, y las anteriores experiencias o relaciones de religión no dan lugar a excepciones.

Jesús mismo, comprometido en la lucha por la verdad, no dudó un instante en señalar el error de los saduceos con respecto a la resurrección. Advirtió sobre las falsas enseñanzas (levadura) tanto de los saduceos como de los fariseos (Mar. 12:18-27; Mat. 16:6).

Las confrontaciones de Pablo con los seguidores de Zeus y Hermes y su sacerdote en Listra (Hech. 14:11-18), los idólatras en Atenas (17:16-34), y los adoradores de la diosa Diana (Artemisa) en Efeso (19:8-27) demuestran que ya en sus primeros tiempos el cristianismo sostuvo una lucha por su vida con las religiones del momento. La realidad de que estas personas ya tenían creencias religiosas o que ciertas filosofías ya tenían sus adeptos no intimidó en manera alguna a los cristianos como para dejar de compartir su fe o de proclamar a Cristo como el único camino de salvación.

Para estos primeros cristianos el dar testimonio así era una cuestión de llevar a cabo su misión bajo el liderazgo del Espíritu Santo, a la vez que una respuesta de obediencia a la comisión que les fuera encomendada: una respuesta en amor. Jesucristo era el Señor. Ellos debían hacer como él les había indicado cuando dijo: "Me seréis testigos en Jerusalén, en toda Judea, en Samaria, y hasta lo último de la tierra" (Hech. 1:8). Los testigos de hoy en día no están bajo una obligación menor.

Contrariamente a lo que muchas voces contemporáneas pregonan, el testigo sincero debe esforzarse por encontrar maneras que Cristo hubiese utilizado, de compartir el evangelio con personas de otras confesiones.

Aquello que ha de compartirse es la absoluta singularidad de Jesús, Dios encarnado, el Salvador, quien sufrió la cruz y fue resucitado y exaltado por el Padre para reinar como Señor eterno. Según Hugo Culpepper: "Sin perder de vista la expiación, hay necesidad de un gran hincapié sobre el aspecto de la encarnación dentro del mensaje proclamado entre otras concepciones religiosas... Dios verdaderamente estaba en Cristo Jesús. Dios verdaderamente vino de una vez para siempre a la existencia de la humanidad. Este hecho es único entre las religiones."

J. N. D. Anderson escribió: "La diferencia fundamental es que las otras religiones enseñan a las personas que lo que deben hacer es de alguna manera subir al cielo para descubrir a Dios... Cuando vamos al mensaje de Cristo, uno recibe la respuesta pedagógica de que esto no es posible... Es precisamente allí que descubrimos la singularidad de Jesucristo, la cual, expresada en términos cuasi infantiles es esta: Dios no se quedó lejos por allí afuera en el espacio. Descendió para hacerse uno de nosotros, para estar a nuestro lado en nuestra necesidad y traer solución."

En su muerte Jesús hizo expiación por el pecado, y en su resurrección él demostró su victoria y la del creyente sobre la tumba.

La respuesta a esta pregunta acerca de otras religiones se resume en la singularidad de Jesús. Nuestra misión es ocuparnos de que cada persona en el mundo tenga la oportunidad de conocerle.

A través de los años, los cristianos han considerado a las otras religiones de diferentes maneras. Por ejemplo, Anderson y Newbigin observan que se las ha estimado como absolutamente sin valía, como una preparación para el evangelio, como un sustituto demoníaco para el evangelio, o como teniendo ciertos "valores" pero en un "equilibrio y relación" incorrectos. Quizá lo mejor sea reconocer que todas las religiones contienen elementos positivos y negativos, así como similitudes y diferencias. Por todo lo que de bueno pueda haber en ellas podemos adjudicarle el mérito a Dios, porque él ha iluminado a los hombres (Juan 1:9), y él es quien hace que la luz siga resplandeciendo en las tinieblas (Juan 1:5) en tanto que no se deja a sí mismo sin testimonio en el mundo (Hech.

14:16, 17). Todo lo que es bueno se origina en Dios. Pero es la verdad en la persona de Jesús lo que salva. Esto es lo que les ha sido encomendado a los seguidores de Cristo compartir con el mundo.

El Espíritu en Que Se Dialoga y Comparte a Cristo

El espíritu en que esto se lleva a cabo es de importancia fundamental. Requiere de la más profunda humildad y de la más penetrante sensibilidad. El testigo debe tener siempre presente que es pura y únicamente por gracia que ha recibido la verdad que está por compartir (1 Cor. 4:7). No hay lugar para la más pequeña "pizca" de arrogancia o superioridad.

También es importante entender que hay tanto cosas para compartir como cosas para aprender. El compartir debe hacerse en forma dialogada. La comunicación de una sola vía no produce los resultados deseados.

Estas que hemos considerado son algunas de las respuestas que pueden ofrecerse a aquellos que están seriamente preocupados por preguntas enigmáticas. La pericia en responder preguntas viene como resultado de la experiencia y preparación. Cada testigo debiera llevar un diario al estilo de los más grandes santos de otros tiempos. Es importante escribir y conservar aquellas grandes experiencias vividas en los encuentros de capacitación. Tal disciplina y práctica optimizará el aprendizaje y verá aumentada la facilidad para tratar con estos frecuentes obstáculos que dificultan el creer. Habrá momentos más adelante en los cuales el releer esos escritos y las experiencias que guardan traerá ánimo e inspiración al corazón.

12

Capacitando a los Laicos para Testificar

3. Un Elemento Faltante
4. Valores Adicionales

"Hace años que canto en el coro de esta iglesia", me dijo. "Antes, sucedía que cuando llegaba el momento de la invitación me preguntaba si acaso alguno pasaría al frente para aceptar a Cristo. Ahora, simplemente me pregunto cuántos serán los que aceptan a Cristo." Este fue el comentario de un laico feliz, en una iglesia floreciente donde decenas de laicos capacitados habían adoptado al testimonio como un estilo de vida. La iglesia se había transformado y estaba creciendo espectacularmente.

No es suficiente el entender que los laicos han sido comisionados para testificar y que en la iglesia joven lo hicieron con notable eficacia. Es necesario ofrecer e implementar un programa de capacitación "paso a paso", si se pretende que la iglesia disfrute de un laicado preparado para el testimonio en la actualidad. Más aún, hace falta un espíritu tenaz que no se dé por vencido y que persevere en el esfuerzo hasta ver en pleno funcionamiento en la iglesia un programa productivo de testimonio como estilo de vida.

Capacitar a laicos no es una utopía. Se puede hacer. Se ha hecho y se está haciendo.

En 1739, Juan Wesley se embarcó en un programa para discipular a sus convertidos. La educación de ellos tenía sus limitaciones, y los materiales de enseñanza eran escasos. Muchas congregaciones comenzaron sin tener un edificio o siquiera un lugar de reuniones propio. No obstante, Wesley forjó un ejército de predicadores laicos y de cristianos capacitados quienes directa o indirectamente llegaron a ser la más grande fuerza moral que conoció la nación. Miles se convirtieron, las prácticas de trabajo inhumano cambiaron, las cárceles fueron reformadas, y las iglesias revivieron. Las fuerzas que erradicarían la esclavitud comenzaron a movilizarse, y surgieron los fundadores de muchas importantes instituciones de asistencia social.

En la actualidad, en algunas iglesias, la existencia de testigos que han asumido su comisionamiento como un estilo de vida se hace evidente. En consecuencia, esas iglesias ven agregarse a nuevos convertidos cada semana y viven una atmósfera expectante que únicamente se da en congregaciones verdaderamente evangelizadoras.

Una capacitación tal no es tarea fácil. Demanda arduo trabajo y perseverancia, a tal extremo, que muchas iglesias nunca lo intentan seriamente. Aquellas que sí lo hagan sufrirán decepciones y fracasos a lo largo del camino, pero a su debido tiempo celebrarán los éxitos y también las victorias. Rara vez puede un plan o programa de capacitación emplearse sin adaptación alguna. Cada situación es diferente. Las iglesias no nacen de una fotocopiadora. Aquello que ha funcionado bien en una iglesia podrá resultar un rotundo fracaso en otra. Por esto, los líderes de las iglesias locales deben estar preparados para evaluar a fondo todo posible programa de capacitación y adaptarlo a la situación particular de su iglesia.

Dado que los capítulos anteriores fueron dedicados al material curricular, este último bosquejará los pasos de un procedimiento para poner en marcha un programa de capacitación y algunas sugerencias y principios para asegurarse que funcione.

Paso Uno: Olvidar los Fracasos del Pasado

Intentos Anteriores Que No Dieron Resultado

Son muchas las iglesias que en otros momentos han lanzado programas de capacitación tan sólo para verlos fracasar. Aunque algunas personas se hayan transformado en testigos la gran mayoría ha seguido como estaba, sin abrir la boca.

El fracaso puede tener diversas causas. Enseñanza incompetente, modelos inadecuados, tiempo de capacitación excesivamente abreviado, falta de prioridad para la evangelización dentro del programa de la iglesia, y la ausencia de una fase práctica de aprendizaje bajo supervisión experta son algunas de ellas. Como resultado de esas experiencias, no es de extrañarse que se hayan instalado sentimientos negativos hacia aquellos programas y una actitud decididamente reacia a comenzar con otro. Estas actitudes son comprensibles, pero deben quedar superadas si es que los testigos en verdad van a ser capacitados.

Un Nuevo Comienzo

Mi pequeña calculadora tiene una tecla identificada con una "**C**". Cuando la oprimo, la memoria queda limpia. Todos los números que estaban marcados o la operación anterior quedan cancelados, y está lista para una nueva operación, como si nunca hubiera sido usada antes. No queda ya más registro ni de los cálculos bien realizados ni de los errores humanos.

En la medida que sea posible, los líderes deben "oprimir su tecla 'C'". Tanto los éxitos como los desalientos del pasado deben ser dejados a un lado, y es necesario lanzarse a un nuevo esfuerzo si es que vamos a tener un plantel de testigos capacitados.

Podrá no ser fácil. Las leyes de la inercia nos dicen que se requiere mucha más energía para poner a un cuerpo en movimiento que la que hace falta para mantenerlo así. Afortunadamente, no dependemos únicamente del poder humano.

Dispóngase a comenzar aunque sea con uno solo, si eso es lo único que Dios pareciera levantar. Decídase a perseverar hasta que esa persona llegue a ser un testigo. Luego confíe en Dios para que él proporcione otros.

Bautice el esfuerzo en oración y demuestre un espíritu de optimismo y expectativa. Anímese al saber que hay otras iglesias que están alegrándose en el éxito de esfuerzos similares y confíe en que Dios hará un trabajo significativo para gloria de él. Todo esto es muy importante, porque el próximo paso es el de proporcionar un buen ejemplo.

Paso Dos: Ofrecer Un Buen Modelo

La Responsabilidad del Pastor

Charles Kraft ha señalado que "lo más importante que un maestro [o un predicador] comunica es... lo que hace, y no lo que dice. En realidad, lo principal que aprendemos de los maestros y los predicadores es ¡la manera de ser maestros y predicadores y no, como creemos, el contenido de los mensajes que articulan verbalmente!" Siendo este el caso, el pastor que testifica está haciendo mucho para enseñar a los otros a ser testigos simplemente siéndolo él mismo.

Modelar testigos es una tarea que debe comenzar por el pastor. La responsabilidad se hace extensiva a los demás integrantes del personal rentado, pastores asociados y otros líderes, pero el modelo que ofrece el propio pastor es de importancia fundamental. Dado que él es el jefe de los entrenadores, no pueden esperarse otra cosa que magros resultados si él no pone de manifiesto una evangelización fructífera con bases sólidas. Quienes se están capacitando deben saber que él practica lo que predica y que participa de lo que enseña. El no podrá llevarles más allá de donde él mismo haya llegado. La credibilidad de su enseñanza ha de estar fundamentada en la demostración.

Un Método de Jesús

Jesús modeló este principio de una manera suprema. Les ofreció a sus discípulos amplias posibilidades de observar su modo de testificar. Nunca les pidió que hicieran lo que él mismo no hacía. El demostró intensivamente su método antes de enviarlos a ellos a intentarlo. Fundió su vida en las vidas de ellos, compartiendo la mayor parte de su tiempo con estos que llevarían sobre sí mismos la responsabilidad mayor. Los pastores modernos a menudo se encuentran haciendo precisamente lo opuesto, ante la presión ejercida por la actividad de su ministerio.

Un Método de Pablo

Vimos en el capítulo 2 de este libro que Pablo en algunas ocasiones invitó a otros a que lo imitaran. A los filipenses les escribió: "Hermanos, sed imitadores de mí, y mirad a los que así se conducen, según el ejemplo que tenéis en nosotros" (Fil. 3:17. Véase también 4:9; 1 Cor. 4:16; 11:1). Una vez un estudiante me preguntó si yo no pensaba que esto era una indicación de egotismo en Pablo. Yo no lo creía así, pero su pregunta me llevó a considerar con más detenimiento la razón que Pablo tendría para desafiar de esta manera a sus congregaciones. Llegué a la conclusión de que él sencillamente entendió cuán importante era para ellos el observar e imitar a un buen modelo. Había dos factores que le prestaban su urgencia. Uno era que ellos eran cristianos de primera generación. Sus conocimientos eran limitados y los buenos modelos aún eran pocos. Paralelamente, los modelos del paganismo salvaje estaban en todas partes. Los mismos templos paganos de los cuales habían sido ganados se alegraban de volver a recibir a cristianos derrotados. El otro factor era que gran parte de los elementos básicos del cristianismo se expresaban en términos abstractos. La fe, la esperanza y el amor se entendían mejor cuando se los veía concretamente manifestados obrando en una persona. Pablo era fe en acción, esperanza encarnada, y amor personificado. El tenía plena conciencia de ser una parte vital de su mensaje.

Tener delante a buenos modelos hoy en día, sigue guardando la misma importancia. Santuarios paganos de otra índole invitan a las personas con la misma insistencia, y la fe, la esperanza y el amor todavía se entienden mejor cuando se los ve manifestados en cuerpos vivientes.

Mendell Taylor relata que cuando le preguntaron al Conde Nikolaus von Zinzendorf, líder del grupo de los Cristianos Evangélicos moravos del siglo dieciocho, cuál era el secreto de su inquebrantable consagración y su incansable fervor misionero, respondió que mientras estudiaba en Halle compartía la mesa en la casa de Augusto Franke. La fe, la oración y la conducta cristiana de ese hombre piadoso le habían desafiado a servir a Dios sin reservas.

Ya en nuestros días, James Kennedy, fundador de Evangelismo Explosivo, revela que fue el ejemplo de un pastor testificador quien lo había invitado a predicar en una campaña evangelística lo que revolucionó su ministerio y le llevó a ver la posibilidad de ganar a grandes cantidades de personas para Cristo.

Un Principio Tomado de la Moderna Administración de Empresas

La habilidad para motivar a otros es en la actualidad uno de los asuntos que ha captado el interés de la administración de empresas. Un alto nivel de parte del liderazgo o, en otras palabras, un buen ejemplo, es un principio de motivación reconocido. Por otra parte, un ejemplo negativo de parte de la administración es un factor que desactiva la motivación.

En el ámbito cristiano, la motivación principal proviene de lo interior. Está en relación con el Cristo que vive dentro de la persona y con el ministerio del Espíritu Santo. Esto es de tanta importancia para la vida cristiana que muchos creyentes se oponen a reconocer o discutir factores humanos. No obstante, ellos tienen su importancia también.

La moderna administración de empresas ha llevado a cabo mucha investigación con relación al problema de la motivación humana y ha llegado a la conclusión de que un líder capacitado puede influir grandemente en ayudar a las personas a desempeñarse con todo su potencial en el lugar de trabajo. En tanto que hay escritores cristianos que se muestran remisos a la aplicación de experiencias provenientes de la administración a los problemas cristianos, otros, como Kenneth Gangel, ya lo han hecho. El considera que muchas iglesias se están perdiendo los beneficios de una seria investigación los cuales serían de gran valor en el ayudar tanto a líderes como a seguidores.

Guiar a cristianos para que lleguen a ser testigos eficaces

es la tarea más difícil que tiene la iglesia. Cada habilidad y capacidad humana debe ser ofrecida al Espíritu Santo para que él pueda llevar esto a cabo.

Además del ya mencionado, hay muchos otros principios motivacionales que pueden marcar la diferencia entre una clase de capacitación exitosa y una que resulta un fracaso. Por ejemplo, la buena comunicación es un factor indiscutiblemente positivo en la motivación. Toda persona tiene la necesidad básica de estar informada. A nadie le gusta que no se lo incluya cuando se emite información.

Aun más importante es la magia de la comunicación de dos vías. El buen liderazgo ahora no solamente habla, escucha. Esto implica un mayor grado de participación con la gente y un verdadero interés y preocupación por sus sentimientos y sus opiniones. Cosas tales como reconocer un mérito cuando es debido, mostrar genuino interés y preocuparse personalmente por otros, ayudarles a integrarse y participar, y el tener una conducta responsable que desafíe a los demás son todos factores que reconocidamente ayudan a las personas a que pongan lo mejor de sí.

Aun cuando siempre esté alerta frente a todo lo que huela a manipulación, el líder cristiano que piensa estará abierto a aprender y aplicar nuevas técnicas de liderazgo. Algunas, como las recién mencionadas, pueden ponerse en práctica de inmediato.

Paso Tres: Orar por los Obreros Apropiados

Un Mandato de Jesús

Mientras "Jesús recorría todas las ciudades y las aldeas, enseñando... predicando... y sanando", lo que vio le conmovió profundamente (Mt. 9:35). Había personas "desamparadas y dispersas" por todas partes (9:36). Eran personas que sufrían el abandono espiritual y la desesperanza, y eran incapaces de ayudarse a sí mismas. A su mente vinieron dos ilustraciones. Una era de ovejas sin un pastor, lo cual sugiere vulnerabilidad frente a merodeadores y otros peligros. La otra era de un campo maduro para la siega, con pocos obreros para juntar el grano: un cuadro de lamentable desperdicio y trágica indiferencia.

Esta era la condición del mundo como Jesús la vio. Lo que llama poderosamente la atención aquí es que no había escasez de obreros religiosos. Contando a los sacerdotes y a los integrantes de sectas como las de los fariseos, saduceos y muchas otras, sumaban miles. Frank Stagg destaca que estaban muy preocupados por la ley, en especial por asuntos tales como la circuncisión, el guardar el sábado, y el cuidado de todo lo que hacía al ceremonial en el templo. Toda su vida giraba en torno a las actividades religiosas, pero no eran segadores.

¿Cuál era la solución? El único remedio que Jesús ofreció venía a manera de orden: "Rogad, pues, al Señor de la mies, que envíe obreros a su mies" (Mat. 9:38). Jesús impartió pocas órdenes como ésta, de orar por asuntos específicos. Aparte del "Padre Nuestro", alcanzan los dedos de una mano para contarlas. Aquí estaba la indicación de Jesús en persona acerca de cómo enfrentar la escasez de segadores.

Muchos son los que han interpretado esta orden como referida a la petición por predicadores y misioneros. Sin embargo, su aplicación es muchísimo más amplia. Es el medio que Dios ha provisto para levantar a todos los segadores que cada iglesia debe tener.

Esto no significa que la iglesia solamente tiene que orar, y nada más. Tal como sucede en muchos aspectos del servicio cristiano, hay tanto un área humana como un área divina de la actividad. El pastor y otros líderes podrán sugerir a personas prometedoras la posibilidad del llamado de Dios a capacitarse para la evangelización personal e invitarles a orar al respecto. Dios puede dirigir a sus líderes a establecer contacto con las personas apropiadas mientras él prepara el corazón de los potenciales segadores. Dios a menudo emplea una expresión humana para hacer saber su llamamiento a un servicio específico.

La frase "que envíe obreros" tiene una fuerza sorprendente. El verbo griego indica casi "empujar", o hasta "obligar a ir". ¿Por qué razón habría empleado Jesús un término tan fuerte para la actividad divina de enviar? ¿No será ilustrativa de la renuencia de la mayoría de la gente a servir en la cosecha? ¿Acaso no tiene Dios a menudo que "empujar" a sus siervos reticentes, llenos de excusas? Esta es una de las razones por las que la oración es tan crucial en la evangelización personal. El ver suplida la necesidad de suficientes segadores tendrá que llegar como resultado de la obediencia a la orden de orar.

Un Método de la Iglesia Primitiva

Era mientras los hermanos en la iglesia de Antioquía "ministraban al Señor y ayunaban" que el Espíritu Santo indicó el envío de Saulo y Bernabé para una tarea más extensa de fundación de iglesias, de cosecha (Hech. 13:2). No se nos dice cuál era el contenido de su oración (implícita, en que ministraban), pero aparentemente se trata de la misma dinámica espiritual. Lo que sí se hace claro es que la iglesia estaba orando y que el Espíritu Santo estaba enviando (Hech. 13:2-4). Fue inmediatamente después que Pedro oró estando en la azotea que le vino el mensaje que lo llevó a casa de Cornelio en una misión evangelizadora.

Aun cuando en la actualidad no escasea la oración formularia, la exigüidad de la oración ferviente, específica en favor de segadores puede ser una de las mayores fallas de la iglesia. A la luz de la severa orden de Jesús, no erraríamos al sugerir que si la iglesia orara como debiera orar, tendría los segadores que debiera tener.

Oración Continua

Cuando un grupo adecuado haya respondido, la oración apenas ha comenzado. Debe ofrecerse petición continua en favor del progreso y salud espiritual de quienes están en el proceso de capacitación. Mirando retrospectivamente al capítulo 2, observamos que, en tanto que en la iglesia de los primeros tiempos había mucha enseñanza y un notable espíritu evangelizador, indudablemente no existían cursos sobre métodos y técnicas de testimonio. El de ellos era un testimonio que desbordaba como el de los apóstoles quienes en cierto momento habían declarado: "Nosotros no podemos dejar de decir lo que hemos visto y oído" (Hech. 4:20). Habían bebido del "agua viva", y ésta había llegado a ser "una fuente" que saltaba en ellos (Juan 4:10, 14). La meta de nuestra oración es esa clase de testimonio. Necesitamos ser testigos que no pierden su profundo sentido de asombro ante lo que Dios ha hecho por nosotros y que conservan un espíritu entusiasta por ser hijos de Dios. Únicamente la oración concertada puede producir eso.

Paso Cuatro: Afianzar las Consagraciones

Un Acuerdo Formal

En cuanto aquellos que respondieron al llamado o la invitación a capacitarse hayan orado y dado muestras de su respuesta favorable, debieran realizar una consagración a la tarea. Una buena manera de hacerlo es reuniéndolos en un grupo para compartir un momento devocional y de oración. Hágales conocer la urgencia de la labor y la seriedad con que una persona debe seguir la guía de Dios. También será sabio incluir una palabra respecto de la segura oposición del adversario y las tentaciones de abandonar y tomar el camino más fácil. Luego de una oración encomendándolos al Señor, hágales firmar una tarjeta de consagración. La consagración debiera ser algo similar a lo que a continuación se sugiere:

> Habiendo sentido el llamado de Dios a capaci-tarme para ser un eficiente testigo personal y, enten-diendo que el seguir la voluntad de Dios es mi más sagrado deber, en un espíritu de oración me consagro a completar el curso básico en la teoría y la práctica.

> Fecha_____   Firma_____

Que quede bien claro que no es un compromiso con el pastor ni con la iglesia sino una consagración al Señor. La tarjeta firmada aporta a la seriedad y la formalidad del pro-pósito. Este compromiso ayuda a la persona a mantener firme su decisión a través de momentos de debilidad. También estimula a la asistencia fiel a las sesiones de capacitación. Algunos querrán agregar al compromiso un máximo de ausencias al mismo o quizá especificar una fiel asistencia.

Un Tiempo de Preparación Bien Definido

La tarjeta debe especificar la duración del curso básico de capacitación y entrenamiento. Un término de seis meses parece apropiado, ya que permite incluir un mínimo de dos cursos en aula y varios meses de visitación semanal super-visada. Algunos seguramente combinarán los dos cursos en uno, pero siempre es peligroso tomar atajos. Desarrollar un discípulo requiere tiempo, y el "acortar camino" será repetir los errores de la mayoría de los intentos en el pasado.

Para aquellos que quieren seguir, es necesario tener listos y a la espera cursos más avanzados. Sin embargo, no hay que ofrecerlos hasta tanto se haya completado el período básico de la consagración, no sea que por involucrarse en otro curso se aparten del énfasis en la visitación supervisada.

Paso Cinco: Ofrecer Un Currículo Específico

Teológico y Práctico

La capacitación básica debe incluir tanto los aspectos teológicos como los prácticos. Los temas teológicos para el testimonio, destinados a ayudar al testigo a comprender el mensaje, constituirían un lógico primer curso. Al cabo de dos o tres semanas deberá seguir un curso cubriendo aspectos de la práctica de visitar y compartir la fe. La visitación semanal comenzará inmediatamente a continuación, y en cada uno de los encuentros previos a las salidas deben tenerse de diez a quince minutos para repaso y mayor instrucción en respuesta a las necesidades que puedan surgir.

Sea creativo al planificar los dos cursos. Un retiro de fin de semana podrá ser una buena manera de organizar uno de ellos. Un curso de día sábado completo sería ·la alternativa para el otro. También podrían emplearse dos tardes concentradas, una por semana. Buena comida y actividades de aprendizaje variadas hacen que las sesiones largas sean más agradables.

Interesante y Dinámico

A cualquier precio, haga que las sesiones de los cursos sean interesantes. Si el pastor no es el instructor, no escatime esfuerzos por asegurar un maestro idóneo, entusiasta, y con un agradable sentido del humor. El o ella debe ser un testigo experimentado y con una experiencia personal para compartir. Muchos de los estudiantes habrán trabajado todo el día o toda la semana y bien quisieran estar en casa con sus familias. La falta de una dinámica adecuada a menudo es una enfermedad mortal para este tipo de esfuerzos.

Lo que es aún más importante: consiga un maestro que pueda relacionarse bien con los demás de manera personal. No siempre resulta suficiente que sea un buen modelo, aunque ese es un aspecto que merece considerarse seriamente. La enseñanza más eficaz es la que va de la mano con una buena relación persona a persona. Jesús vivió con sus discípulos y se integró vitalmente a la totalidad de la experiencia de vida de ellos. Su enseñanza formaba parte de lo que acontecía en sus vidas minuto a minuto. En este sentido, es más importante el maestro que el material específico a enseñarse. En un sentido muy real, el maestro es el material enseñado.

Procure crear un ambiente de estudio. Una sala agradable cuyas dimensiones sean apropiadas al tamaño de la clase, sillas cómodas, mesas para escribir, pizarrón, un retroproyector, y otras ayudas visuales son herramientas indispensables. Planifique utilizarlas todas en actividades de aprendizaje variadas. ¡Nunca permita que una clase sea demasiado larga o que pierda su dinámica! Tenga café disponible para antes de comenzar y para después, y algún refrigerio para el tiempo de recreo. Estas actividades de capacitación van creando una relación de grupo, y los momentos de camaradería serán algo muy especial.

De ser posible, filme en video o al menos grabe en audio cada sesión de clase. De esta manera si por alguna razón de fuerza mayor alguna persona debe faltar, la recuperación de la clase no constituye mayor problema. Si esto no es posible, ofrézcanse clases recuperatorias en horarios concertados, de modo que ninguno pierda ni una sola sesión. Esfuerzos como este hacen su aporte al clima de propósito serio que debe impregnar estos cursos y animan a las personas a ser fieles.

Confirmador y Motivador

El pastor debe esforzarse de una manera especial en manifestar su interés personal por cada uno de los que se están capacitando. Si él no fuera el maestro (y mucho mejor sería si lo fuera), de todos modos debe estar presente si el programa pretende ser exitoso. Quizá esto no sea posible en iglesias muy grandes, pero aun así el pastor debe estar algunas veces. ¿Qué, después de todo, puede ser más importante que la capacitación de testigos? Estas son oportunidades para una motivación honesta que surja del corazón. El pastor debe expresar palabras de estímulo, y los que se capaciten deben saber que el pastor está orando diariamente por ellos. Exalte permanentemente la tarea y la oportunidad. Exprese reconocimiento por la fidelidad de ellos y por todo aquello que merezca ser destacado.

Cuanto más tiempo de contacto personal individual el pastor pueda pasar con los que se preparan, mayores las probabilidades de obtener testigos fructíferos. Si el pastor es un buen modelo, esta bien podría ser la función más productiva que él podría cumplir.

Estudios Más Avanzados

Los testigos sinceros pronto descubren su necesidad de mayor preparación. Se encuentran frente a preguntas que no pueden responder, situaciones que no pueden manejar, y necesidades que no pueden satisfacer. Para ellos es necesario preparar un currículo continuo. A continuación sugerimos una serie de temas prácticos que serían de gran ayuda para aquellos entusiastas por ganar a otros:

1. Evangelización Personal Avanzada. Este curso podría incluir el estudio de casos típicos y excepcionales en el testimonio, el manejo de preguntas difíciles, la manera de tratar con la hostilidad, profundización en los métodos de Jesús, principios de comunicación, y otros asuntos que surjan de las necesidades propias del grupo y su contexto.

2. Doctrina de la Conversión. Aquí podría llevarse a cabo un estudio intensivo de esta doctrina y de otros conceptos metafóricos neotestamentarios relacionados con la misma. Se podrían incluir casos de conversiones en el Nuevo Testamento y algo sobre la psicología de la conversión.

3. Ministerios Evangelizadores y Testimonio a Través del Cultivo de Amistades. Un área en la que es necesario hacer hincapié en la actualidad es aquella que muestra a Jesús satisfaciendo constantemente las necesidades de quienes se cruzaban en su camino. El servir a otros a la luz de sus necesidades personales es un buen método de establecer contacto con las personas indiferentes, satisfechas. Un aspecto destacado del curso puede ser el descubrimiento de dones y la manera de emplearlos.

4. Atención Pastoral. Resulta de suma utilidad el estar preparado para ministrar a los enfermos, los que sufren, los afligidos y angustiados, los ansiosos, los deprimidos por causa de sus matrimonios deshechos, y en muchas otras situaciones. Aspectos valiosos para destacar en este curso serían cómo servir a tales personas en el nombre de Cristo, y la manera de percibir oportunidades evangelizadoras aprovechables.

5. Etica Cristiana. Este curso ayudaría a los testigos laicos a comprender el enfoque cristiano a temas tales como aborto, homosexualidad, hijos ilegítimos, niños abusados, esposas/os golpeados, problemas raciales y pornografía.

6. Vida Cristiana Personal. Este curso asistiría al testigo en el proceso de entender la necesidad de una vida cristiana sólida y en continuo crecimiento. El aspecto devocional y la disciplina espiritual serían dos áreas importantes en las cuales hacer hincapié.

Las características particulares de cada situación determinarán el orden en que se dictarán como así también si hubiere otros temas que revistan más importancia.

Otras Alternativas

Algunas denominaciones disponen de toda una colección de cursos para los que sólo hace falta un buen maestro. Por ejemplo, la Casa Bautista de Publicaciones dispone de libros con guías de estudio como los incluidos en la portada de este libro. Al utilizarse estos materiales el maestro quizá deba adaptar algunos aspectos a las necesidades específicas de las personas que quieren llegar a ser testigos eficientes.

Algunas iglesias querrán desarrollar su propio programa. Durante una de mis licencias sabáticas visité a una iglesia grande en Londres que ofrecía un sorprendente programa de cursos de primer nivel que incluían hasta griego del Nuevo Testamento a nivel elemental e intermedio. Todos los cursos eran dictados por profesores o adjuntos de las universidades londinenses. El programa gozaba del beneplácito de todos y la asistencia era numerosa. Visité la iglesia el domingo por la noche y, de no haber llegado temprano, no habría encontrado asiento. Es una iglesia muy evangelizadora con una constante incorporación de nuevos creyentes. Existe allí esa atmósfera de interés y estímulo que únicamente un laicado evangelizador puede crear.

Muchas iglesias son pequeñas y no podrían ofrecer un programa así ellas solas, pero varias juntas podrían. Un programa de buen nivel cuesta dinero organizarlo; pero si un laicado testificador, bien entrenado es la esperanza del mundo, entonces bien vale una buena inversión.

Paso Seis: Resaltar el Aprendizaje Experimental

Definición

Aprendizaje experimental es, en las palabras de Morris Keeton, aquel "en el cual el que aprende está en contacto directo con las realidades que se estudian". Es aprender a través de la práctica. Entrenamiento en el terreno, es como se le llama comúnmente en la actualidad. Ya se ha dicho que la visitación evangelizadora en compañía de personas con experiencia forma parte de la capacitación, pero tan indispensable es, que merece algunos comentarios adicionales.

Importancia y Propósito

Hay muchas cosas que únicamente pueden aprenderse haciéndolas. Nadie aprende a nadar leyendo un manual de instrucciones sentado al borde de una pileta de natación, como tampoco aprende a tocar el piano tomando clases de música. Ninguno quiere volar con un piloto que solamente ha leído sobre aviones ni someterse a un tratamiento de conducto en manos de un odontólogo que solamente ha participado en grupos de discusión sobre la especialidad. Esto de ninguna manera quiere decir que no tengan valor la lectura, las clases, o los grupos de discusión. No obstante, en cada caso la habilidad en una actividad en particular proviene tanto del esfuerzo intelectual como del práctico. Ganar a personas para Cristo es esa clase de habilidad. Después de un estudio del tema, las personas únicamente se capacitan en forma verdaderamente eficiente a través de la práctica concreta del arte.

La visitación supervisada permite al estudiante ir asumiendo cada vez mayor responsabilidad en las entrevistas. El o ella va viendo aumentada su confianza y pericia hasta que el supervisor ya no sea necesario. Entonces el que se estaba entrenando se transforma en un entrenador.

Un Elemento Faltante

En el pasado, el elemento faltante en la mayoría de los cursos ofrecidos era la enseñanza experimental productiva. La deficiencia se manifestó en el hecho real que pocos de quienes siguieron los cursos llegaron a ser testigos consecuentes. Por otra parte, el relativo éxito de programas como Evangelismo Explosivo se deben, en gran medida, al continuo énfasis en la enseñanza experimental. Perseverar en esta actividad hasta que cada uno de los que se capacitan tenga la suficiente confianza y habilidad es lo más difícil de todo el curso, pero también es lo más productivo. Ningún programa que deje fuera este aspecto puede esperar muchos resultados exitosos.

Valores Adicionales

Es importante que todo el grupo de los que se preparan y sus supervisores visiten en la misma tarde, de modo que se pueda tener una sesión de informes y resultados inmediatamente al finalizar. Estos encuentros posteriores a la tarea, a veces denominados encuentros de evaluación son, por varias razones, necesarios y valiosos. Algunos habrán sufrido experiencias desalentadoras. Necesitarán tanto hablar de ellas y aprender de ellas como recibir confianza y estímulo por parte del grupo. Otros se habrán encontrado con necesidades, problemas, situaciones insólitas y, quizá, con personas extrañas. Estas experiencias proporcionan valiosas oportunidades de aprender. Problemas o preguntas que salen de lo corriente pueden darse como trabajo de investigación para la semana siguiente. El grupo en conjunto puede pensar y discutir la manera en que podrían enfrentar estas situaciones o personas, y cómo satisfacer necesidades latentes.

Aun cuando estas sesiones deben necesariamente ser breves, ofrecen la oportunidad para la aplicación de cuestiones teológicas y éticas a situaciones reales de la vida. En un programa continuativo, con toda seguridad alguien se encontrará con personas sumidas en la pobreza. ¿Cuál debería ser la respuesta de la iglesia? Algunos se encontrarán con situaciones de injusticia. ¿Qué puede hacerse? Los hogares desgarrados por el adulterio, los narcóticos y el alcohol se cuentan por millares, y siempre hay personas que están sufriendo como consecuencia. En las comunidades donde los cambios de residencia son constantes, hay siempre nuevos inmigrantes. Cada una de estas situaciones ofrecen oportunidades para aplicar el Espíritu de Cristo a situaciones contemporáneas. Los testigos que se preparan, aprenden no sólo a compartir su fe en palabras sino también a manifestarla en acciones de caridad cristiana.

No existe una única manera mejor para capacitar a los laicos. Mayormente, los programas que se han publicado representan la experiencia y el relativo éxito de algún pastor. Un curso planificado y estructurado por el pastor local, si se lo prepara con cuidado y sabiduría, puede tener sus ventajas sobre el material que otro preparó para otras circunstancias. Esto es lo que yo recomiendo si es que existe la posibilidad de llevarlo a cabo. Por un lado, este capítulo ha sugerido pasos a tomar, y por otro, felizmente hay en el mercado abundancia de materiales utilizables.

Muchas iglesias en la actualidad no tienen programa alguno de capacitación de testigos. Es esta casi una omisión imperdonable. Si se ejecutaran y repitieran debidamente cuidadosos planes de capacitación, muchas iglesias estarían verdaderamente revolucionadas. Algunas lo están haciendo con mucha eficacia. Nada menos, se espera de las otras muchas.